AF397070

TRAITÉ-FORMULAIRE

DES

CONTRATS DE MARIAGE

AVEC 127 FORMULES

PAR

DEFRÉNOIS

Auteur du *Traité-Formulaire général du Notariat*, du *Traité des Liquidations*, etc.
Directeur-Fondateur du *Répertoire général pratique du Notariat*.

PRIX : 4 FRANCS

PARIS

ADMINISTRATION DU RÉPERTOIRE GÉNÉRAL PRATIQUE DU NOTARIAT
40, RUE D'ASSAS, 40

1892

TRAITÉ-FORMULAIRE

DES

CONTRATS DE MARIAGE

BESANÇON. — IMPRIMERIE OUTHENIN-CHALANDRE FILS ET Cie.

TRAITÉ-FORMULAIRE

DES

CONTRATS DE MARIAGE

AVEC 127 FORMULES

PAR

DEFRÉNOIS

Auteur du *Traité-Formulaire général du Notariat*, du *Traité des Liquidations*, etc.
Directeur-Fondateur du *Répertoire général pratique du Notariat*.

PARIS

ADMINISTRATION DU RÉPERTOIRE GÉNÉRAL PRATIQUE DU NOTARIAT
40, RUE D'ASSAS, 40

1892

ANNOTATIONS

Le Traité-Formulaire de **M. DEFRÉNOIS** peut être constamment tenu au courant de la Législation et de la Jurisprudence, par un travail de cinq minutes tous les quinze jours, en annotant, en marge des numéros, les articles qui y renvoient dans notre Recueil : **Le Répertoire général pratique du Notariat.**

Ce Recueil est donc indispensable à tout possesseur du Traité-Formulaire.

Les arrêts cités au Traité-Formulaire renvoient à ce Recueil, dont la collection depuis 1881 est très utile. Il est fait des conditions de faveur pour l'acquérir à tout acheteur du Traité-Formulaire, ainsi qu'à tout abonné nouveau à l'année courante.

DU
CONTRAT DE MARIAGE

DIVISION.

1

SOMMAIRE ALPHABÉTIQUE.

SOMMAIRE DES FORMULES.

CHAPITRE PREMIER.

DES FORMES DU CONTRAT DE MARIAGE.

SECTION I. — Règles générales.

5322. Définition. — Le contrat de mariage est l'acte que passent les futurs conjoints pour fixer les règles qui régiront leur association conjugale quant aux biens (C. civ., 1387).

5323. Objet. — Ces règles ont pour objet les intérêts pécuniaires des époux pendant le mariage et à sa dissolution; elles ne sauraient être étendues à des conventions étrangères aux stipulations matrimoniales, par exemple à la vente, au bail, au partage, faits en vue du mariage, qui restent soumis aux règles les concernant (1). Les conventions ne se rattachant pas au statut matrimonial conserveraient tout leur effet au cas où le contrat de mariage serait annulé (2); de même qu'elles seraient susceptibles d'être annulées quoique le contrat de mariage fût valable; il en serait ainsi de la ratification par un futur conjoint mineur d'un acte irrégulier, par exemple d'un acte de vente, ou de partage dans lequel on se serait porté fort pour lui (3).

5324. Exprès; tacite. — Le contrat de mariage est exprès lorsque les époux règlent par écrit les conventions spéciales de leur mariage (C. civ., 1387). Il est tacite lorsque l'association conjugale est régie par la loi, à défaut de conventions spéciales écrites (C. civ., 1387, 1399 à 1496).

5325. Conditions de validité. — Les époux peuvent faire telles conventions matrimoniales qu'ils jugent à propos, pourvu qu'elles ne soient pas contraires aux bonnes mœurs (C. civ.; 1387).

5326. Puissance maritale. — Toutefois les époux ne peuvent déroger aux droits résultant de la puissance maritale sur la personne de la femme (C. civ., 1388); par exemple, stipuler qu'ils vivront séparés de fait (4), qu'ils s'interdisent de se faire des libéralités pendant le marige, que la femme choisira le domicile commun et qu'elle ne sera pas tenue de suivre son mari où il jugera à propos de résider (5). Mais l'on pourrait valablement convenir : 1° que la femme ne serait pas tenue de suivre son mari s'il venait à s'établir en pays étranger pour s'y faire naturaliser (6); 2° que pour de graves raisons de santé, de sûreté ou de pudence, la femme n'habitera pas tel pays (7).

---

(1) Aubry et Rau, § 503-1; Laurent, XXI, 48; Guillouard, 189; Cass., 21 juill. 1852.
(2) Aubry et Rau, § 501-8; Guillouard, 87; Nîmes, 25 mai 1887.
(3) Aubry et Rau, § 501-1; Laurent, XI, 6; Guillouard, 87; Grenoble, 5 août 1859; Limoges, 29 janv. 1862. Contra : Grenoble, 10 juill. 1860.

(4) Troplong, 49; Guillouard, 101.
(5) Troplong, 57; Rodière et Pont, 70; Guillouard, 113.
(6) Troplong, 59; Rodière et Pont, 64; voir cep. Guillouard, 107.
(7) Rodière et Pont, 59; Troplong, 58; Marcadé, 1389-4; Guillouard, 107. Contra : Seine, 9 oct. 1835.

5327. Autorisation maritale. — On ne peut valablement stipuler que la femme sera dispensée d'obtenir l'autorisation maritale, dans les cas prévus par les articles 215 et suiv. du Code civil, à moins qu'il ne s'agisse du droit à elle réservé d'administrer certains biens, *infra* n° 5738, de toucher sur ses seules quittances une portion de ses revenus (1). En ce qui concerne l'autorisation à la femme de faire le commerce, voir *infra* n° 5575.

5328. Puissance paternelle. — On ne peut déroger non plus aux droits résultant de la puissance du mari sur la personne des enfants (C. civ., 1388). Ainsi on ne saurait stipuler obligatoirement pour le mari que les enfants ou quelques-uns d'eux seront élevés dans telle religion (2), ou que le père n'aura pas l'administration légale des biens de ses enfants et la jouissance légale que la loi lui confère (3).

5329. Chef. — On ne peut non plus par des conventions déroger aux droits qui appartiennent au mari comme chef (C. civ., 1388) de l'association conjugale; ainsi, on ne pourrait donner à la femme l'administration des biens du mari (4), ni de ceux de la communauté (5), ni interdire au mari d'aliéner les biens de la communauté sans le concours de la femme (6), même les immeubles que celle-ci aurait ameublis (7); mais il peut être valablement stipulé que la femme conserve l'administration et la jouissance de l'un ou de plusieurs de ses biens propres, *infra* n° 5738.

5330. Clause d'indivision et de dotalité. — La Cour suprême a validé la clause d'un contrat de mariage portant qu'un immeuble appartenant par moitié à chacun des conjoints indivisément demeurera dans l'indivision entre eux durant la communauté avec le caractère de dotalité pour la moitié de la femme, et qu'il ne pourra être aliéné qu'à la charge d'en acquérir un autre également indivis et dotal pour la moitié de la femme (8). Une telle clause nous a semblé difficilement admissible en pratique (9).

5331. Interdiction de s'obliger. — Serait nulle la clause du contrat de mariage par laquelle la femme s'interdirait le droit de s'obliger envers les tiers, même avec l'autorisation de son mari ou de justice; elle ne pourrait donc être opposée à ceux envers lesquels la femme se serait obligée; une telle clause ne vaudrait pas non plus de stipulation de dotalité (10).

5332. Survivant des époux. — On ne pourrait par contrat de mariage déroger aux droits conférés aux survivants des époux par le titre de la puissance paternelle et par le titre de la minorité, de la tutelle et de l'émancipation, ni aux dispositions prohibitives de la loi (C. civ., 1388).

5333. Ordre des successions. — Les époux ne peuvent non plus faire aucune convention ou renonciation dont l'objet serait de changer l'ordre légal des successions soit par rapport à eux-mêmes dans la succession de leurs enfants ou descendants, soit par rapport à leurs enfants entre eux, sans préjudice des donations entre vifs ou testamentaires qui peuvent avoir lieu selon les formes et dans les cas déterminés par la loi (C. civ., 1389).

5334. Anciennes coutumes. — Ni stipuler d'une manière générale que leur association sera réglée par l'une des coutumes, lois ou statuts locaux qui régissaient ci-devant les diverses parties du territoire français (C. civ., 1390).

---

(1) Rodière et Pont, 72; Laurent, XXI, 118; Guillouard, 109.
(2) Duranton, IV, 24; Troplong, 61; Demolombe, VI, 295; Aubry et Rau, § 504-2; Colmet, VI, 5 bis-2; Laurent, XXI, 120; Guillouard, 113. Contra : Rodière et Pont, 63.
(3) Troplong, 61; Rodière et Pont, 74; Demolombe, VI, 490; Aubry et Rau, § 504-1. Contra : Laurent, XXI, 121.
(4) Troplong, 62; Rodière et Pont, 65; Guillouard, 116.
(5) Laurent, XXI, 125; Guillouard, 116.
(6) Troplong, 64; Rodière et Pont, 66; Aubry et Rau, § 504-3; Laurent, XXI, 125; Guillouard, 117; Paris, 7 mai 1855. Contra : Toullier, XII, 309; Duranton, XIV, 266.
(7) Aubry et Rau, § 504-3; Laurent, XXI, 125. Contra : Guillouard, 118.
(8) Cass., 30 nov. 1886; Rép. Defrénois, 3745.
(9) Rép. Defrénois, 3745.
(10) Troplong, 78; Laurent, XI, 52; Guillouard, 102; Paris, 17 juin 1884; Cass., 22 déc. 1879, 13 mai 1885; Rép. Defrénois, 2446, 4174.

5335. Déclaration lors du mariage. — Tout contrat de mariage postérieur au 1er janvier 1851 n'est opposable aux tiers qu'autant que son existence a été déclarée dans l'acte de célébration du mariage, voir *supra* nº 1627-10. Si cet acte porte que les époux se sont mariés sans contrat, la femme est réputée, à l'égard des tiers, capable de contracter dans les termes du droit commun, à moins que, dans l'acte qui contient son engagement, elle n'ait déclaré avoir fait un contrat de mariage (C. civ., 1391 et loi du 18 juill. 1850).

SECTION II. — Des formes du contrat.

5336. Acte notarié. — Toutes conventions matrimoniales doivent, à peine de nullité, *infra* nº 5340, être rédigées avant le mariage, par acte devant notaire (C. civ., 1394), dans la forme des actes notariés (1), *supra* nº 715, et en minute (2).

5337. Après le mariage. — Si le contrat de mariage est postérieur à la célébration civile du mariage, il est nul d'une nullité radicale, qui ne saurait être couverte par une ratification expresse ou tacite pendant le mariage (3) ni après sa dissolution (4). Si le contrat de mariage est d'une même date que la célébration du mariage, il est utile de mentionner dans le contrat, l'heure de sa réception, *supra* nº 788; dans le cas où l'on prétendrait que passé à une même date, il a été signé après que le mariage a été célébré, la preuve pourrait en être faite même par témoins sans inscription de faux (5).

5338. Conventions valables. — Mais les conventions avec des tiers renfermées dans un contrat fait après le mariage sont valables si les formalités voulues ont été remplies; par exemple, des donations faites aux futurs conjoints (6), à la condition toutefois que le contrat ait été reçu en la présence réelle d'un second notaire ou de témoins, *supra* nº 814, ou toute autre stipulation à titre onéreux; comme aussi il ferait preuve des apports qui s'y trouveraient mentionnés (7).

5339. Sous seing privé. — Si le contrat de mariage a été fait sous seings privés, le simple dépôt pour minute, qui en serait fait en l'étude d'un notaire, même par toutes les parties et avec reconnaissance d'écriture, ne remplirait pas le vœu de la loi (8). Il semble qu'il devrait en être autrement si l'acte de reconnaissance, d'ailleurs antérieur au mariage, relatait en substance les conventions du contrat, et surtout si les parties déclaraient au besoin réitérer ces conventions (9). Le contrat de mariage sous seings privés, passé dans un pays étranger autorisant les pactions matrimoniales dans cette forme, est valable, même entre Français ou entre un Français et une étrangère, lorsque leur mariage est célébré dane ce pays (10); à plus forte raison, si les époux, lors de leur retour en France, l'ont déposé pour minute à un notaire (11).

5340. Nullité. — Lorsque le contrat de mariage est nul pour vice de forme, incapacité ou incompétence de l'officier public, ou en raison de ce que l'un des futurs conjoints n'a été ni présent ni valablement représenté (12), il est frappé d'une nullité radicale et absolue qui ne saurait être couverte par une ratification avant le mariage, ni, à plus forte raison, par la célébration du mariage (13), ni même par la ratification ou l'exécution

---

(1) Duranton, XIII, 47; Aubry et Rau, § 503-6; Guillouard, 192; Riom, 22 juin 1844.

(2) Toullier, XI, 70; Rodière et Pont, 141; Massé et Vergé, § 636-2; Marcadé, 1397-1; Laurent, XXI, 44; Guillouard, 191; Bastia, 10 déc. 1849.

(3) Rodière et Pont, 155; Aubry et Rau, § 503 bis, p. 253; Laurent, XXI, 47, 59; Guillouard, 198, 216.

(4) Guillouard, 217. Contra : Aubry et Rau, § 503 bis-4; Cass., 31 janv. 1833.

(5) Aubry et Rau, § 503 bis-5; Guillouard, 218; Laurent, XXI, 63; Riom, 11 janv. 1837; Cass., 18 août 1840.

(6) Guillouard, 219; Aubry et Rau, § 503 bis-5; Laurent, XXI, 63; Cass., 11 nov. 1828.

(7) Guillouard, 219; Aubry et Rau, § 503 bis-6; Laurent, XXI, 63; Riom, 24 août 1846.

(8) Massé et Vergé, § 636-1; Guillouard, 190; Laurent, XXI, 45.

(9) Duranton, XIV, 43; Rodière et Pont, 140; Troplong, 185; Aubry et Rau, § 503-3; Guillouard, 190; Rouen, 11 janvier 1826.

(10) Guillouard, 195; Cass., 18 avril 1865.

(11) Troplong, 188; Massé et Vergé, § 636-1.

(12) Rodière et Pont, 146; Aubry et Rau, § 502-2; Guillouard, 282; Cass., 11 juill. 1853, 29 mai 1854, 9 janv. 1855, 6 avril 1858, 10 avril 1866.

(13) Troplong, 194; Guillouard, 198 et 289; Aubry et Rau, § 502-8; Laurent, XXI, 51; Caen, 9 mai 1844; Toulouse, 11 juin 1850; Grenoble, 7 juin 1851. Contra : Toulouse, 15 juin 1844; Montpellier, 3 juill. 1847.

volontaire pendant le mariage (1), ou après la dissolution (2); le contrat de mariage doit être refait (3). Cette nullité entraîne celle des donations de biens à venir contenues dans le contrat de mariage (4) et aussi des donations de biens présents si elles n'ont pas emprunté les conditions d'acceptation et de présence réelle d'un second notaire ou de témoins exigés pour leur validité (5), à moins qu'il ne s'agisse d'une somme d'argent de suite versée, car alors elle constitue un don manuel (6).

5341. Droit de l'invoquer. — La nullité peut être invoquée par les futurs, et même par les tiers qui y ont intérêt (7); et si l'époux survivant et les héritiers de l'époux prédécédé veulent régler leurs droits respectifs conformément au contrat de mariage, ils ne le peuvent que par une convention nouvelle (8).

SECTION III. — Des conditions de capacité.

5342. Dispense de parenté. — Le contrat de mariage entre parents qui ne peuvent se marier qu'avec une dispense du gouvernement, et qui a été fait avant

---

§ 1. Intitulés et clôtures de contrats de mariage.

FORMULE 1146. — **Futurs époux majeurs.** — **Enfant naturel majeur** (N° 5343).

Par devant M^e.....,
 Ont comparu :
M. Duparc (Jules-Léon), docteur en médecine, demeurant à.....,
 Fils majeur de M. Jean-Auguste Duparc, décédé, et de Mme Jeanne-Caroline Malet, restée sa veuve, demeurant à.....,
 Stipulant en son nom personnel,   *D'une part;*
Et Mlle Blanchon (Adèle-Virginie), sans profession, demeurant à....., chez ses père et mère, ci-après nommés,
 Fille majeure de M. Joseph-André Blanchon, propriétaire, et Mme Estelle-Louise Lemaine, son épouse, demeurant ensemble à.....,
 Stipulant en son nom personnel. — *Si les père et mère sont présents et ne la dotent pas, on ajoute :* avec l'agrément de ses père et mère, ici présents, *D'autre part.*
Si les père et mère, ou l'un d'eux, font une donation :
M. et Mme Blanchon, père et mère de la future, ci-dessus dénommés, qualifiés et domiciliés, la femme de son mari autorisée,
 Stipulant, tant pour donner leur agrément au mariage de Mlle leur fille, qu'à cause de la dot qu'ils lui constitueront ci-après, *Aussi d'autre part.*
Si un futur est enfant naturel, il n'est pas nécessaire de le mentionner, et l'on énonce sa filiation ainsi qu'il suit :
 Fils — ou fille — majeure de Mlle Flore-Angèle Baret, demeurant à....., — *ou :* décédée.
Lesquels ont arrêté ainsi qu'il suit, etc. *(Voir formule 1242).*

FORMULE 1147. — **Fils majeur et fille mineure; pères et mères** (N°s 5344 à 5350).

Par devant M^e.....,
 Ont comparu :
1º M. Rousset (Charles-Désiré), professeur de rhétorique au lycée....., demeurant à....., chez ses père et mère, ci-après nommés,

---

(1) Troplong, 200; Rodière et Pont, 155; Guillouard, 198; Laurent, XXI, 47; Nîmes, 29 déc. 1841.
(2) Aubry et Rau, § 502-9; Guillouard, 198, 284, 290; Laurent, XXI, 46; Nîmes, 6 août 1851, 29 juill. 1852, 30 août 1854, 12 nov. 1863; Limoges 17 déc. 1847; Grenoble, 7 juin 1851; Pau, 1er mars 1853; Montpellier, 3 déc. 1853; Riom, 15 nov. 1860; Cass., 29 mai 1854, 9 janv. et 5 mars 1855, 13 juill. 1857, 9 avril 1858, 19 déc. 1865, 10 avril 1866; Toulouse, 2 juin 1857, 21 juill. 1882; Rép. Defrénois, 1381.
(3) Guillouard, 289; Laurent, XXI, 51.
(4) Guillouard, 286; Nîmes, 8 janv. 1850.

(5) Aubry et Rau, § 502-5; Guillouard, 287; Laurent, XXI, 55; Nîmes, 8 janv. 1850; Toulouse, 20 juill. 1852; Montpellier, 16 août 1869; Cass., 11 juill. 1853, 19 juin 1872. Contra : Rodière et Pont, 148.
(6) Guillouard, 288; Laurent, XXI, 55; Toulouse, 5 mars 1852; Pau, 1er mars 1853.
(7) Bellot, 1, p. 78; Cass., 19 mars 1838, 5 mars 1855. Contra : Troplong, 288; Rodière et Pont, 46; Marcadé, 1398-2.
(8) Guillouard, 291; Laurent, XXI, 52; Toulouse, 2 juin 1857; Cass., 6 avril 1858.

l'obtention des dispenses, est valable si le mariage a lieu ensuite en vertu des dispenses (1).

5343. Majeurs. — Les futurs conjoints, tous deux majeurs de vingt-un ans accomplis, peuvent arrêter les conventions de leur association conjugale sans l'assistance des personnes dont le consentement est nécessaire pour la validité de leur mariage (2) (Form. 1146); si l'un d'eux est mineur de moins de vingt-un ans, celui-ci seul a besoin d'assistance.

5344. Mineurs. — Le mineur habile à contracter mariage est, par faveur pour le mariage, habile aussi à consentir toutes les conventions dont le contrat de mariage est susceptible, et les conventions et donations qu'il y a faites sont valables, pourvu qu'il y ait comparu (3), *supra* n° 5340, et que, émancipé ou non (4), il ait été assisté, dans le contrat, des personnes dont le consentement est nécessaire pour la validité de son mariage (C. civ., 1398) [Form. 1147 et 1148]. Dans ce cas, il n'est point restituable contre les conventions y contenues (C. civ., 1309), à moins qu'elles ne soient étrangères au

Majeur, étant né à....., le....., issu du mariage d'entre M. Jacques-Eloi Rousset, propriétaire, et Mme Elisa Boisney, demeurant ensemble à.....,

Stipulant en son nom personnel,   *D'une part;*

2° M. et Mme Rousset, père et mère, ci-dessus nommés, qualifiés et domiciliés, la femme de son mari autorisée,

Stipulant tant pour assister le futur époux, leur fils, qu'à cause de la donation qu'ils lui feront ci-après,   *Aussi d'autre part;*

3° Mlle Farmel (Louise-Henriette), sans profession, demeurant à....., chez ses père et mère, ci-après nommés,

Mineure, étant née à....., le....., issue du mariage d'entre M. Charles-Victor Farmel, négociant, et Mme Thérèse-Jeanne Hébert, demeurant ensemble à.....,

Stipulant en son nom personnel, avec l'assistance et l'autorisation de ses père et mère,   *D'autre part;*

4° Et M. et Mme Farmel, père et mère, ci-dessus nommés, qualifiés et domiciliés, la femme de son mari autorisée,

Stipulant tant pour assister et autoriser Mlle leur fille, future épouse, à raison de son état de minorité, qu'à cause de la donation qu'ils lui feront ci-après,   *Aussi d'autre part.*

Lesquels ont arrêté ainsi qu'il suit, etc. *(Voir formule 1242).*

FORMULE 1148. — **Fils majeur orphelin, fille mineure orpheline assistée d'un ascendant; oncle donateur; dispense d'âge** (N°⁵ 5343 à 5350).

Par devant Me.....,

Ont comparu :

1° M. Chéron (Charles-Auguste), avocat à la cour d'appel de....., demeurant à.....,

Majeur, étant né à....., le....., issu du mariage d'entre M. Louis-Octave Chéron, ancien magistrat, et Mme Aglaée Chemin, tous deux décédés, le mari à....., le....., et la femme à....., le.....,

Stipulant en son nom personnel,   *D'une part;*

2° Mlle Lecat (Rose-Agnès), sans profession, demeurant à....., chez son aïeul, ci-après nommé,

Mineure, étant née à....., le....., issue du mariage d'entre M. Honoré Lecat, négociant, et Mme Virginie Leblanc, tous deux décédés à....., le mari le....., et la femme le.....

Si la mineure a obtenu une dispense d'âge (n° 5345) : Mineure, étant née à....., le....., du mariage d'entre M..... et Mme....., en conséquence n'ayant pas atteint l'âge pour se marier, mais munie d'une dispense d'âge obtenue suivant décret du président de la République en date du.....,

Stipulant en son nom personnel, avec l'assistance et l'autorisation de son aïeul, ci-après nommé,   *D'autre part;*

---

(1) Paris, 9 fév. 1860.
(2) Demolombe, XIX, 430.

(3) Guillouard, 300.
(4) Guillouard, 302.

règlement de l'association conjugale; on a annulé une prétendue donation faite par un père à sa fille mineure qui n'était en réalité qu'une combinaison aléatoire en ce qu'elle lui imposait des charges excessives en disproportion avec l'objet donné (1).

5345. Dispense d'âge. — Le mineur qui obtient des dispenses pour se marier avant l'âge nubile, *supra* n° 1552, ne doit passer son contrat de mariage qu'après l'obtention des dispenses (2) [FORM. 1148]; s'il était d'une date antérieure, la nullité serait encourue et ne devrait pas être couverte par les dispenses postérieurement obtenues (3).

5346. Conventions. — Les mineurs ne peuvent être habilités que pour les conventions relatives à l'association conjugale; toute autre stipulation, par exemple une cession de droits successifs, ou un compte de tutelle sans l'observation des formes, seraient nuls et sans effet (4).

5347. Partage d'ascendants. — Le partage d'ascendants renfermé dans le contrat de mariage constitue une convention matrimoniale à l'égard du futur époux mineur, en ce sens qu'il peut l'accepter sans autre assistance que celle de ses père et mère; mais au regard des autres enfants, il est soumis aux formes des donations (5).

5348. Ascendants. — C'est la seule qualité de père, mère ou ascendant qui donne le droit d'assister le mineur, et il importe peu qu'ils aient été exclus ou destitués de la tutelle ou qu'ils n'aient l'administration ni de la personne ni des biens du mineur (6), ou qu'il y ait opposition d'intérêts entre eux et le mineur à propos d'une clause du contrat de mariage (7). La mère, remariée pouvant consentir au mariage de l'enfant de son premier lit, sans l'autorisation du mari (*supra* n° 1560), n'a pas non plus besoin de cette autorisation pour l'habiliter à son contrat de mariage (8).

5349. Dissentiment. — Le père pouvant consentir au mariage en cas de dissentiment avec sa femme, *supra* n° 1608, son seul consentement suffit pour habiliter l'enfant

---

3° M. LECAT (Jules-André), propriétaire, demeurant à....., aïeul paternel de Mlle LECAT, future épouse, et resté son seul ascendant,

Stipulant pour assister et autoriser Mlle LECAT, future épouse, sa petite-fille, à cause de son état de minorité, *Aussi d'autre part;*

4° Et M. LEBLANC (Gervais-Vincent), rentier, demeurant à....., oncle maternel de la future épouse,

Stipulant à cause de la donation qu'il fera ci-après à la future épouse, *Encore d'autre part.*

Lesquels ont arrêté ainsi qu'il suit, etc.

FORMULE 1149. — **Fils mineur sans père ni mère, ni autre ascendant; délégué du conseil de famille et fille mineure d'un interdit; mère autorisée, instituant contractuel** (N°s 5350 à 5355).

PAR DEVANT M^e.....,

ONT COMPARU :

1° M. le comte DE SAINT-ESPRIT (Charles-Auguste), propriétaire, demeurant à....., chez son tuteur ci-après nommé,

Mineur, étant né à....., le....., issu du mariage d'entre M. César-Alexandre comte DE

---

(1) Rodière et Pont, 41 ; Aubry et Rau, § 502-23; Laurent, XXI, 23 ; Guillouard, 305; Riom, 11 juill. 1864; Cass., 10 déc. 1867.

(2) Demolombe, XIX, 429; Aubry et Rau, § 502-20; Guillouard, 302; Bastia, 3 fév. 1836.

(3) Duranton, XIV, 14 ; Troplong, 286; Demolombe, XXIII, 416 ; Rodière et Pont, 54; Aubry et Rau, § 502-21; Guillouard, 302; voir Riom, 22 juin 1853; Cass., 23 déc. 1856. CONTRA : Marcadé, 1398-2.

(4) Larombière, 1309-2; Rodière et Pont, 41 ; Aubry et Rau, § 502-29; Guillouard, 305; Grenoble, 5 août 1859; Limoges, 29 janv. 1862, 29 janv. 1879; Riom, 11 juill. 1864; Montpellier, 18 mars 1868; Cass., 10 déc. 1867, 11 déc. 1882; Rép. Defrénois, 1438. Voir cep. Cass., 23 fév. 1868.

(5) Guillouard, 307; Lyon, 30 déc. 1874.

(6) Duranton, XIV, 13; Demolombe, XIX, 428; Troplong, 281; Rodière et Pont, 42; Guillouard, 308; Bastia, 3 fév. 1836; Lyon, 11 juill. 1864.

(7) Guillouard, 310; Aubry et Rau, § 502-22; Cass., 23 fév. 1869. CONTRA : Lyon, 24 juin 1868.

(8) Demolombe, XXIII, 428.

commun, sans qu'il soit besoin d'un acte respectueux, ni de le constater autrement ; il suffit que le refus de la femme soit constant (1).

5350. Empêchement; interdit. — Si le père, la mère ou tout autre ascendant appelé à consentir au mariage ne peut, pour cause d'interdiction, donner un consentement valable, ou s'il est échu de la puissance paternelle, *supra* n°s 1536, 1931, il est remplacé par celui que la loi appelle à son défaut, *supra* n° 1557 [Form. 1149] ; ainsi, lorsque le père est interdit, la mère, même non tutrice de son mari, peut, sans l'autorisation du conseil de famille ni de justice, assister son enfant mineur au contrat de mariage pour l'habiliter ; elle le pourrait de même dans le cas ou le mari pour cause de démence se trouverait dans l'impossibilité de consentir au mariage (2).

5351. Ibid. — Constitution de dot. — Elle peut même, avec l'autorisation de justice, en cas d'interdiction du mari, mais non s'il est seulement dans l'impossibilité de manifester sa volonté (3), le doter avec des biens à elle personnels. Si c'est la femme qui est interdite, le mari assiste seul son enfant mineur, et il peut, sans recourir à aucune autorisation, le doter soit avec des biens personnels, soit avec des biens de la communauté [Form. 1149].

5352. Ibid. — Conseil de famille. — S'il n'y a point d'autre ascendant que l'interdit, c'est au conseil de famille à consentir au mariage du mineur et à déléguer l'un des membres pour l'assister au contrat de mariage, *supra* n° 1566. Dans ce cas, la dot ou l'avancement d'hoirie et les autres conventions matrimoniales sont réglées par un avis du conseil de famille, homologué par le tribunal, sur les conclusions du procureur de la République (C. civ., 511).

5353. Délégué du conseil de famille. — Si le mineur n'a ni père, ni mère, ni aucun autre ascendant, il doit aussi être assisté d'un délégué du conseil de famille, *supra* n° 1566, agissant en vertu d'une délibération relatant d'une manière sommaire les conventions de l'association conjugale à peine de nullité du contrat de ma-

---

Saint-Esprit, général de division, et Mme Amélie Val, tous deux décédés, le mari à....., le....., et la femme à....., le.....,

Stipulant en son nom personnel, avec l'assistance, à défaut d'ascendant, du délégué de son conseil de famille,   *D'une part;*

2° M. Deschamps (Louis-Edmond), sénateur, grand'croix de la Légion d'honneur, demeurant à....., tuteur de M. le comte de Saint-Esprit, futur époux,

Stipulant pour assister et autoriser le futur époux, comme délégué à cet effet par le conseil de famille de M. le comte de Saint-Esprit, futur époux, suivant délibération, relatant les conventions matrimoniales qui vont être arrêtées, prise sous la présidence de M. le juge de paix du canton de....., ainsi qu'il résulte du procès-verbal que ce magistrat en a dressé le....., de laquelle délibération une expédition est demeurée ci-jointe, après que dessus les notaires soussignés ont apposé une mention de l'annexe,   *Aussi d'une part;*

3° Mlle de Belami (Berthe-Fanny), sans profession, demeurant avec Mme sa mère au château de....., situé commune de.....,

Mineure, étant née au château de....., le....., issue du mariage d'entre M. Hyacinthe, marquis de Belami, propriétaire, et Mme Thérèse de Spas, marquise de Belami, demeurant ensemble au château de.....; M. le marquis de Belami interdit suivant jugement rendu par le tribunal civil de....., le.....,

Stipulant en son nom personnel, avec l'assistance et l'autorisation de Mme la marquise de Belami, sa mère,   *D'autre part;*

4° Mme la marquise de Belami, née de Spas, ci-dessus nommée, qualifiée et domiciliée,

Agissant d'abord en sa qualité de mère, pour assister et autoriser Mlle de Belami, sa fille, future épouse, M. le marquis de Belami, son mari, étant dans l'impossibilité de manifester sa

---

(1) Demolombe, III, 140; Aubry et Rau, § 454-5; Laurent, II, 312; Rép. Defrénois, 1652-11, 1773-19.

(2) Rép. Defrénois, 2085-10.

(3) Rép. Defrénois, 1939-12.

riage (1) [Form. 1149]. La délibération du conseil de famille postérieure au contrat de mariage ne saurait conférer à ce contrat la validité qui lui manque (2).

5354. Termes de la délibération. — Le délégué du conseil de famille ne peut habiliter le mineur que dans les termes de la délibération; si le contrat y déroge, ce qui diffère est nul et non avenu, ou, en cas de doute, doit être interprété dans le sens de la délibération (3).

5355. Annexe. — La délibération du conseil de famille, constituant un mandat, doit être enregistrée avant la réception du contrat de mariage, et une expédition en est annexée au contrat (4).

5356. Enfant naturel. — Le futur conjoint mineur enfant naturel reconnu par son père et sa mère doit, sauf le cas de dissentiment, être assisté par l'un et l'autre; s'il n'a été reconnu que par l'un d'eux, c'est à celui-ci à l'assister; enfin s'il n'a pas été reconnu ou si, ayant été reconnu, ses père et mère n'existent plus, il lui faut l'assistance du tuteur *ad hoc* nommé, non par le tribunal, mais par le conseil de famille (5), pour consentir à son mariage [Form. 1150] et sans qu'il semble nécessaire dans ce cas d'énoncer dans la délibération les conventions de l'association conjugale.

5357. Enfant admis dans un hospice. — Le membre du conseil d'administration remplissant les fonctions de tuteur d'un enfant mineur admis dans l'hospice, *supra* n° 2041, peut l'assister au contrat en sa seule qualité de tuteur.

5357 bis. Formes du consentement. — La seule présence des ascendants au contrat de mariage suffit pour que l'enfant mineur soit habilité (6); mais il est d'usage, ce

---

volonté; puis, en vertu des pouvoirs qui lui ont été conférés par le conseil de famille de M. le marquis DE BELAMI, son mari interdit, suivant délibération, par laquelle la dot ci-après constituée et les conventions matrimoniales qui vont être réglées ont été arrêtées, prise sous la présidence de M. le juge de paix du canton de....., assisté de son greffier, le....., et homologuée par jugement du tribunal civil de....., en date du.....; une expédition desquels jugement et délibération est demeurée ci-annexée, après que dessus les notaires soussignés ont apposé une mention de l'annexe,   *Aussi d'autre part;*

5° M. DU CHATEL (Agénor-Ernest), propriétaire, demeurant à.....,

Stipulant à cause de l'institution contractuelle qu'il fera ci-après en faveur de Mlle sa nièce, future épouse,   *Encore d'autre part;*

Lesquels, etc.

FORMULE 1150. — **Veuf avec enfants et fille naturelle mineure; tuteur** *ad hoc* (N° 5356).

PAR DEVANT M^e.....,

ONT COMPARU :

1° M. BONTEMPS (Joseph-Emile), marchand épicier, demeurant à....., veuf avec deux enfants encore mineurs de Mme Louise LEFEBVRE, décédée à....., le.....,

Majeur, étant né à....., le....., issu du mariage d'entre M. Chrysostome BONTEMPS et Mme Véronique DANDIN, tous deux décédés à....., le mari le....., et la femme le.....,

Stipulant en son nom personnel,   *D'une part;*

2° Mlle GUILBERT (Jeanne-Elise), sans profession, demeurant à....., chez sa mère, ci-après nommée,

Fille mineure naturelle, née à....., le....., et reconnue par Mlle GUILBERT, sa mère, ci-après nommée, suivant acte reçu par M^e....., notaire à....., le.....,

Stipulant en son nom personnel, avec l'assistance et l'autorisation de sa mère,
                                              D'autre part;

3° Et Mlle GUILBERT (Agnès-Denise), rentière, demeurant à.....,

---

(1) Troplong, *Don.*, 2627; Demolombe, XXIII, 432; Aubry et Rau, § 502-28; Laurent, XXI, 26; Guillouard, 315; Cass., 19 mars 1838, 15 nov. 1858, 16 juin 1879; Limoges, 17 avril 1869; Rennes, 4 mai 1878. CONTRA : Rodière et Pont, 44.
(2) Cass., 20 juill. 1859.

(3) Bordeaux, 21 août 1848, 10 fév. 1853.
(4) Fontainebleau, 24 juill. 1839.
(5) Demolombe, III, 89; Aubry et Rau, § 462-71; Guillouard, 310. CONTRA : Laurent, II, 345; Nîmes, 9 mars 1876.
(6) Montpellier, 4 déc. 1867.

qui vaut mieux, de mentionner que l'ascendant stipule pour assister et autoriser le contractant mineur.

5358. Défaut d'assistance. — Le contrat de mariage, fait sans que le mineur ait été assisté, est frappé d'une nullité absolue, opposable aussi bien par les tiers que par les parties, ce qui empêche qu'il soit ratifié pendant le mariage et même après sa dissolution (1); les effets de cette nullité sont les mêmes que ceux indiqués *supra* n° 5340.

5359. Conseil judiciaire. — Le pourvu d'un conseil judiciaire a capacité, sans l'assistance de son conseil, pour faire un contrat de mariage qui n'emporte pas transmission de ses propres, par exemple s'il contient adoption du régime de la communauté légale, la communauté d'acquêts, la séparation de biens, la non-communauté, le régime dotal; mais non si le régime emporte aliénation de biens dans une certaine mesure, tel que la communauté universelle de biens ou l'ameublissement de biens immeubles; à plus forte raison l'assistance du conseil est nécessaire, si le pourvu fait une donation de biens présents ou une institution contractuelle en faveur de son futur conjoint (2) [FORM. 1151].

5360. Interdit. — L'interdiction légale, dont un individu est frappé, ne lui ôte pas la capacité de contracter mariage, *supra* n° 1543; mais ses conventions matrimoniales ne doivent entraîner aucune aliénation de ses biens, et c'est à son tuteur à les passer, comme son mandataire légal (3); on les fait comparaître tous les deux [FORM. 1152]. Quant à l'interdit judiciaire, son contrat de mariage, sous quelque forme qu'il ait lieu, serait nul, même lorsque son mariage demeurerait valable (4).

5361. Aliéné. — La personne atteinte d'aliénation mentale et non interdite a ca-

---

Stipulant tant pour assister sa fille, future épouse, à raison de son état de minorité, qu'à cause de la donation qu'elle lui fera ci-après,   *Aussi d'autre part;*

Si l'enfant naturel est assisté d'un tuteur ad hoc :

4° Et M. MAUPIN (Charles-Éloi), rentier, demeurant à....,

Agissant ici comme tuteur *ad hoc* de Mlle GUILBERT, future épouse, à l'effet de consentir à son mariage et de l'habiliter au présent contrat, suivant délibération du conseil de famille de la future, tenue sous la présidence de M. le juge de paix du canton de...., le...., dont une expédition est demeurée ci-annexée après que dessus les notaires soussignés ont fait mention de l'annexe,

En cette qualité, stipulant pour assister et autoriser la future épouse,

     Aussi d'autre part.

Lesquels, etc.

FORMULE 1151. — **Pourvu de conseil judiciaire et fille majeure représentée par un mandataire** (N°s 5359 et 5362).

PAR DEVANT M^e....,

ONT COMPARU :

M. ROTHELEN (Chrysostome-Jean), ancien négociant, demeurant à....,

Majeur, fils de M. Jacques-Victor ROTHELEN et Mme Jeanne-Héloïse MARCEL, tous deux décédés;

M. ROTHELEN, futur époux, pourvu d'un conseil judiciaire en la personne de M. Alceste CHAUVEL, ancien avoué, demeurant à...., suivant jugement rendu par le tribunal civil de...., le....,

Stipulant en son nom personnel, avec l'assistance de M. CHAUVEL, son conseil judiciaire, à ce présent,

     D'une part;

---

(1) Demolombe, XXIII, 433; Guillouard, 317; Nîmes, 16 juin 1879; Cass., 5 mars 1855, 19 juin 1872, 16 juin 1879. CONTRA : Rodière et Pont, 46; Troplong, 288; Aubry et Rau, § 502-30; Colmet, VI, 15 bis-5.

(2) Marcadé, 543-1; Demolombe, VIII, 740; Aubry et Rau, § 502-14; Demante, II, 285 bis-1; Laurent, V, 366; Guillouard, 321; Caen, 19 mars 1839; Amiens 21 juill. 1852; Bordeaux, 7 fév. 1855; Paris, 31 juill. 1855; Agen, 21 juill. 1857; Mans, 30 juin 1885; Angers, 26 nov. 1886; Orléans, 11 fév. 1890. CONTRA : Troplong, 197; Cass., 24 déc. 1856, 5 juin 1889; Rép. Defrénois, 2747, 4941, 5789.

(3) Guillouard, 323.

(4) Guillouard, 323; Colmet, VI, 15 bis-8; Aubry et Rau, § 502-14; Laurent, XXI, 37; Cass., 28 déc. 1831.

pacité pour contracter mariage, alors qu'elle a recouvré sa lucidité d'esprit, *supra* n° 1543, et, dès lors, elle peut faire un contrat de mariage sans aucune assistance, quelles que soient ses stipulations, sauf à ses héritiers à en faire prononcer plus tard la nullité, si elle vient à être interdite, ou à faire annuler les libéralités qu'il contient pour cause d'insanité d'esprit (1).

5362. Mandataire. — Il est d'usage que les futurs conjoints comparaissent en personne au contrat qui doit régir leur association conjugale; mais aucune disposition de la loi ne le prescrivant pas, ils peuvent s'y faire représenter par un mandataire, ce qui devient même une nécessité en cas d'empêchement de comparaître par éloignement, maladie ou autre cause [Form. 1151]. Il en est de même en ce qui concerne les personnes devant habiliter un futur conjoint mineur et celles qui leur font des libéralités par le contrat de mariage (2) [Form. 1153]. Quand le père est représenté par un mandataire au contrat de mariage de son enfant mineur, la mère peut y intervenir sans autorisation spéciale, aussi comme l'assistant (3).

Et M. Baclé (Pierre-Alphonse), propriétaire, demeurant à.....,

Ce dernier agissant au nom et comme mandataire de Mlle Baclé (Ernestine-Léonie), sa sœur, majeure, sans profession, demeurant à....., en vertu de la procuration spéciale à l'effet des présentes, qu'elle lui a donnée suivant acte passé devant Me....., notaire à....., le....., relatant toutes les clauses du présent contrat; de laquelle procuration une expédition, délivrée par Me....., est demeurée ci-annexée après avoir été certifiée véritable par M. Baclé, et que dessus les notaires soussignés ont fait mention du tout.

Mlle Baclé, majeure, née à....., le....., issue du mariage d'entre M. Laurent Baclé et Mme Véronique Lebeau, tous deux décédés.

Stipulant au nom de la future épouse,   *D'autre part.*

Lesquels ont arrêté, ainsi qu'il suit, etc.

FORMULE 1152. — **Interdit légalement et veuve sans enfant** (N° 5360).

Par devant Me.....,

Ont comparu :

M. Gérard (Robert-Eloi), propriétaire, demeurant à.....,

Majeur, fils de M..... et Mme....., tous deux décédés,

M. Gérard étant en état d'interdiction légale et mis en liberté provisoire, stipulant en son nom personnel,   *D'une part;*

M. Moulin (Anatole-Olivier), ancien notaire, demeurant à.....,

Tuteur à l'interdiction légale de M. Gérard, nommé à cette fonction, suivant délibération du conseil de famille de l'interdit, réuni sous la présidence de M. le juge de paix du canton de....., le.....;

En cette qualité stipulant au nom de M. Gérard, futur époux,   *Aussi d'une part;*

Et Mme Lormeau (Claire-Léonie), rentière, veuve sans enfant de M. Jean-Antoine Dublet, demeurant à.....,

Stipulant en son nom personnel,   *D'autre part.*

Lesquels ont arrêté, ainsi qu'il suit, les clauses et conditions civiles du mariage, etc.

FORMULE 1153. — **Ascendant et donateur représenté par des mandataires**
(Nos 5362 et 5363).

Par devant Me.....,

Ont comparu :

1o M. Regnaut (Joseph-Elie), marchand de nouveautés, demeurant à.....,

Fils majeur de M....., etc.,

Stipulant en son nom personnel,   *D'une part;*

---

(1) Aubry et Rau, § 502-15; Guillouard, 324; Riom, 17 juill. 1839; Cass., 23 déc. 1856.

(2) Duranton, XIX, 765; Demolombe, XXIII, 431; Coin-Delisle, 1095-4; Marcadé, 1398-3; Troplong, 282; Massé et Vergé, § 635-5; Rodière et Pont, 43 à 45; Aubry et Rau, § 502-28; Guillouard, 281; Cass., 15 nov. 1858. Contra : Laurent, XXI, 24.

(3) Rép. Defrénois, 3985-11.

5363. Procuration. — La procuration, dans ces divers cas, doit être notariée (1), en minute, spéciale, et faire mention, pour le futur et l'ascendant, de toutes les stipulations devant être insérées dans le contrat de mariage, *supra* n° 5334 et *infra* n°s 5759 à 5761.

5364. Témoins honoraires. — Il est d'usage de constater dans les contrats de mariage que les parents et amis des futurs époux y ont donné leur agrément, et l'on reçoit leurs signatures sur le contrat [FORM. 1154] ou sur un acte en suite du contrat appelé *réception de signatures* [FORM. 1156].

5364 bis. Clôture; date. — Le contrat de mariage est clos, comme tous les autres actes, par l'indication du lieu où il est passé, de la date, de la lecture et des signatures ou des déclarations de ne savoir ou ne pouvoir signer. Comme le contrat de mariage constitue une convention entre familles, suivant un usage que nous recommandons de suivre, il est passé à un seul lieu et à une seule date; mais nous ne pensons pas qu'il serait entaché de nullité pour avoir été passé à plusieurs lieux et même à plusieurs dates (2).

2° Mlle BLANDIN (Joséphine-Aglaé), sans profession, demeurant à....., chez M......, son tuteur,
    Fille mineure de M. Jérôme BLANDIN et Mme Zoé-Julie VATIER, tous deux décédés,
    Stipulant en son nom personnel, avec l'assistance du mandataire de Mme veuve BLANDIN, son aïeule paternelle,   *D'autre part;*

3° M. CHAREY (Gustave-Eugène), propriétaire, demeurant à.....,
    Agissant au nom et comme mandataire de Mme BALIN (Joséphine), veuve de M. Auguste BLANDIN, rentière, demeurant à....., seule ascendante survivante de la future épouse, en vertu de la procuration spéciale à l'effet des présentes, qu'elle lui a donnée suivant acte, relatant les clauses du présent contrat, reçu par M^e....., notaire à....., le.....; de laquelle procuration une expédition, délivrée par M^e....., est demeurée ci-jointe après avoir été certifiée véritable par M. CHAREY, et que dessus les notaires soussignés ont fait mention de l'annexe;
    En cette qualité, M. CHAREY, stipulant au nom de Mme veuve BLANDIN, pour assister et autoriser la future épouse, en raison de son état de minorité,   *Aussi d'autre part;*

4° Et M. BAREY (Arsène-Léon), marchand de fers, demeurant à.....,
    Agissant au nom et comme mandataire de M. BLANDIN (Jérôme-Denis), propriétaire, demeurant à....., oncle de la future épouse, en vertu de la procuration, etc. *(Le surplus comme en la comparution précédente.)*
    En cette qualité, M. BAREY, stipulant à cause de l'institution contractuelle qu'il fera ci-après a la future épouse, au nom de M. BLANDIN, son mandant,
                                     Encore d'autre part.

Lesquels ont arrêté, ainsi qu'il suit, les clauses et conditions, etc.

FORMULE 1154. — Clôture du contrat de mariage (N° 5364).

    Telles sont les conventions arrêtées entre les parties, en présence de leurs parents et amis ci-après nommés, savoir :
    Du côté du futur époux, de :
    1° M....., etc.
    Et du côté de la future épouse, de :
    1° M....., etc.
    DONT ACTE. Fait et passé à....., en la demeure de M. et Mme....., père et mère de la future,
    L'an mil huit cent quatre-vingt-douze, le.....
    Avant de clore, et conformément à la loi, M^e....., l'un des notaires soussignés, a donné lecture aux parties du dernier alinéa de chacun des art. 1391 et 1394 du Code civil, et leur a délivré le certificat prescrit par ce dernier article, pour être remis à l'officier de l'état civil avant la célébration du mariage.
    Et après lecture, les futurs époux, leurs pères et mères et les assistants, ont signé avec les notaires.

---

(1) Troplong, *Don.*, 2626; Guillouard, 281. Voir cep. Bellot, 364. | (2) Rép. Defrénois, 6260-1.

5365. Lecture ; certificat. — Le notaire est tenu, lors de la clôture du contrat de mariage : 1° de donner lecture aux parties du dernier alinéa de chacun des art. 1391 et 1394 ; 2° de mentionner cette lecture dans le contrat, à peine de dix francs d'amende ; 3° puis, lors de la signature du contrat, de délivrer aux parties un certificat sur papier libre et sans frais énonçant : ses nom et lieu de résidence, les noms, prénoms, qualités et demeures des futurs époux, la date du contrat et l'indication qu'il doit être remis à l'officier de l'état civil avant la célébration du mariage (C. civ., 1394) [Form. 1155]. Décidé qu'un notaire n'est pas passible d'amende pour avoir omis de mentionner cette délivrance quand, en fait, le certificat a été délivré et annexé à l'acte de mariage (1). Si dans l'acte de mariage, les époux ont déclaré faussement avoir fait un contrat de mariage devant un notaire qu'ils désignent, ce notaire est fondé à exiger qu'ils reconnaissent l'inexactitude de cette déclaration ; mais non la rectification de l'acte de l'état civil (2).

5366. Etrangers. — Les étrangers qui se marient en France ont la faculté de passer leurs conventions matrimoniales soit d'après les formes de la loi française, soit dans la forme autorisée par la loi de leur pays, même par acte sous seing privé si cette loi l'autorise (3).

5367. Agrément du chef de l'Etat. — Lorsque le chef de l'Etat donne son agrément à un mariage, le notaire, s'il a le droit d'instrumenter dans le lieu de sa résidence, s'y transporte et reçoit sa signature sur un acte particulier en suite du contrat de mariage

FORMULE 1155. — Certificat à délivrer aux parties (N° 5365).

Etude de Me....., notaire a.....

Je soussigné....., notaire à.....,

Certifie que le contrat de mariage d'entre :

M. Chéron (Charles-Auguste), docteur en médecine, demeurant à.....,

Et Mlle Lecat (Rose-Angèle), sans profession, demeurant à.....,

A été passé devant moi, qui en ai gardé minute, cejourd'hui vingt-deux janvier mil huit cent quatre-vingt-douze.

En foi de quoi j'ai délivré le présent certificat aux futurs époux, pour être remis, ainsi qu'ils en ont été avertis, à l'officier de l'état civil, avant la célébration du mariage.

(*Signature et sceau.*)

FORMULE 1156. — Réception par acte séparé des signatures des parents et amis (N° 5364).

Et le.....,

Par devant Me.....,

Ont comparu : M..... *(le futur)*, et M..... *(le père de la future, ou la future elle-même)*;

Lesquels, désirant conserver un témoignage authentique de l'agrément que leurs parents et amis, ci-après nommés, donnent au mariage de M..... avec Mlle.....,

Ont requis Me....., notaire soussigné, de recevoir les signatures de leursdits parents et amis sur le présent acte, qui demeurera déposé à la suite de la minute du contrat de mariage de M..... et de Mlle....., reçu par ledit Me....., le.....

En conséquence, Me..... a reçu, au pied du présent acte, les signatures des personnes ci-après nommées, savoir :

Du côté du futur : 1°....., etc.

Et du côté de la future : 1°....., etc.

Dont acte. Fait et passé, etc.

Enregistrement. — Droit fixe, 3 fr., comme acte innommé.

FORMULE 1157. — Acte de réception de la signature du chef de l'Etat (N° 5367).

Par devant Me.....,

Ont comparu : M..... *(le futur)*, et M..... *(le père de la future)*;

Lesquels, désirant laisser à leur famille un témoignage et une preuve authentiques de l'honneur

(1) Valence, 15 sept. 1866.
(2) Brives, 13 janv. 1870.
(3) Douai, 13 janv. 1887 ; Rép. Defrénois, 3880.

[FORM. 1157]. S'il n'a pas le droit d'instrumenter dans le lieu de la résidence du chef de l'État, la signature est reçue par un notaire de cette résidence sur le vu d'une expédition du contrat de mariage qui demeure annexée à l'acte de réception de signature.

SECTION IV. — Des frais du contrat de mariage.

5368. Communauté; séparation de biens. — Lorsqu'une communauté ou société d'acquêts a été stipulée entre les époux, ou qu'il y a séparation de biens, le but principal du contrat est d'établir, de fixer, dans un intérêt commun, les règles de l'association conjugale, d'où il suit que les frais de ce contrat constituent une dette de leur collaboration commune qu'ils supportent par moitié (1) [FORM. 1158].

5369. Non communauté. — Mais quand les époux sont mariés sans communauté ou sous le régime dotal sans société d'acquêts, ces frais sont supportés par le mari, comme étant tenu à forfait de toutes les charges du mariage (2).

5370. Dots. — Toutefois les frais applicables aux dots constituées aux époux sont à leur charge personnelle, et si la communauté, ou le mari, en a fait le payement, il lui en est dû récompense (3).

SECTION V. — Du mariage des officiers, sous-officiers, gendarmes.

5371. Armée. — Les officiers, sous-officiers et soldats en activité de service et les

que M. le président de la République française, et Mme....., son épouse, ont eu la gracieuseté de leur faire en donnant leur agrément au mariage de M...., avec Mlle.....,

Ont requis M^e....., notaire soussigné, de recevoir sur le présent acte, qui demeurera déposé à la suite de la minute du contrat de mariage de M..... et de Mlle....., reçu par ledit M^e....., le....., les signatures de M..... et Mme.....

En conséquence, ledit notaire a reçu leurs signatures au pied du présent acte.

Fait et passé à Paris, au palais de l'Élysée,

Les jour, mois et an susdits.

Et ont M. et Mme..... signé avec MM..... et les notaires, après lecture.

ENREGISTREMENT. — Même droit fixe de 3 fr.

FORMULE 1158. — **Stipulation relative aux frais du contrat de mariage** (N°s 5368).

ARTICLE.....

Les frais et honoraires du présent contrat de mariage, en ce qui concerne les stipulations matrimoniales, seront une charge de la communauté, sauf récompense pour ceux relatifs aux donations ci-dessus faites aux futurs époux, qui demeurent à leur charge personnelle, chacun en ce qui le concerne.

§ 2. OFFICIERS, SOUS-OFFICIERS, GENDARMES.

FORMULE 1159. — **Déclaration de l'apport de la future d'un officier et de la dot à elle constituée; futur présent** (N° 5371).

PAR DEVANT M^e.....,

ONT COMPARU :

M. LANGLET (Louis-Auguste), capitaine à la 1re compagnie, 2e bataillon, du 113e régiment de ligne, en garnison à....., demeurant à.....,

Fils majeur de M....., etc. *(Voir formule 1146.)*   *D'une part;*

Mlle DUCLAIR (Hortense-Eugénie), sans profession, domiciliée à....., chez ses père et mère,

Fille majeure de M....., etc. *(Voir même formule.)*   *D'autre part.*

Ou : Fille majeure de M....., etc. *(Voir même formule.)*

---

(1) Aubry et Rau, § 503-11, 12 et 13; Laurent, XXI, 112; Guillouard, 212; Cass., 21 juill. 1852, 8 déc. 1874; Caen, 6 déc. 1877; Seine, 6 juin 1872; voir cep. Troplong, 199; Rodière et Pont, 196; Dijon, 3 déc. 1869, 4 fév. 1884; Rép. Defrénois, 2253.

(2) Rodière et Pont, 196; Aubry et Rau, § 503-11; Laurent, XXI, 112.

(3) Rodière et Pont, 195; Guillouard, 212; Cass., 8 déc. 1874; Grenoble, 22 fév. 1882; trib. Nîmes, 21 fév. 1890; Rép. Defrénois, 632, 5663.

fonctionnaires et employés assimilés, ne peuvent se marier : les officiers, qu'avec la permission, par écrit, du ministre de la guerre ou de la marine, et les sous-officiers et soldats qu'avec la permission, par écrit, du conseil d'administration de leur corps. Pour obtenir cette permission, les officiers de toutes armes doivent : 1° établir que la personne qu'ils recherchent leur apporte en dot un revenu *non viager* de douze cents francs au moins ; cette formalité n'est prescrite qu'à l'égard des officiers dont la solde est inférieure à 5,000 francs. Si elle est de 5,000 francs, ou au-dessus, la justification de l'apport en mariage de la future n'est plus exigée, en ce qui concerne les officiers de l'armée de terre(1) ; mais elle l'est toujours pour les officiers de tout grade dans la marine ; 2° adresser leur demande au ministre de la guerre ou de la marine, par la voie hiérarchique ; 3° accompagner leur demande : 1° d'un certificat délivré par le maire du domicile de la future et approuvé par le sous-préfet de l'arrondissement, constatant l'état des parents de la future, le sien, la réputation dont elle jouit ainsi que sa famille, le montant et la nature de la dot qu'elle doit recevoir et la fortune à laquelle elle peut prétendre ; 2° et, si la solde est inférieure à 5,000 francs, d'un acte notarié de déclaration d'apport, en brevet, fait par la future, assistée de ses parents quand elle en a, et qu'il est impossible au futur d'y assister, et par les futurs époux quand le futur est présent ; dans les deux cas, si elle est mineure, elle doit être assistée des personnes dont le consentement est requis pour son mariage (2) *supra* n°s 5344 et suiv., comme aussi des personnes qui lui constituent la dot ou lui font des donations (3) [FORM. 1159 et 1161]. — La dot de la future ne saurait jamais être inférieure à un revenu personnel et non viager de 1,200 francs au minimum, en biens immeubles nets de toutes charges, ce qui est justifié par un état d'inscription, et d'une valeur suffisante pour assurer le revenu, ou en rentes sur l'Etat, actions de la Banque de France ou autres bonnes valeurs. — Enfin la future, assistée de ses parents, quand elle

M. et Mme DUCLAIR, père et mère de la future, ci-dessus prénommés, qualifiés et domiciliés,
 Stipulant pour assister Mlle leur fille, future épouse, et — *si une dot lui est constituée* — à cause de la dot qu'ils se proposent de lui constituer.
Si la future est mineure : Stipulant pour assister et autoriser Mlle leur fille, future épouse, à cause de sa minorité, et pour raison de la dot qu'ils se proposent de lui constituer,
Aussi d'autre part.
 Lesquels, pour se conformer aux prescriptions des circulaires de M. le ministre de la guerre, — *ou :* de la marine — ont, dans la vue du mariage projeté entre M. LANGLET et Mlle DUCLAIR, établi ainsi qu'il suit l'apport de Mlle DUCLAIR, future épouse :
 Dans le contrat qui doit régler les clauses et conditions civiles de son mariage avec M. LANGLET, Mlle DUCLAIR, comparante, apportera en mariage et se constituera en dot les biens et valeurs dont la désignation suit :
 1° Une maison située à....., etc. *(Désigner et énoncer le bail, voir formule 1180.)*
 2° Six cents francs de rente 3 p. 100 sur l'Etat, etc. *(Voir formule 1169.)*
 3° Vingt actions de la Compagnie des chemins de fer du Nord, etc. *(Voir même formule.)*
 Ces biens, nets de toutes dettes et charges, proviennent à la future du legs que lui a fait M. Ernest DUCLAIR, son oncle, décédé à....., le....., aux termes de son testament reçu par Me....., notaire à....., le....., et dont la délivrance lui a été faite suivant acte reçu par le même notaire, le.....
 Si une donation est faite à la future : De leur côté, M. et Mme DUCLAIR se proposent, dans le même contrat qui doit régler les conditions civiles du mariage de M. LANGLET avec Mlle DUCLAIR, de faire à cette dernière une donation dans les termes suivants :
 En considération du mariage projeté, M. et Mme DUCLAIR donnent et constituent en dot, solidairement, par imputation sur la succession du premier mourant d'eux et subsidiairement, en cas d'insuffisance, sur celle du survivant,
 A Mlle DUCLAIR, leur fille, future épouse,
 Les biens et valeurs dont la désignation suit :

(1) Arrêté min. guerre, 26 juin 1888 ; Rép. Defrénois, 4351. (3) Même arrêté.
(2) Arrêté ministériel, 14 avril 1875.

en a, et le futur, s'il est présent, doivent affirmer sur l'honneur que les biens et valeurs énoncés dans la déclaration, lesquels doivent demeurer affectés réellement à la constitution de la dot de la future épouse, n'ont été empruntés, ni en totalité ni en partie, en vue du mariage projeté (1) [Form. 1159 et 1161].

5372. Donation par l'officier. — L'officier, lui-même, peut faire donation à sa future de biens ou valeurs représentant la dot réglementaire [Form. 1159].

5373. Contrat conforme. — Après que l'officier assujetti à la déclaration d'apport a obtenu la permission de se marier, le notaire rédige le contrat de mariage sans qu'il soit besoin de l'y mentionner. Les clauses relatives aux apports et à la dot de la femme doivent être littéralement conformes à celles contenues dans l'acte de déclaration dont, en raison de cela, il est utile de garder copie.

5374. Extrait à fournir. — Dans le mois de la célébration du mariage, l'officier doit faire parvenir, par la voie hiérarchique, au ministre de la guerre, un extrait du contrat de mariage en ce qui concerne l'apport de sa femme, délivré par le notaire dépositaire de l'acte (2) [Form. 1162]. Cette prescription est applicable aux gardiens de batteries et ouvriers d'Etat (3). Le contrat de mariage est donc obligatoire en ce qui les concerne, de même que pour les officiers soumis à la justification de la dot. Mais un contrat de mariage n'est pas exigé pour les sous-officiers rengagés ou commissionés, les gendarmes et les assimilés ; une déclaration d'apport suffit [Form. 1160].

5375. Sous-officier. — Pour que le sous-officier rengagé obtienne la permission de se marier, l'apport de la future, établi par acte notarié, doit être au *minimum* de 5,000 francs, représentés par des terres ou des valeurs offrant de sérieuses garanties. La dot peut également consister en une pension annuelle, non viagère, de 250 francs présentant toute sécurité. On ne fait pas entrer en ligne de compte les effets et objets mobi-

1° Vingt obligations 3 p. 100 de la Compagnie des chemins de fer du Nord, etc. (*Voir formule* 1199.)

2° Une créance hypothécaire de dix mille francs, due par M....., etc. (*Voir formule* 1198.)

La future épouse en aura la pleine propriété et la jouissance à partir du jour de la célébration du mariage devant l'officier de l'état civil.

Si la dot est constituée par le futur à la future : Dé son côté, le futur époux se propose, dans le même contrat, de faire à sa future épouse une donation dans les termes suivants :

En considération du mariage projeté, M. Langlet, futur époux, fait donation entre vifs, actuelle et irrévocable,

A la future épouse, qui accepte :

De quinze cents francs de rente 3 p. 100 sur l'Etat français, faisant l'objet d'un certificat en son nom, inscrit, etc. (*Voir pour le surplus la formule* 1199.)

Mlle Duclair, future épouse, aura la pleine propriété de cette rente à partir du jour de la célébration du mariage.

Déclarant et affirmant sur l'honneur, ici, les comparants, ès-mains des notaires soussignés, l'existence des biens et valeurs ci-dessus désignés, lesquels seront et demeureront affectés réellement à la constitution de la dot et n'ont été empruntés ni en totalité ni en partie en vue du mariage projeté.

Dont acte. Fait et passé, etc.

Enregistrement. — Droit fixe, 3 fr. (Loi 22 frim. an VII, art. 68, § 1, n° 23).

FORMULE 1160. — **Sous-officier; gendarme; déclaration d'apport** (N°s 5374 et 5375).

Par devant M^e.....,

    Ont comparu :

    M. Dubreuil (Victor-Arsène), sergent-major à la..... compagnie,..... bataillon du..... régiment de ligne, en garnison à.....,   *D'une part ;*

(1) Décis. min. guerre, 17 déc. 1843, 18 fév. 1875, 26 juin 1888 ; circ. M. J., 12 août 1875 ; Rép. Defrénois, 2136.

(2) Circ. ministér., 17 déc. 1843.
(3) Circ. ministér., 5 sept. 1888.

liers de la future ni les ressources qu'elle peut se procurer par un travail quotidien (1).

5376. Gardiens de batterie; — ouvriers d'Etat. — Sous-officiers commissionnés. — La circulaire relative à l'apport exigé pour le mariage du sous-officier rengagé a été rendu applicable aux assimilés, tels que gardiens de batterie, aux ouvriers d'Etat (2) et aux sous-officiers commissionnés (3).

5377. Gendarme. — Le gendarme pour obtenir l'autorisation de se marier doit produire une déclaration d'apport notariée, dans laquelle est constaté l'apport de la future (4), dont le montant doit, suivant l'usage admis, être de 3,000 francs au moins.

CHAPITRE DEUXIÈME.

DES APPORTS EN MARIAGE, DONATIONS EN FAVEUR DU MARIAGE ET INSTITUTIONS CONTRACTUELLES.

SECTION I. — **Des apports personnels des époux**.

5378. Consistance. — Les biens possédés par les époux au jour du contrat de mariage constituent leurs apports personnels. Il est toujours utile, et, sous certains

---

Et Mlle FEUTRY (Louise-Henriette), majeure, couturière, demeurant à....., *D'autre part.*
(Si la future épouse est mineure, voir la formule précédente.)
Lesquels, pour se conformer aux prescriptions des circulaires de M. le ministre de la guerre, ont, dans la vue du mariage projeté entre eux, établi ainsi qu'il suit l'apport de Mlle FEUTRY, future épouse :
Mlle FEUTRY, future épouse, apporte en mariage et se constitue personnellement en dot :
1e Deux cents francs de rente.....; 2o....., etc. *(Voir formule précédente.)*
Déclarant et affirmant, etc. *(Le surplus comme en la formule précédente.)*

FORMULE 1161. — Déclaration d'apport en l'absence du futur
(N° 5371).

PAR DEVANT M^e.....,
    A COMPARU :
Mme CHEMIN (Estelle-Virginie), sans profession, demeurant à....., veuve de M. Eloi-Constant TABUR,
    Fille majeure de M..... et Mme....., tous deux décédés.
Laquelle, pour se conformer aux circulaires de M. le ministre de la guerre — *ou :* de la marine, — a, dans la vue du mariage projeté entre elle et M. (nom, prénoms, grade ou emploi, et demeure du futur époux), établi ainsi qu'il suit son apport.
(Le surplus comme aux deux formules qui précèdent, suivant le cas.)

FORMULE 1162. — Extrait du contrat de mariage pour le ministère
(N° 5374).

D'UN CONTRAT passé devant M^e....., notaire à....., soussigné, qui en a gardé minute, et son collègue, le....., sur lequel est la relation d'enregistrement qui suit : « Enregistré à....., etc. » *(Copier.)*
Contenant les clauses et conditions civiles du mariage d'entre :
M. LANGLET (Louis-Auguste), capitaine à la 1re compagnie, 2e bataillon du 115e de ligne, en garnison à....., demeurant à.....;
Et Mlle DUCLAIR (Hortense-Eugénie), majeure, sans profession, demeurant à.....

---

(1) Rép. Defrénois, 4592.
(2) Circ. ministér., 5 sept. 1888.
(3) Circ. minist., 6 nov. 1888,

(4) Décret, 1er mars 1854, art. 539 et circ. ministér., 6 nov. 1888; Rép. Defrénois, 2216-7,

régimes, nécessaire d'en établir la consistance dans le contrat, pour servir à l'action en reprise ou en restitution lorsqu'il y aura lieu.

5379. Vêtements, linge, bijoux, dentelles. — Ces objets sont généralement apportés en mariage sans description, mais avec estimation de façon que la reprise en deniers puisse en être effectuée à la dissolution de la communauté; on ne les estime pas quand on stipule que la reprise sera en nature de ceux existant à la dissolution de la communauté, comme étant la représentation des objets d'une même destination apportés en mariage par les époux [Form. 1163].

5380. Trousseau. — Le trousseau consiste en objets de literie, linge de corps, de lit et de table, vêtements de la future, dentelles, bijoux, diamants, joyaux, etc.; on le décrit avec estimation [Form. 1164], quand la reprise doit avoir lieu en nature pour ceux existant à la dissolution de la communauté, et en deniers pour les objets non représentés.

5380 bis. Corbeille de mariage. — Les bijoux et dentelles achetés par le futur époux, ou offerts par les parents ou des tiers pour former la corbeille de mariage de la femme, sont sa propriété et elle a le droit de les reprendre en nature à la dissolution de la communauté (1), à moins qu'il ne s'agisse de bijoux et diamants de famille, déposés par le mari dans la corbeille de mariage (2). Quant aux bijoux achetés au cours du mariage pour permettre à la femme de soutenir le luxe de la maison, ils appartiennent à la communauté et, s'il n'y en a pas, au mari (3).

Il est extrait littéralement ce qui suit :
(Copier littéralement les articles relatifs à l'apport de la future et aux donations qui lui sont faites.)
Extrait par Me....., notaire soussigné, de la minute dudit contrat de mariage, demeuré en sa possession.

§ 3. Apports en mariage.

FORMULE 1163. — Vêtements, linge, bijoux (N° 5379).

Les vêtements, linge et bijoux à l'usage personnel du futur époux — *ou :* de la future épouse. — *S'ils ne sont pas estimés :* Non décrits ni estimés en raison de ce que le futur époux — *ou :* la future épouse, — lors de la dissolution de la communauté, reprendra ceux existants lors de la dissolution de la communauté, dans l'état, nombre et qualité où ils se trouveront, comme étant la représentation des objets de même nature par lui — *ou :* par elle — apportés en mariage.

FORMULE 1164. — Trousseau (N° 5380).

I. *Décrit :* Un trousseau se composant des vêtements, linge, bijoux, dentelles et autres objets à l'usage corporel de la future épouse, linge de ménage, meubles meublants, argenterie. Le tout décrit et estimé à cinq mille francs, en un état dressé à la date de ce jour, lequel non encore enregistré, mais devant l'être avec ces présentes, est demeuré ci-joint, après avoir été certifié véritable et que dessus les notaires soussignés ont fait mention de l'annexe.

Par convention expresse, la future épouse, ou ses héritiers et représentants, exerceront la reprise du trousseau apporté en mariage par la future, soit en nature, soit en argent, ou partie en nature et partie en argent, à leur choix.

II. *Non décrit :* Un trousseau se composant de vêtements, linge, bijoux, dentelles et autres objets à l'usage personnel de la future épouse, estimé trois mille francs.

III. *Non décrit ni estimé :* Un trousseau se composant de vêtements, linge, bijoux et dentelles à l'usage de la future épouse, non décrits ni estimés, etc. *(Le surplus comme en la formule 1163.)*

---

(1) Lyon, 30 déc. 1886; Laon, 3 juin 1889; Cass., 13 janv. 1890; trib. Nîmes, 21 fév. 1890; Rép. Defrénois, 3919, 5154, 5400, 5664.

(2) Lyon, 30 déc. 1886; Rép. Defrénois, 3919.
(3) Trib. Nîmes, 21 fév. 1890; Rép. Defrénois, 5664.

5381. Objets mobiliers. — Les meubles meublants et objets mobiliers apportés par les époux sont la plupart du temps décrits sommairement et estimés en bloc; la reprise à laquelle ils donnent lieu, dans ce cas, est du montant de l'estimation. Mais, il arrive quelquefois que les objets sont apportés pour demeurer propres à celui à qui ils appartiennent; alors on en fait une description détaillée et estimative avec déclaration que l'estimation n'en vaudra pas vente à la communauté ni au mari, — ou qu'elle en vaudra vente à la communauté [Form. 1165].

5382. Forfait. — La fortune mobilière des deux époux, ou de l'un d'eux, peut être mise aux risques de la communauté, au moyen d'un apport en bloc pour un chiffre fixé à forfait qui formera le montant de la reprise à effectuer [Form. 1166]. Ce mode ne doit pas être employé quand l'époux qui fait l'apport a des enfants d'un précédent mariage; il faut dans ce cas, détailler sommairement et fixer la valeur en indiquant que l'estimation en vaut vente à la communauté.

5383. Meubles fongibles. — Numéraire. — L'apport de choses fongibles, tels que l'argent comptant, les denrées, les grains, fourrages, récoltes, etc., destinés à être consommés entrent dans la communauté, qui est tenue d'en rendre la valeur ou de semblables à l'époux qui l'effectue (C. civ., 587); et si, comme cela arrive le plus souvent, on préfère la reprise de leur valeur, il suffit de les estimer sans les détailler. L'indication

---

FORMULE 1165. — Objets mobiliers (N° 5381).

I. *Non décrits :* Les meubles meublants, objets mobiliers, vaisselle, argenterie, linge corporel et de ménage, bibliothèque, livres, tableaux, instruments et livres de musique, et autres effets mobiliers garnissant l'habitation du futur époux — *ou :* de la future épouse, — le tout estimé à.....

II. *Décrits :* Les meubles meublants, objets mobiliers, vaisselle, argenterie, linge de ménage et autres effets décrits et estimés à....., en un état dressé entre les parties à la date de ce jour, etc. *(Le surplus comme en la formule 1164-1.)*

L'estimation donnée à ces objets n'en vaudra vente ni au mari ni à la communauté.

Ou : L'estimation donnée à ces objets en vaudra vente à la communauté, de sorte que la reprise pour raison de cet apport sera de la somme de....., montant de cette estimation.

FORMULE 1166. — Fortune mobilière à forfait (N° 5382).

La somme de trente mille francs, à laquelle s'élève, déduction faite de toutes dettes, d'après un état de situation arrêté entre les parties et à forfait, l'importance de la fortune du futur époux, qui est purement mobilière, et consiste en..... *(indication succincte et sans détail).*

FORMULE 1167. — Numéraire (N° 5383).

La somme de vingt-cinq mille francs, dont vingt-deux mille cinq cents francs en espèces de numéraire et billets de banque, et deux mille cinq cents francs formant le reliquat à ce jour dont le futur époux est créditeur sur le Crédit lyonnais, pour son compte de chèque ouvert sous le n°.....

FORMULE 1168. — Créance hypothécaire (N° 5384).

La somme de seize mille francs due au futur époux — *ou :* à la future épouse — par M. Auguste Germain, cultivateur, et Mᵐᵉ Esther Simon, son épouse, demeurant à....., solidairement entre eux, pour le principal de l'obligation qu'ils ont souscrite à son profit, suivant acte passé devant Mᵉ....., notaire à....., le.....; ladite somme stipulée exigible le....., et productive d'intérêts à quatre pour cent par an, payables par semestres, les....., est garantie par une inscription d'hypothèque conventionnelle et légale prise au bureau des hypothèques de....., le....., vol..... n°.....

FORMULE 1169. — Valeurs diverses nominatives (N° 5385).

1° Trois cents francs de rente trois pour cent sur l'État français, faisant l'objet d'un certificat au nom du futur époux — *ou :* de la future épouse — n°ˢ 125708 de la troisième série, portant jouissance du.....;

d'une somme apportée en numéraire [Form. 1167] est une preuve suffisante de son existence, et en justifie la reprise en deniers quand il y a lieu. Décidé que l'énonciation d'un apport en numéraire ne fait pas obstacle à ce qu'on établisse en suite, au point de vue des reprises, que la somme mentionnée était formée d'argent et de valeurs (1).

5384. Créance. — L'apport d'une créance se constate par l'indication du débiteur de l'acte en vertu duquel elle est due, de son exigibilité, des intérêts dont elle est productive et des garanties y attachées [Form. 1168]. L'apport par un fils d'une créance contre son père vaut reconnaissance de dette par celui-ci s'il assiste au contrat de mariage (2).

5385. Valeurs. — Les valeurs apportées en mariage sont mentionnées par l'indication de l'Etat, de la compagnie, société ou de l'établissement d'où elles proviennent, leur chiffre, les revenus y attachés, les numéros des certificats quand elles sont nominatives et ceux des titres eux-mêmes quand ils sont au porteur; il est utile d'énoncer aussi de quelles époques elles portent jouissance, afin de fixer plus tard les proratas au jour du mariage, pour les reprises à exercer. Décidé qu'un apport en mariage, déclaré être d'une valeur indiquée, peut être reconstitué à la dissolution de la communauté pour la détermination des valeurs qui font l'objet de reprises en deniers (3).

5386. Valeurs étrangères. — Lorsque des valeurs de gouvernements étrangers ou des actions ou obligations de sociétés étrangères, non admises à la cote en France, sont

2º Soixante-quinze actions de la Compagnie des chemins de fer du Nord, au capital libéré de quatre cents francs chacune, produisant des didivendes payables en janvier et juillet; elles portent les nos....., et font l'objet d'un certificat délivré au nom du futur époux — *ou :* de la future épouse, — sous le nº....., avec jouissance du.....;

3º Cent vingt obligations trois pour cent de la Compagnie des chemins de fer de l'Ouest, au capital nominal de cinq cents francs chacune, produisant quinze francs d'intérêt annuel, payables par semestre en avril et octobre; elles portent les nos....., et font l'objet d'un certificat au nom du futur époux — *ou :* de la future épouse, — sous le nº....., avec jouissance du.....

FORMULE 1170. — Valeurs diverses au porteur (Nº 5385).

1º Six cents francs de rente trois pour cent sur l'Etat français, en un titre au porteur, sous le nº 514718; les coupons d'arrérages y sont adhérents, à partir de celui échéant le.....; cette rente représente au cours de ce jour, étant de 95 fr. 10 c., une somme de dix-neuf mille vingt francs, ci . . . .   19,020 »

2º Vingt-cinq actions de la Compagnie des chemins de fer d'Orléans au porteur, nos....., au capital libéré de cinq cents francs chacune, produisant des dividendes payables en avril et octobre. Elles représentent au cours de la bourse de ce ce jour, étant de 1,535 francs, une somme de trente-huit mille trois cent soixante-quinze francs, ci.   38,375 »

3º Cent dix obligations 3 p. 100, au porteur, de la Compagnie des chemins de fer de l'Est, nos....., au capital nominal de cinq cents francs chacune, produisant 15 fr. d'intérêt annuel, payables en avril et octobre; elles représentent au cours de ce jour, étant de quatre cent cinquante-deux francs, une somme de quarante-neuf mille sept cent vingt francs, ci. . . . .   49,720 »

Ensemble cent sept mille cent quinze francs, ci . . . .   107,115 »

Ces diverses valeurs devront, aussitôt après le mariage, être converties en titres nominatifs au nom de la future épouse.

FORMULE 1171. — Valeurs étrangères (Nº 5386).

1º Huit cents francs de rente 5 p. 100 du royaume d'Italie, en deux titres au porteur, l'un de cinq cents francs, nº....., sur lequel est la mention de timbre qui suit : *(copier cette mention);* et

----

(1) Cass., 18 fév. 1873.
(2) Angers, 18 juill. 1873.

(3) Trib. Lyon, 22 mars 1880; Rép. Defrénois, 74.

apportées en mariage, le notaire, à peine de l'amende de 50 fr., édictée par la loi du 30 mars 1872, art. 2, est tenu de mentionner la date, le numéro du visa pour timbre et le montant du droit payé (1) [Form. 1171]. Il en est autrement pour les consolidés anglais nominatifs en raison de ce que des titres ne sont pas délivrés (2).

5387. Estimation des valeurs. — L'estimation des valeurs, même au porteur, comprises dans les apports, n'en vaut pas vente à la communauté ; mais il peut être stipulé que l'estimation en vaut vente [Form. 1171].

5388. Assurance sur la vie. — L'assurance sur la vie de l'un des futurs époux, par lui contractée et dont il fait l'apport en mariage, se constate par l'énonciation de la police enregistrée. La mention de la valeur estimative de l'assurance n'en vaut pas vente à la communauté ; dans ce cas, elle demeure propre, sauf récompense à la communauté des primes payées. Si, au contraire, on convient que l'estimation en veut vente, elle est aux risques de la communauté, et la reprise est du montant de l'estimation [Form. 1172].

---

l'autre de trois cents francs, n°....., sur lequel est la mention suivante de timbre *(copier aussi)*. Ces rentes représentent au cours de ce jour, étant de quatre-vingt-dix francs, une somme de quatorze mille quatre cents francs, ci 14,400

    2º Cinquante obligations au porteur 3 p. 100, série 3e, de la Compagnie des chemins de fer du Sud-Autriche, au capital nominal de cinq cents francs chacune, produisant quinze francs d'intérêt annuel, payables par semestre les.....; ces obligations portant chacune la mention de timbre qui suit : *(la copier)*, représentent au cours de ce jour, étant de trois cent seize francs, une somme de quinze mille huit cents francs, ci . . . 15,800 »

                 Ensemble, trente mille deux cents francs, ci. . . . . 30,200 »

Par convention expresse, l'estimation donnée aux valeurs qui précèdent en vaudra vente à la communauté ; et, en conséquence, la reprise que le futur époux — *ou :* la future épouse — ou ses héritiers auront à exercer contre la communauté, relativement à ces valeurs, sera de la somme de trente mille deux cents francs, quel que soit leur sort par la suite (nº 5387).

Si chacun des deux époux fait des apports de ce genre, on insère l'article suivant : Par convention expresse, l'estimation donnée aux rentes sur l'Etat et autres valeurs apportées en mariage par chacun des futurs époux en vaudra vente à la communauté ; et, en conséquence, la reprise que chacun d'eux, ou ses héritiers, auront à exercer contre la communauté, relativement à ces valeurs, sera du montant de l'estimation qui leur a été ci-dessus donnée, quel que soit leur sort par la suite.

FORMULE 1172. — Assurance sur la vie (Nº 5388).

Une assurance sur la vie du futur époux, d'une somme de cinquante mille francs, payable, lors de son décès, à ses héritiers et ayants droit, contractée à la compagnie *la Nationale,* dont le siège est à Paris, rue....., moyennant une prime annuelle de neuf cent seize francs, payable le..... de chaque année, et avec convention de participation aux bénéfices des assurances dites : *Vie entière avec participation,* ainsi qu'il résulte d'une police en date du....., enregistrée le....., aux droits de....., décimes compris.

Cette assurance est évaluée d'après sa valeur de rachat à ce jour à une somme de douze mille six cents francs.

Par convention expresse, l'estimation donnée à l'assurance n'en vaut pas vente à la communauté et le futur époux entend se réserver propre et exclure de la communauté d'acquêts le bénéfice de l'assurance, sauf récompense du montant des primes payées avec des deniers de la communauté.

Ou bien si l'assurance fait partie de la communauté :

Par convention expresse, l'estimation donnée à l'assurance en vaudra vente à la communauté, pour le montant de cette estimation ; et, en conséquence, la reprise que le futur époux ou ses héritiers auront à exercer pour cet objet est irrévocablement fixée à la somme de douze mille six cents francs, quel que soit le sort de cette assurance.

---

(1) Langres, 28 oct. 1885 ; voir cep. Amiens, 12 mars 1891 ;   (2) Sol., 12 juin 1885 ; Rép. Defrénois, 2925.
Rép. Defrénois, 2949, 6229.

5389. Reliquat de compte de tutelle. — Quand l'un des futurs conjoints est ex-mineur ou mineur en tutelle, il fait l'apport : si le compte de tutelle a été rendu du reliquat en sa faveur résultant de ce compte, et lorsque le compte n'a pas encore été rendu, de la somme qui en formera le reliquat [Form. 1173].

5390. Mobilier de ferme. — L'apport d'un mobilier de ferme est, indépendamment du mobilier meublant, des instruments aratoires, chevaux, bestiaux, volailles, grains, fourrages et aussi des labours, engrais et semences, le tout estimé pour la détermination de la reprise à exercer [Form. 1174].

5391. Fonds de commerce. — Le fonds de commerce apporté en mariage se mentionne par l'indication de l'industrie et l'énonciation qu'il comprend, l'achalandage, le droit au bail, les loyers payés d'avance, les marchandises, les deniers comptants et créances, avec l'estimation du tout. S'il doit demeurer propre, on porte le chiffre des dettes dont est grevé le futur conjoint qui en fait l'apport, afin que la reprise en soit effectuée : en nature s'il est encore exploité à la dissolution de la communauté, sauf récompense

---

FORMULE 1173. — Reliquat d'un compte de tutelle (N° 5389).

I. *A rendre :* La somme à laquelle s'élèvera le reliquat au profit du futur époux — *ou :* de la future épouse, — du compte de tutelle que doit lui rendre incessamment M....., son tuteur.

II. *Rendu :* La somme de seize mille deux cents francs due au futur époux — *ou :* à la future épouse, — par M. X....., son ex-tuteur, comme formant le reliquat du compte de la gestion et de l'administration de ses biens, qu'il lui a rendu, suivant acte passé devant Me....., notaire à....., le....., apuré par autre acte du même notaire, en date du.....

FORMULE 1174. — Mobilier de ferme (N° 5390).

1º Les meubles meublants, objets mobiliers, voitures, instruments aratoires, chevaux, bestiaux, basse-cour, grains, fourrages et autres garnissant la ferme du *Sablier* que le futur époux exploite en qualité de fermier, le tout d'une valeur de trente-deux mille francs, ci . . . . . . 32,000 »

2º Les engrais, labours et semences des terres en labour actuellement ensemencées, ou préparées pour l'être, estimés entre les parties à une somme de cinq mille quatre cents francs, ci . . . . 5,400 »

Ensemble, trente-sept mille quatre cents francs, ci . . . . . 37,400 »

FORMULE 1175. — Fonds de commerce (N° 5391).

1º Le fonds de commerce de....., que le futur époux exploite à....., composé de l'achalandage et du droit au bail des lieux où il s'exploite ; lequel bail a été fait pour..... années qui ont commencé le....., moyennant un loyer annuel de....., payables les....., et dont six mois ont été payés par avance, ainsi que le constate un acte reçu le....., par Me....., notaire à..... ; ce fonds de commerce est estimé à..... ;

2º La somme de....., à laquelle s'élève, d'après l'inventaire commercial que les parties ont récemment dressé, l'estimation du matériel et des marchandises, des créances d'un recouvrement certain, y compris les deniers comptants, les effets en portefeuille et bordereaux sur les banquiers, les six mois de loyer payés par avance, le tout déduction faite des dettes et charges relatives au commerce.

Ou bien :

1º Le fonds de commerce de....., que le futur époux exploite à....., consistant dans l'achalandage et le droit à la location verbale, suivant les usages locaux, des lieux servant à son exploitation, le tout d'une valeur de....., ci . . . . » »

2º Les marchandises fabriquées et non fabriquées dépendant dudit établissement, les outils et objets mobiliers industriels servant à son exploitation, d'une valeur de....., ci . . . » »

3º Les deniers comptants et créances à recouvrer, s'élevant, déduction faite de tout passif, à....., ci . . . . » »

Ensemble....., ci . . . . » »

pour les dettes payées, ou en deniers, s'il a été vendu ; d'après le prix de vente, déduction faite des dettes payées. Si le fonds de commerce doit tomber en communauté, la reprise est du montant de l'estimation, déduction faite des dettes [FORM. 1175 et 1176]. Il a été décidé qu'un fonds de commerce, apporté par la femme et simplement indiqué dans le contrat, lui est demeuré propre (1).

5392. Droits sociaux. — L'apport de droits dans une société existante est mentionné par l'indication du négoce qui en est l'objet, de la raison sociale, de la dénomination de la société s'il y en a une et de sa durée. Il n'est pas nécessaire de déterminer le montant des droits sociaux si le conjoint qui en fait l'apport les conserve en propre. Mais l'estimation doit en être faite quand la communauté lui est substituée. En tout cas, il est

---

Si la reprise du fonds de commerce doit avoir lieu en argent : Par convention expresse, l'estimation donnée au fonds de commerce du futur époux en vaudra vente à la communauté pour le montant de cette estimation ; et, en conséquence, la reprise que le futur époux ou ses héritiers auront à exercer pour cet objet, sera de la somme de....., quel que soit par la suite le sort de ce fonds de commerce.

Si au contraire la reprise doit avoir lieu en nature : Lors de la dissolution de la communauté, si le fonds de commerce apporté par le futur époux est encore exploité par les époux, le futur époux ou ses représentants le reprendront dans l'état où il existera à cette époque ; si au contraire il a été cédé, la reprise sera du prix de la cession.

Autre clause d'apport d'un fonds de commerce réservé propre : 1º L'établissement de commissionnaire en bijouterie que le futur époux exploite à....., et auquel on ne donne point d'estimation, les parties entendant en réserver expressément la propriété au futur époux ; en conséquence, lors de la dissolution de la communauté, le futur époux ou ses représentants en feront la reprise dans l'état et pour la valeur qu'il présentera s'il se retrouve en nature ; et dans le cas où cet établissement aurait été vendu, ils feront la reprise du prix de vente, à quelque somme qu'il ait pu s'élever ;

2º Le mobilier industriel et les marchandises dépendant dudit établissement de commerce, et représentant une valeur de....., sur quoi le futur époux déclare être débiteur de.....

FORMULE 1176. – Hôtel meublé (Nº 5391).

L'établissement d'hôtel meublé, connu sous le nom : d'*hôtel du Lion d'or*, que le futur époux — *ou :* la future épouse — exploite à....., comprenant : la clientèle, le mobilier qui le garnit et le droit au bail de la maison où il est situé, consenti suivant acte passé devant Me....., notaire à....., le.....; le tout d'une valeur, nette de tout passif, de vingt-huit mille francs.

FORMULE 1177. — Droits dans une société (Nº 5392).

Les droits du futur époux dans la société en nom collectif ayant son siège à....., formée entre lui et M....., pour..... *(tel commerce),* suivant acte passé devant Me....., notaire à....., le....., sous la raison sociale....., pour une durée de....., qui a commencé le....., et expirera le.....

Les droits du futur époux, dans cette société, sont évalués à soixante mille francs, déduction faite de tout passif.

Il est expliqué et convenu entre les parties :

Que la communauté sera substituée activement et passivement aux droits du futur époux dans la société avec M....., et que la reprise à exercer à cet égard par le futur époux contre la communauté sera de la somme de soixante mille francs, montant de l'évaluation ci-dessus faite de ces droits ;

Que, toutefois, dans le cas de décès de la future épouse avant la dissolution de la société, le futur époux reprendra en nature son intérêt social, à la charge de tenir compte à la masse de la communauté, soit en imputation sur ses droits, soit autrement, de l'importance de cet intérêt, tel qu'il sera constaté par le dernier inventaire social qui aura été fait avant le décès de la future épouse, sans qu'il y ait rien à ajouter ni retrancher pour les opérations qui auront suivi, et sans que

---

(1) Paris, 23 fév. 1835 ; Rodière et Pont, 55.

nécessaire de dire quel sera le sort de la société dans le cas de dissolution de la communauté pendant sa durée [FORM. 1177].

5393. Office ministériel. — Quand le futur époux est titulaire d'un office ministériel, on mentionne : la résidence à laquelle l'office est attaché, la cession qui en a été faite avec l'indication des fractions restées dues sur le prix d'achat ; puis le montant du cautionnement versé et de l'importance des recouvrements à opérer. L'office, comme fonction, lui étant personnel, on énonce qu'il lui demeurera propre, ainsi que tout autre qu'il pourrait obtenir ou acquérir durant le mariage, sauf récompense à la communauté des sommes versées ; enfin, le siège de l'office ne devant être changé que le moins possible, le futur en reprenant l'office doit avoir seul droit au bail des lieux, et même il est

les héritiers ou représentants de la future épouse puissent exiger aucun autre inventaire ou constatation de la situation sociale.

FORMULE 1178. — **Office ministériel** (N° 5393).

I. *Futur titulaire :* 1° L'office de notaire à la résidence de....., dont le futur époux a été investi par décret du....., en remplacement de M....., qui lui en a fait la cession suivant acte reçu le....., par Me....., notaire à....., moyennant un prix de....., dont le quart stipulé exigible un mois après la prestation de serment a été payé le...... et les trois quarts de surplus encore dus ont été stipulés payables en trois fractions, la première de....., le....., la seconde de....., le....., et la troisième de....., le..... Le tout avec intérêt sur le pied de cinq pour cent par an, à partir du jour de la prestation de serment, payable de six mois en six mois ;

2° La somme de....., montant du cautionnement que le futur époux a versé au trésor public, le....., sous le n°.....;

3° Celle de....., formant l'importance des recouvrements qu'il a à opérer sur ses clients ;

4° Et une somme de..... en numéraire.

Le futur époux déclare qu'il ne doit rien autre chose que les fractions non encore exigibles du prix de son office, avec les intérêts courus depuis le.....

L'office apporté en mariage par le futur époux, ou tout autre qu'il pourrait obtenir ou acquérir pendant le mariage, lui restera propre ; en conséquence, si, à l'époque de la dissolution de la communauté, le futur époux en est encore titulaire, lui ou ses représentants le reprendront avec le cautionnement y attaché et les recouvrements qui seront à faire à cette époque, mais à la charge d'indemniser la communauté des sommes principales qui auraient été payées pendant le mariage pour l'office et le cautionnement, comme aussi de la valeur des recouvrements à opérer.

Le futur époux ou ses représentants, en reprenant l'office en nature, auront seuls droit au bail des lieux occupés par le futur époux pour son étude et son habitation, à la charge d'en payer les loyers et d'en exécuter toutes les conditions, de manière que la future épouse ou ses représentants ne soient aucunement inquiétés ni recherchés.

Si les lieux occupés pour l'étude et l'habitation dépendent de la communauté, ou appartiennent à la future épouse, il en sera fait bail à dire d'experts, au profit du futur époux ou de ses représentants, pour un temps qui ne pourra excéder neuf années.

Si le futur époux a cédé son office pendant le cours de la communauté, lui ou ses représentants effectueront la reprise du prix de la cession et du cautionnement, sous la déduction toutefois des sommes qui auraient été payées par la communauté pour l'office ou le cautionnement.

II. *Apport d'un office lorsque le futur n'est pas encore nommé.* L'office de notaire à la résidence de....., dont la cession lui a été faite par M....., suivant acte....., moyennant un prix de....., stipulé payable : un cinquième le jour de la prestation de serment, sans intérêts, et les quatre cinquièmes de surplus, en quatre fractions de chacune....., les....., avec intérêts à cinq pour cent par an, à partir du jour de la prestation de serment, payables de six mois en six mois. Étant fait observer que lors de la signature de cet acte de cession, M..... a remis au futur époux sa démission et la déclaration de présentation du futur époux conformément à l'art. 91 de la loi du vingt-huit avril mil huit cent seize, et que depuis les pièces nécessaires pour obtenir la nomination ont été adressées au ministère de la justice.

L'office apporté en mariage par le futur époux, etc. *(Le surplus comme en la formule précédente.)*

nécessaire qu'un bail lui soit fait, si les lieux occupés dépendent de la communauté ou appartiennent à la femme prédécédée. — Lorsque le futur époux est cessionnaire d'un office auquel il n'a pas encore été nommé, on en indique l'achat et l'on fait les mêmes stipulations que celles précitées au point de vue du droit de propriété et de la reprise en nature [FORM. 1178].

5394. Œuvres littéraires. — Les œuvres littéraires apportées en mariage par un futur conjoint sont relatées par l'indication du titre des ouvrages, de leur publication, leur impression si elle est en cours, les représentations et la publication s'il s'agit d'une pièce de théâtre. Celui qui en fait l'apport se les réserve propres ordinairement ; mais rien n'empêche qu'il se substitue la communauté [FORM. 1179].

5395. Immeubles. — L'apport d'immeubles a lieu par la désignation succincte de chacun des immeubles et aussi de sa provenance dans le but d'en prouver la propriété (C. civ., 1402) et de faciliter la reprise en nature ou en deniers à la dissolution de la com-

---

FORMULE 1179. — Œuvres littéraires (N° 5394).

Les ouvrages ci-après, en cours de publication, dont le futur époux est l'auteur, avoir :
1° *Le Monde idéal*, roman en un volume, publié par la maison.....;
2° *La Femme, son rôle, ses aptitudes*, étude sociale, en un volume, publié par la même maison ;
3°.....; 4°:....., etc.;
5° *Le Fonctionnaire*, comédie en trois actes, en cours de représentation et publiée en brochure par la même maison ;
6° *L'Humanité suivant les lois de la nature*, roman en un volume, en cours d'impression.
Le tout non estimé, le futur époux s'en réservant la propriété, les produits seuls devant entrer en communauté.
Si la communauté est substituée au conjoint. Le tout estimé à....., avec convention que cette estimation en vaudra vente à la communauté qui, en conséquence, est substituée au futur époux.

FORMULE 1180. — Immeubles (N° 5395).

I. *Immeubles loués :* 1° Une maison située à....., rue..... n°....., comprenant un rez-de-chaussée et trois étages avec cour et jardin, le tout d'une superficie de.....;
Appartenant au futur époux, au moyen de l'acquisition qu'il en a faite, etc. *(Établir succinctement l'origine de propriété.)*
Cette maison est louée à divers, par baux verbaux, moyennant des loyers s'élevant ensemble à....., payables aux époques ordinaires des locations faites sans écrit. Le prorata de ces loyers est dû depuis le.....
2° Une ferme appelée la ferme de....., située commune de....., consistant en corps de ferme, terres de labour, vergers et prairies, le tout de la contenance de.....,
Appartenant au futur époux, comme l'ayant recueillie dans la succession de....., etc.
Cette ferme est affermée suivant bail passé devant Me....., notaire à....., le....., à M....., pour neuf années qui ont commencé à courir le....., et expireront le....., moyennant, outre les impôts, un fermage annuel de....., payable chaque année, par semestre, les..... Le prorata de ce fermage est dû depuis le.....
II. *Immeubles cultivés par le futur époux :* 1° Une ferme appelée la ferme de....., située commune de....., consistant en corps de ferme, vergers, terres labourables, prés et bois, le tout d'une contenance de.....,
Appartenant au futur époux, etc.
2° Les labours, engrais et ensemencements en blé, avoine, orge et autres, faits sur ladite ferme, estimés entre les parties à une somme de.....

FORMULE 1181. — Droit à un bail (N° 5396).

1° La jouissance, à titre de fermier, d'une ferme appelée la ferme de....., située commune de....., consistant en corps de ferme, vergers, terres labourables, vignes, prés et bois, le tout de la contenance de.....; ladite ferme affermée au futur époux par M....., suivant bail passé devant Me.....,

munauté. Si les immeubles apportés sont loués ou affermis, on énonce les baux, le chiffre du loyer ou du fermage et l'époque depuis laquelle les proratas de loyer ou de fermage sont courants, ce qui permet d'en fixer le chiffre au jour du mariage pour la reprise à exercer. Si les immeubles sont cultivés par celui des futurs conjoints qui en fait l'apport, on y comprend, quand il y a lieu, les engrais, labours et semences [FORM. 1180].

5396. Droit à un bail. — L'apport en mariage du droit à un bail comprend : le droit à la jouissance à titre de preneur, des biens loués ou affermés, avec l'énonciation du bail, de sa durée, du chiffre du loyer ou fermage, de l'époque depuis laquelle court le prorata de loyer ou fermage ; les récoltes sur pied ou les engrais, labours et semences [FORM. 1181].

5397. Indivision dans une communauté. — Quand un futur conjoint est veuf et que la communauté d'entre lui et son conjoint prédécédé n'a pas été liquidée, il fait l'apport de ses droits indivis dans la communauté. S'il y a eu un inventaire, il est utile

notaire à....., pour neuf années qui ont commencé à courir le....., et expireront le....., moyennant, outre la charge des impôts, un fermage annuel de....., payable chaque année par semestre, les.....

2º Les récoltes en blé, avoine, orge et autres à faire prochainement sur les terres de cette ferme, et que les parties conviennent d'estimer à une somme de.....

Le futur époux déclare qu'il doit à son propriétaire le semestre de fermage échu le....., et le prorata du semestre courant.

Ou bien : 2º Les labours, engrais et ensemencements en blé, avoine, orge et autres, faits sur ladite ferme, et que les parties conviennent d'évaluer à une somme de.....

Le futur époux déclare que les fermages représentatifs de la précédente récolte sont payés, et que les fermages représentatifs de la récolte de la présente année, qui seront payables les....., seront à la charge de la communauté, les récoltes devant lui profiter.

FORMULE 1182. — **Droits indivis dans une communauté** (Nº 5397).

Le futur époux, préalablement à l'indication de ses apports en mariage, explique ce qui suit :

Mᵐᵉ....., sa première épouse, est décédée à....., le....., laissant pour héritiers, chacun par moitié, ses deux enfants mineurs : 1º.....; 2º....., et pour donataire de moitié en usufruit, le futur époux, son mari survivant, aux termes de leur contrat de mariage, reçu par Mᵉ....., notaire à....., le.....

L'inventaire après le décès de ladite dame a été dressé par Mᵉ....., notaire à....., le.....

Le futur époux, comme mari survivant et en qualité de tuteur de ses enfants, est resté en possession de tous les meubles, effets mobiliers, argenterie, bijoux, argent comptant, titres et papiers compris en l'inventaire.

Il fait observer :

Que la prisée du mobilier s'est élevée à.....;

Que les deniers comptants trouvés dans le cours de l'inventaire se sont montés à.....;

Que, suivant les titres et papiers inventoriés, les biens et valeurs dépendant de la communauté ayant existé entre lui et sa défunte épouse se composaient de :

1º....., etc.

Le tout grevé :

1º Des reprises des époux, consistant, savoir :

Celle du futur époux, en.....;

Celle de la succession de sa défunte épouse, en.....

2º Et de diverses dettes, décrites en l'inventaire, se montant à.....

Que, lors de la clôture de l'inventaire, le futur époux, en vertu de la faculté contenue en son contrat de mariage ci-dessus énoncé, a opté pour la conservation du fonds de commerce, en sorte qu'il en est devenu seul propriétaire ;

Qu'en conséquence, les biens qu'il possède actuellement consistent en :

1º Tous les meubles et objets mobiliers décrits en l'inventaire après le décès de sa défunte épouse, d'une valeur de.....;

2º Le fonds de commerce de....., qu'il exploite à....., rue..... nº....., ensemble les ustensiles

d'en faire le dépouillement, afin de préciser les forces et les charges de la communauté et de déterminer les biens dont il fait l'apport, grevés des droits des héritiers du conjoint prédécédé [FORM. 1182].

5398. Indivision dans une succession. — Lorsque l'apport est de droits indivis dans la succession d'un époux prédécédé laissant son conjoint survivant commun en biens et usufruitier, l'enfant futur conjoint mentionne qu'il apporte ses droits indivis dans la succession et ceux pouvant résulter du compte de tutelle à lui rendre; si ces droits doivent être représentés par une somme disponible, on fixe son montant en mentionnant que le conjoint survivant le remettra à son enfant futur conjoint, le jour du mariage, et que cette somme comprendra d'abord le reliquat du compte de tutelle à rendre, s'il y en a un, et le surplus, ou la totalité, s'il y a lieu, les droits lui revenants libres de tout passif dans la succession. — Le conjoint survivant, dans la prévision que les droits

servant à son exploitation, les marchandises en dépendant, et l'achalandage y attaché, le tout d'une valeur de.....;

3º Ses recouvrements et deniers comptants, le tout se montant à.....;

4º Ses immeubles personnels, consistant en.....;

5º Sa moitié dans les immeubles de la communauté, consistant en.....;

6º Enfin l'usufruit de moitié, comme donataire de sa défunte épouse, dans les biens meubles et immeubles dépendant de la succession de cette dernière.

Le tout grevé des droits des enfants mineurs du futur époux, dont l'importance sera constatée par les comptes de tutelle qu'il leur rendra.

FORMULE 1183. — Droits indivis héréditaires et constitution d'une somme (Nº 5398).

Préalablement à l'indication de l'apport en mariage de la future épouse, elle et Mme sa mère expliquent ce qui suit :

M....., père de la future épouse, est décédé à....., le...., laissant :

1ent. Mme....., sa veuve, avec laquelle il était commun en biens, et sa donataire pour.....;

2ent. Et pour ses seuls héritiers, ses trois enfants : 1º.....; 2º.....; 3º.....

Ainsi qu'il est constaté en l'intitulé de l'inventaire après son décès, dressé....., etc.

Il n'a pas encore été procédé aux opérations de compte, liquidation et partage des biens dépendant de la communauté d'entre M..... et Mme..... et de la succession de M.....

On fait ressortir ici, à titre de renseignement :

Que l'actif de ces communauté et succession se composait de : 1º.....; 2º.....;

Que ces mêmes communauté et succession étaient grevées de : 1º.....; 2º.....

Les biens et valeurs desdites communauté et succession sont restés, depuis le décès de M....., sous l'administration de Mme veuve....., tant en son nom que comme tutrice légale de ses enfants mineurs.

Ceci expliqué, l'apport de Mlle..... est établi de la manière suivante :

Elle apporte en mariage et se constitue personnellement en dot :

1ent. Les vêtements, linge, effets et bijoux à son usage personnel, d'une valeur de.....;

2ent. Ses droits dans la succession de M....., son père, dont elle est héritière pour un tiers, et ceux qui pourront résulter du compte de tutelle que Mme....., sa mère, a à lui rendre; lesdits droits encore indéterminés.

Mme veuve..... remettra au futur époux, le jour même du mariage, et avant sa célébration qui en vaudra décharge, la somme de cinquante mille francs en espèces de monnaie ayant cours, provenant des valeurs de la communauté d'entre cette dame et son mari, et de la succession de ce dernier.

Cette somme de cinquante mille francs comprendra d'abord le reliquat dont Mme veuve..... pourra être débitrice envers la future épouse, à raison de l'excédent des recettes sur les dépenses de son compte de tutelle, et le surplus ou la totalité, s'il y a lieu, sera imputable sur les droits revenant, libres de tout passif, à la future épouse, dans la succession de M....., son père.

Le futur époux consent à demeurer chargé.....

Il reconnaît que communication lui a été donnée de l'inventaire susénoncé.

ARTICLE..... Mme veuve....., prévoyant le cas où les droits de la future épouse, tels qu'ils résulteront

puissent être moindres, lui fait donation de la somme en déficit, qui est évaluée pour la perception des droits d'enregistrement [FORM. 1183].

5399. Cautionnement d'apport. — Un apport en mariage peut être cautionné au point de vue de la reprise à effectuer, notamment en ce qui concerne l'apport de la future épouse, à fin de lui en assurer la reprise quand il y aura lieu, pour le cas où l'hypothèque légale serait susceptible d'être considérée comme n'offrant pas une garantie suffisante. Ce cautionnement, la plupart du temps, est fourni par les parents du futur (1) [FORM. 1184].

5400. Reconnaissance d'apport ; futur. — On mentionne à la suite de l'apport de la future que le futur époux consent à en demeurer chargé par le fait seul du mariage [FORM. 1185-1), ce qui établit qu'il a reçu la dot (2) (C. civ, 1502) ; cette preuve résulte aussi de la quittance postérieure au mariage même sous seing privé (3) ; elle peut même

---

de son compte de tutelle et de la liquidation à faire tant de la communauté ayant existé entre M. et Mme..... que de la succession de M....., ne s'élèveraient pas à une somme de cinquante mille francs en dehors de tout passif,

Déclare faire donation en avancement d'hoirie à Mlle sa fille, future épouse, qui accepte :

De la somme qui formerait la différence entre le montant des droits disponibles de la future épouse, définitivement fixés par son compte de tutelle et la liquidation à établir, et ladite somme de cinquante mille francs, qu'elle doit remettre au futur époux avant la célébration du mariage, ainsi qu'il est expliqué dans l'article précédent.

Cette donation est ainsi faite par Mme..... à la future épouse, pour assurer à cette dernière, comme apport en mariage, l'intégralité de ladite somme de cinquante mille francs.

Et Mme..... explique que la future épouse n'aura aucun rapport à faire à sa succession pour intérêt jusqu'au jour de son décès, sur la somme entière remise au futur époux.

Pour faciliter la perception du droit d'enregistrement seulement, et sans tirer à aucune autre conséquence, les parties déclarent évaluer à la somme de cinq mille francs l'importance de la donation qui précède.

ENREGISTREMENT. — Droit à 1 fr. 25 par 100 fr. sur 5,000 fr.

FORMULE 1184. — Cautionnement de l'apport de la future (N° 5399).

Pour garantir et assurer à la future épouse la reprise, quand il y aura lieu, de la somme de....., montant de son apport en mariage qui vient d'être constaté, avec tous intérêts, frais et autres accessoires, M. et Mme....., père et mère du futur époux, ci-dessus comparants, la femme de son mari autorisée, déclarent se rendre et constituer, solidairement entre eux, cautions solidaires du futur époux, envers Mlle....., future épouse, qui accepte, pour raison de l'apport précité ; et, en conséquence, s'obliger solidairement entre eux et avec M....., futur époux, à payer et restituer à la future épouse ou à ses représentants, à la dissolution de la communauté, pour quelque cause qu'elle se produise, le montant intégral de son apport en mariage, ainsi que tous intérêts dont elle deviendrait productive et tous autres accessoires.

Si le cautionnement est garanti par hypothèque on ajoute : A la sûreté et garantie de ce cautionnement, M. et Mme....., solidairement entre eux, affectent et hypothèquent au profit de la future épouse, qui accepte : 1°....., etc.

ENREGISTREMENT. — Ce cautionnement n'est passible d'aucun droit particulier.

FORMULE 1185. — Reconnaissance de l'apport (N°s 5400 à 5402).

I. *Apports du futur.* Duquel apport, franc et quitte de toutes dettes et charges, et provenant de ses gains et épargnes — *ou :* tant de ses gains et épargnes que des successions de ses père et mère — le futur époux a donné connaissance à la future épouse.

II. *Apports de la future.* Duquel apport, franc et quitte de toutes dettes et charges, le futur époux consent à demeurer chargé par le fait seul de la célébration du mariage.

---

(1) Rép. Defrénois, 2164.
(2) Marcadé, 1503-2 ; Esnault, *Faill.*, 586 bis ; Bédarride, *Ibid.*, 1037 ; Massé, *Droit commerc.*, 394 ; Cass., 19 juin 1836 ;

Caen, 3 mai 1845, Colmar, 28 déc. 1853 ; Orléans, 20 mars 1855 ; trib. Lyon, 6 janv. 1859 ; Dijon, 7 mai 1862.
(3) Rodière et Pont, 1917, 1918 ; Cass., 2 sept. 1806.

être établie par témoins (1). La déclaration que la célébration du mariage vaudra quittance participe de l'immutabilité du contrat de mariage, de sorte que, sauf le cas de dol ou de fraude (2), ou de simulation en cas de second mariage (3), le mari ne serait pas admis, en alléguant une simulation qui serait son propre fait, à établir plus tard qu'il a donné quittance de la dot sans la recevoir, même lorsqu'il a agi dans une intention libérale (4), et, même après la dissolution du mariage, le mari ne peut déférer le serment décisoire à sa femme sur le point de savoir si l'apport a été réellement effectué (5). Mais le mari peut être admis à prouver qu'il n'a donné la quittance que dans l'espérance de recevoir la dot. D'ailleurs la preuve du non payement de la dot quittancée est permise par tous les moyens légaux aux héritiers réservataires en cas de mariage en secondes noces (6) et aux créanciers du conjoint dont les titres sont antérieurs au contrat de mariage ou à la quittance de la dot (7).

5401. Ibid. ; future. — On fait aussi reconnaître par la future épouse que le futur époux lui a donné connaissance de ses apports [Form. 1185].

5402. Dettes. — En établissant les apports en mariage de chacun des époux, il est nécessaire d'indiquer les dettes et charges dont ils sont grevés. S'il n'y en a pas, on énonce que les apports sont francs et quittes de toutes dettes et charges [Form. 1185].

SECTION II. — **Des donations aux époux par contrat de mariage.**

§ 1. *Donations de biens présents.*

5403. Règles. — Toute donation entre vifs de biens présents, quoique faite par contrat de mariage [Form. 1186], aux époux ou à l'un d'eux, est toujours soumise aux règles générales prescrites pour les donations faites à ce titre. Elle ne peut avoir lieu au profit des enfants à naître (8) (C. civ., 1081), si ce n'est avec charge de rendre dans la forme des substitutions.

5404. Application. — Ainsi, les règles relatives à la réduction, la révocation pour

---

§ 4. Donations et dots aux époux.

FORMULE 1186. — **Par contrat de mariage** (N⁰ˢ 5403, 5404).

ARTICLE.....

En considération du mariage, M. Duthuit, comparant, fait donation entre vifs, par préciput et hors part,

A M. Duthuit, futur époux, son neveu, qui accepte :

De : 1⁰....., etc.

FORMULE 1187. — **Donation hors contrat de mariage** (N⁰ 5405).

Par devant Me.....,

À comparu :

M. Duthuit (Léon-Auguste), négociant, demeurant à.....,

Lequel, en considération du mariage que M. Duthuit, son neveu, ci-après nommé, doit prochainement contracter avec Mˡˡᵉ Anna Collet, sans profession, domiciliée à....., chez ses père et mère,

---

(1) Toullier, XIV, 275; Rodière et Pont, I, 1917. Voir Metz, 18 déc. 1861. Contra : Benoît, *Dot*, II, 132; Odier, I, 1146.
(2) Troplong, 3632; Montpellier, 7 août 1850; Paris, 24 fév. 1865; Cass., 2 mars 1853, 7 fév. 1872.
(3) Rouen, 23 déc. 1871; Poitiers, 18 août 1872.
(4) Troplong, 1966 et 3632; Cass., 29 mai 1827; Grenoble, 2 juill. 1831; Riom, 9 août 1843; Orléans, 29 mars 1855.

(5) Rouen, 25 juin 1869.
(6) Cass., 30 nov. 1831; Rennes, 15 fév. 1840; Bordeaux, 9 avril 1845; Rouen, 23 déc. 1871; Poitiers, 18 août 1872.
(7) Trib. Grenoble, 15 juin 1876; Paris, 7 juin 1861, 24 juin 1881; Cass., 7 fév. 1872, 21 fév. 1882: Rép. Defrénois, 640.
(8) Duranton, IX, 604; Demolombe, XXIII, 207; Paris, 30 avril 1846.

surenance d'enfant, l'état estimatif, la transcription (1), le dessaisissement et l'irrévocabilité, même sous le prétexte invoqué par les père et mère donateurs qu'ils ont après le contrat formé opposition au mariage et qu'il ne peut y être procédé qu'à la suite d'actes respectueux (2), s'appliquent aux donations de biens présents faites par contrat de mariage ; les seules différences sont celles rappelées *infra* nos 5469 à 5474.

5405. Hors contrat. — La donation en faveur du mariage peut être faite par un acte étranger aux conventions matrimoniales, si d'ailleurs il est antérieur à la célébration du mariage. Cet acte est assujetti aux formes des donations, comme aussi à la formalité de l'acceptation formelle (3) et à la présence réelle des témoins ou d'un second notaire ; mais, s'il exprime d'une manière non douteuse que la libéralité est faite en considération d'un mariage en projet [FORM. 1187], il participe aux priviléges exceptionnels des donations faites par contrat de mariage, *infra* nos 5469 à 5474, et la libéralité est soumise à la condition que le mariage s'ensuivra (4).

5406. Donateurs. — Les donations aux époux par contrat de mariage peuvent être faites par des père et mère, d'autres ascendants, des parents collatéraux ou même des étrangers.

5407. Acquit de la dot. — L'obligation d'acquitter la dot frappe personnellement sur chacun des époux qui l'ont constituée (5) ; si le père et la mère, même mariés sous le régime dotal (6), ont conjointement, c'est-à-dire ensemble (7) [FORM. 1188], doté l'enfant commun, sans exprimer la portion pour laquelle ils entendaient y contribuer, ils sont censés avoir doté chacun pour moitié, soit que la dot ait été fournie ou promise en effets de la communauté, soit qu'elle l'ait été en biens personnels à l'un des époux (Code civ., 1438), et la femme ne peut s'en exonérer en renonçant à la communauté ; malgré sa renonciation, elle doit, si la dot a été payée, indemnité à son mari de la moitié dont elle était tenue, et si elle n'a pas été payée, elle reste débitrice de la moitié (8), à moins de stipulation contraire, par exemple si elle a déclaré qu'elle n'entendait doter que sur les biens de la communauté (9).

A, par ces présentes, fait donation entre vifs, par préciput et hors pàrt,

A M. DUTHUIT (Ernest-Honoré), son neveu, docteur en médecine, demeurant à....., ici présent et ce acceptant,

De....., etc. *(Le surplus comme aux formules suivantes.)*

La présente donation est soumise à la condition du mariage projeté entre M. DUTHUIT, donataire, et Mlle COLLET, et sera caduque si ce mariage ne s'ensuit pas.

DONT ACTE. Fait et passé, etc. *(Présence réelle des témoins.)*

ENREGISTREMENT. — Droit à 6 fr. 50 p. 100. — Pour profiter de la réduction du droit, il faudrait qu'elle fût acceptée non par l'acte de donation mais dans le contrat de mariage.

FORMULE 1188. — Père et mère conjointement (Nos 5407, 5409).

En considération du mariage, M. et Mme....., donnent et constituent en dot conjointement, par avancement d'hoirie sur leurs successions futures et pour moitié sur chacune d'elles,

A M....., futur époux, leur fils, qui accepte :

1o.....; 2o....., etc.

---

(1) Troplong, *Don.*, 2341 ; Demolombe, XXIII, 266 ; Aubry et Rau, § 715 bis-24 ; Cass., 2 avril 1821, 23 juill. 1822.
(2) Seine, 24 déc. 1863. Voir aussi Cass., 16 fév. 1875.
(3) Duranton, IX, 607 ; Coin-Delisle, 1085-8 ; Troplong, 2470 ; Demolombe, XXIII, 258 ; Aubry et Rau, § 735-4 ; Laurent, XV, 162 ; Colmet, IV, 249 bis ; Arg., Nîmes, 4 janv. 1856.
(4) Toullier, V, 829 ; Demolombe, XXIII, 258, 260 ; Laurent, XV, 162.
(5) Toullier, XII, 316 ; Duranton, XIV, 294 ; Rodière et Pont, I, 88 ; Troplong, 1248 ; Marcadé, 1438-1.

(6) Duranton, XV, 365 ; Troplong, 3078 ; trib. Toulouse, 13 avril 1864.
(7) Laurent, XXI, 166 ; Guillouard, 145 ; Paris, 26 juin 1874 ; Rép. Defrénois, 5542-6.
(8) Toullier, XII, 331 ; Duranton, XIV, 356 ; Rodière et Pont, I, 93 ; Troplong, 1220 ; Marcadé, 1438-2 ; Massé et Vergé, § 642-56 ; Cass., 6 juill. 1813 ; Bourges, 29 juill. 1851. CONTRA : Bordeaux, 17 janv. 1854.
(9) Toullier, XII, 334 ; Duranton, XIV, 285 ; Troplong, 1225 ; Guillouard, 144.

5408. Parts inégales. — Les époux donateurs peuvent convenir que l'un des époux contribuéra dans le payement de la dot pour une part plus forte que moitié ou même pour la totalité, toute latitude leur étant laissée sur le mode et les effets de la constitution de dot [Form. 1189].

5409. Epoux. — Biens de communauté. — Si la dot, en biens de la communauté, a été constituée par les deux époux conjointement, elle doit, à moins d'une clause formelle d'imputation, être considérée comme une charge de la communauté, de sorte que si une clause du contrat de mariage des donateurs stipule que le survivant aura l'usufruit de toute la communauté, le rapport à la succession du prémourant a lieu en nue propriété seulement, ce qui exonère l'enfant de l'intérêt du rapport jusqu'au décès du survivant des donateurs (1).

5410. Solidarité. — Les époux qui, en constituant une dot, se sont obligés solidairement à la payer, sont tenus envers l'enfant doté chacun pour la totalité au versement de la dot, sauf le recours contre son conjoint pour celui qui aura payé plus que sa part (2). La stipulation de solidarité est utile quand la dot est stipulée imputable sur la succession du premier mourant des donateurs, *infra* n° 5411.

5411. Clause d'imputation. Les père et mère ayant la faculté d'apporter à la constitution de dot les modalités qu'il leur convient, peuvent stipuler que la dot sera, pour le tout, imputable sur la succession du premier monrant (3) ; ce qui n'empêche pas que pendant leur mariage ils ne soient tenus chacun pour moitié au payement de la dot (4), même après la séparation de biens prononcée (5) ; et, en ce cas, si la dot a été versée avant la séparation, la femme, en cas de renonciation à la communauté, doit tenir compte à son mari de la moitié de la dot s'il l'a versée de ses deniers ou en biens de la communauté (6). Si la dot imputable sur la succession du premier mourant excède les droits héréditaires de l'enfant dans cette succession, l'enfant subit une diminution de sa dot, et s'il l'a reçue en entier, il doit restituer cet excédent (7), à moins d'engagement solidaire, *supra* n° 5410, par les père et mère donateurs, auquel cas le survivant doit garantir l'enfant doté contre les effets du rapport (8) — ou qu'il ne soit stipulé que la dot sera imputée d'abord sur la succession du

---

FORMULE 1189. — **Père et mère par portions inégales** (N° 5408).

En considération du mariage, M. et Mme..... donnent et constituent en dot, le mari pour deux tiers et la femme pour un tiers, par avancement d'hoirie dans ces proportions sur leurs successions futures,

A M....., etc.

FORMULE 1190. — **Père et mère solidairement, par imputation sur la succession du prémourant** (N°s 5411 à 5413).

En considération du mariage, M. et Mme..... donnent et constituent en dot, solidairement entre eux, en avancement d'hoirie et par imputation sur les droits de leur fils — *ou :* de leur fille, — dans la succession du premier mourant d'entre eux et subsidiairement, s'il y a lieu, pour tout ce qui excéderait ces droits, sur la succession du survivant,

A M....., futur époux, leur fils, etc.

---

(1) Cass., 2 juill. 1889 ; Rép. Defrénois, 5207.

(2) Guillouard, 146 ; voir Montpellier, 30 mai 1866.

(3) Demolombe, XVI, 271 ; Guillouard, 147 ; Cass., 11 juill. 1814.

(4) Rodière et Pont, 107 ; Aubry et Rau, § 500-19 ; Guillouard, 147 ; Orléans, 24 mai 1848 ; Paris, 6 nov. 1854.

(5) Bordeaux, 22 mars 1859.

(6) Aubry et Rau, § 500-20 ; Bourges, 29 juill. 1851 ; Paris, 6 nov. 1854 ; Cass., 13 novembre 1882 ; Rép. Defrénois, 1244, 5110-8.

(7) Toullier, XII, 340 ; Marcadé, 1439-2 ; Demolombe, XVI, 271 ; Laurent, XXI, 170 ; Guillouard, 148 ; Massé et Vergé, § 642-55 ; Aubry et Rau, § 560-15 ; Bordeaux, 22 mars 1859 ; Cass., 3 juill. 1872. Voir cep. Rodière et Pont, 107.

(8) Fontainebleau, 4 fév. 1886 ; Rép. Defrénois, 2948.

premier mourant, et subsidiairement, s'il y a lieu, sur celle du survivant (1) [Form. 1190].

5412. Prédécès de l'enfant. — La clause d'imputation ne produit son effet que dans le cas où l'enfant vient aux successions des donateurs ; elle est sans objet et les père et mère sont censés avoir dotés par moitié si l'enfant est prédécédé laissant un enfant qui vient de son chef à la succession des donateurs, à plus forte raison s'il ne laisse pas de postérité (2).

5413. Récompense. — Lorsque la dot a été fournie en biens personnels à l'un des époux, mais néanmoins constituée par les deux époux, l'époux propriétaire des biens donnés a, sur les biens de l'autre, et non sur la communauté (3), une action en indemnité, soit pour moitié de la dot, si la constitution a eu lieu conjointement ou par moitié, soit pour telle autre portion dont celui-ci s'est chargé, soit même pour la totalité, si, par suite de la clause d'imputation sur la succession du prémourant, il est censé avoir seul doté. L'indemnité se fixe eu égard à la valeur des biens donnés au temps de la donation (C. civ., 1438) ; mais en cas d'insuffisance de la succession du conjoint donateur, celui qui a fourni la dot ne pourrait recourir contre l'enfant (4).

5414. Mari seul ; communauté. — La dot constituée par le mari seul à l'enfant commun, non en bien à lui propre (5), mais en biens de la communauté, ou en une somme d'argent acquêt même stipulée payable à terme (6) [Form. 1191], est à la charge de la communauté ; et, dans le cas où la communauté est acceptée par la femme, celle-ci doit supporter la moitié de la dot, à moins que le mari n'ait déclaré expressément qu'il s'en chargeait pour le tout ou pour une portion plus forte que la moitié (C. civ., 1439); ou qu'il n'ait constitué la dot en avancement d'hoirie sur sa propre succession (7). La dot ne doit être mise à la charge de la femme qu'autant qu'elle s'y est personnellement engagée (8).

5415. Femme seule. — Lorsque la femme, autorisée de son mari [Form. 1192], constitue en dot une somme d'argent ou un effet de la communauté, la communauté en est tenue, sauf l'action en indemnité contre la femme pour la somme déboursée ou la valeur de l'effet (9) ; mais si la femme autorisée par justice, en cas d'absence ou d'interdiction du mari, donne une somme d'argent ou un effet de la communauté, elle est réputée

---

FORMULE 1191. — Mari seul en effets de la communauté
(N° 5414).

En considération du mariage, M..... donne et constitue en dot,

A M....., futur époux, son fils, issu de son mariage avec Mme....., qui accepte,

Les biens dont la désignation suit, dépendant de la communauté existant entre lui et son épouse susnommée, aux termes de leur contrat de mariage passé devant M^e....., notaire à....., le.....

1°.....; 2°....., etc.

FORMULE 1192. — Femme seule (N° 5415).

En considération du mariage, Mme....., de son mari autorisée, donne et constitue en dot,

A M....., futur époux, son neveu qui accepte :

1°.....; 2°.....; 3°....., etc.

---

(1) Voir Paris, 16 mars 1850 ; Rouen, 9 janv. 1864.
(2) Paris, 22 juill. 1887 ; Vervins, 12 avril 1889. Voir cep. Amiens, 11 mai 1889 ; Rép. Defrénois, 4401, 4844, 4967.
(3) Toullier, XII, 332 ; Paris, 6 juill. 1813.
(4) Rodière et Pont, 107 ; Guillouard, 149.
(5) Toullier, XII, 316 ; Marcadé, 1439-2 ; Douai, 6 juillet 1853.
(6) Marcadé, 1439-2.

(7) Toullier, XII, 320 ; Marcadé, 1439-2 ; Roll. de Vill., *Dot*, 22 ; Rodière et Pont, 105 ; Aubry et Rau, § 500-12 ; Guillouard, 151 ; Douai, 6 juill. 1853.
(8) Cass., 22 déc. 1880 ; Rép. Defrénois, 458.
(9) Toullier, XII, 329 ; Troplong, 1229 ; Marcadé, 1429-2 ; Massé et Vergé, § 642-53. Voir cep. Aubry et Rau, § 500-13 ; Laurent, XXI, 168 ; Guillouard, 152 ; Rouen, 27 mai 1854.

agir comme remplaçant et représentant son mari, et la communauté en est tenue sans recours contre elle; enfin si la femme autorisée de son mari dote en biens à elle personnels, elle en est seule tenue (1).

5416. Aïeul donateur; imputation sur droits de l'enfant. — Les père et mère d'un futur conjoint qui n'ont pas les ressources nécessaires pour doter leur enfant, peuvent obtenir de leur père ou mère, aïeul de l'enfant, le versement de la dot, avec stipulation qu'elle sera imputable sur ses droits dans la succession du père, ou de la mère, du futur conjoint, et que le père, ou la mère, en devra le rapport à sa succession. En un tel cas, il a été décidé que si la constitution de dot a été faite par l'aïeul seul au petit-enfant, avec la clause d'imputation sur la succession de l'enfant, cette clause est illicite et ne doit produire aucun effet, de sorte qu'il reste une libéralité directe de l'aïeul au petit-fils (2). Pour que la clause d'imputation produise son effet, la donation doit être faite conjointement par l'aïeul et le père ou la mère du futur conjoint [FORM. 1193].

5417. Enfant d'un premier lit. — Lorsque la dot est constituée par l'un des époux à son enfant d'un précédent mariage [FORM. 1194], elle est pour le tout à sa charge, qu'elle ait été constituée en biens à lui propres ou en effets de la communauté (3).

5418. Titre onéreux. — La dot constituée par un père à son enfant n'est pas un

---

FORMULE 1193. — Aïeul, avec clause d'imputation sur la succession de la mère du futur conjoint (N° 5416).

En considération du mariage, M. LOYNET, aïeul du futur, et Mme veuve MOUTIER, fille de M. LOYNET et mère du futur, font conjointement donation, à titre de constitution de dot,

A M. MOUTIER, futur époux, leur petit-fils et fils, qui accepte :

D'une somme de trente mille francs, qui sera versée, en espèces, par M. LOYNET, aïeul, à M. MOUTIER, futur époux, le jour du mariage, dont la célébration devant l'officier de l'état civil en vaudra quittance.

Il est formellement stipulé :

1° Que si Mme MOUTIER vient à prédécéder M. LOYNET, son père, le donateur de ladite somme de trente mille francs sera exclusivement M. LOYNET aïeul; et M. MOUTIER, futur époux, s'il est son successible, devra le rapport de cette somme à sa succession;

2° Qu'il en serait de même dans le cas où Mme MOUTIER, survivant à M. LOYNET, ne recueillerait pas sa succession par suite de renonciation ou autre cause; dans ce cas, également à charge de rapport par M. MOUTIER s'il est successible, mais par imputation sur la quotité disponible s'il n'est pas successible;

3° Que si Mme MOUTIER recueille la succession de M. LOYNET son père, elle sera considérée comme ayant seule constitué à son fils ladite dot de trente mille francs, et M. LOYNET comme lui en ayant fait l'avance; auquel cas elle sera tenue au rapport de cette somme à la succession de son père, et le futur époux, se trouvant ainsi avoir reçu la donation de sa mère, en devra le rapport à la succession de celle-ci.

ART..... *Réserve du droit de retour.*

Celui de M. LOYNET ou de Mme MOUTIER qui se trouvera être donateur de ladite somme de trente mille francs, d'après les stipulations de la constitution de dot qui précède, fait réserve, à son profit, du droit de retour sur cette somme, pour le cas où M. MOUTIER, futur époux, viendrait à décéder avant lui, sans descendants, comme aussi pour le cas où les descendants qu'il aurait laissés viendraient également à décéder sans postérité avant le donateur.

Il est entendu que si le décès du futur époux et de sa postérité survenaient pendant l'existence de M. LOYNET, qui a fait de ses deniers le versement de la dot constituée, c'est en sa faveur que s'ouvrirait le droit de retour dont la réserve vient d'être stipulée.

Toutefois, cette réserve de droit de retour ne nuira pas aux libéralités en viager que M. MOUTIER pourra faire en faveur de sa future épouse.

---

(1) Toullier, XII, 329; Marcadé, 1439-2.
(2) Orléans, 21 déc. 1882; Rép. Defrénois, 1280.

(3) Marcadé, 1439-2.

acte de libéralité pure, mais elle a, sous certains rapports, le caractère d'un contrat à titre onéreux; si donc les futurs époux ont été de bonne foi, la révocation ne peut en être demandée par les créanciers du donateur, comme ayant été faite en fraude de leurs droits (1). Si le père donateur était en état de faillite, ce que l'enfant n'ignorait pas, la donation est sujette à révocation (2). Mais, en cas de concert frauduleux entre le père et le fils, la révocation ne saurait être opposée à la future épouse qui a été de bonne foi (3).

5419. Trousseau. — Meubles. — Le trousseau et les objets mobiliers donnés par contrat de mariage [Form. 1195] doivent, conformément à l'art. 948 C. civ., être décrits et estimés, soit dans le contrat de mariage, soit dans un état estimatif y annexé. La nullité pour défaut d'état serait couverte par la tradition résultant de la remise des objets (4). L'état estimatif et la description détaillée peuvent être évités en mentionnant que la donation est d'une somme d'argent en la valeur d'un trousseau à fournir.

5420. Somme d'argent. — En cas de donation d'une somme d'argent [Form. 1196], le montant en est précisé avec l'indication de l'époque du payement, soit le jour du mariage, soit à terme, alors avec ou sans intérêt. La garantie, quand il en est fourni une pour assurer le payement, a lieu d'après les règles du droit commun.

FORMULE 1194. — Dot à un enfant d'un précédent mariage (N° 5417).

En considération du mariage, M..... donne et constitue en dot, par avancement d'hoirie sur sa succession future,

A Mlle....., future épouse, issue de son premier mariage avec Mme....., ce acceptant :

1°.....; 2°....., etc.

FORMULE 1195. — Trousseau (N° 5419).

I. *Décrit.* Un trousseau se composant de vêtements, linge, dentelles, bijoux et autres objets à l'usage corporel de la future épouse, linge de ménage, meubles meublants et argenterie; le tout décrit et estimé à quinze mille francs, en un état dressé entre les parties; lequel non encore enregistré, mais devant l'être en même temps que ces présentes, est demeuré ci-annexé après avoir été certifié véritable par les parties, et que les notaires soussignés ont fait mention du tout. Les donateurs s'obligent solidairement à livrer ce trousseau aux futurs époux le jour du mariage, dont la célébration civile leur vaudra décharge.

II. *Non décrit.* Une somme de quinze mille francs, destinée à l'achat du trousseau de la future épouse, qui consistera en vêtements, linge, dentelles, bijoux et autres objets à l'usage corporel de la future épouse, linge de ménage, meubles meublants et argenterie, que les donateurs s'obligent solidairement à livrer aux futurs époux le jour du mariage, dont la célébration leur vaudra décharge.

FORMULE 1196. — Somme d'argent (N° 5420).

La somme de cinquante mille francs, que M. et Mme..... s'obligent solidairement à verser aux futurs époux, le jour du mariage, dont la célébration leur vaudra décharge. — *Ou :* S'obligent solidairement à verser aux futurs époux, en leur demeure, en deux fractions égales de vingt-cinq mille francs : l'une le....., et l'autre le.....; le tout avec intérêt à cinq pour cent par an, à partir du jour du mariage jusqu'aux payements effectifs, payables chaque année de six en six mois.

Si une garantie est stipulée : A la garantie du payement de cette somme, etc. *(Hypothèque ou gage.)*

---

(1) Duranton, X, 579; Toullier, XIV, 90; Marcadé, 1548-2; Montpellier, 14 nov. 1844; Paris, 31 janv. 1845; Lyon, 13 juill. 1843; Bourges, 9 août 1847; Grenoble, 3 août 1853; Rennes, 11 déc. 1860; Bordeaux, 30 nov. 1869; Poitiers, 21 août 1878; Chambéry, 22 août 1883; Toulouse, 24 janv. 1884; Agen, 3 fév. 1885; Cass., 25 fév. 1845, 2 mars 1847, 24 mai 1848, 6 juill. 1849, 18 nov. 1861, 11 nov. 1878. Contra : Demolombe, XXV, 242; Aubry et Rau, § 313-28; Laurent, XVI, 452; Montpellier, 6 avril 1842; Rennes, 10 juill. 1843; Cass., 6 juin 1844; Caen, 7 mars 1870.

(2) Caen, 7 mars 1870.

(3) Toulouse, 24 janv. 1884; Cass., 18 janv. 1887; Dijon, 11 fév. 1887. Contra : Bordeaux, 30 nov. 1869; Caen, 7 mars 1870; Rép. Defrénois, 2254, 3467, 3558.

(4) Troplong, *Don.*, 1241; Demolombe, XX, 362; Aubry et Rau, § 660-3; Laurent, XII, 385; Cass., 11 juill. 1831, 11 avril 1854.

5421. Argent ou immeubles. — La donation peut être d'une somme d'argent, avec faculté pour le donateur de livrer à la place des immeubles déterminés ; dans ce cas, elle est alternative [Form. 1197].

5422. Créances. — Les créances constituées en dot [Form. 1198] sont désignées par l'indication des débiteurs, des titres en vertu desquels elles existent, de leur exigibilité, de la stipulation d'intérêts, des garanties y attachées, de l'époque à partir de laquelle le donataire aura droit aux intérêts. Après le mariage on fait opérer une mention de subrogation en marge des inscriptions.

5423. Valeurs diverses. — Les rentes sur l'Etat, actions de la banque, actions de sociétés, obligations de compagnies, de villes, et autres établissements publics, qui font l'objets de dots constituées aux époux [Form. 1199], sont désignées par leur nature, leur

---

FORMULE 1197. — Somme d'argent ou immeubles (N° 5421).

En considération du mariage, M. X..... fait donation entre vifs, par avancement d'hoirie, sur sa succession future,

A M. X....., son fils, futur époux, qui accepte,

Des immeubles dont la désignation suit :

1o.....; 2o.....; 3o.....

Ces immeubles, d'une valeur convenue entre les parties de 12,000 francs.

(Désigner, établir l'origine de propriété et insérer les conditions de la donation. Voir formule 1204).

Il est expressément convenu, comme condition formelle de cette donation, que M. X....., donateur, aura le droit, dans le délai de trois années du jour du mariage, d'opter entre la constitution des immeubles qui viennent d'être désignés ou celle d'une somme de 12,000 fr. en numéraire.

Cette option devra avoir lieu par acte notarié à la suite des présentes. A défaut par M. X....., donateur, d'avoir fait cette option dans ledit délai de trois années, la donation immobilière ci-dessus deviendra définitive et M. X....., futur époux, demeurera propriétaire incommutable des immeubles donnés, sans aucune réserve.

Si, au contraire, M. X....., donateur, a opté pour la constitution d'une somme de douze mille francs, cette somme sera exigible dans le délai de....., avec intérêt à 5 p. 100 par an, à compter de l'option, payable de six en six mois.

Par suite de cette option et à compter du jour où elle aura lieu, M. X....., donateur, rentrera en possession des immeubles donnés, pour en jouir soit par lui-même, soit par la perception des fermages dans le cas où ils seraient affermés.

A cet effet, il est convenu que jusqu'à l'expiration du délai fixé pour l'option de M. X....., donateur, M. X....., futur époux, ne pourra vendre, échanger ou aliéner de toute autre manière ni hypothéquer aucun des immeubles donnés, sans l'autorisation expresse du donateur. Il ne pourra non plus faire aucun bail pour une durée excédant trois années.

FORMULE 1198. — Créances (N° 5422).

1o Une créance de..... en principal, contre M..... et Mme....., résultant d'une obligation pour prêt, reçue le....., par Me....., notaire à....., le....., exigible le....., et productive d'intérêts à cinq pour cent par an, payables chaque année par semestre, les..... Elle est assurée hypothécairement sur..... par une inscription prise au bureau des hypothèques de......., le....., vol....., no.....

2o La somme de....., à prendre par préférence et priorité aux donateurs, dans celle de....., due par M....., pour le prix moyennant lequel, suivant contrat reçu le.... par Me....., notaire à....., le....., M. et Mme....., donateurs, ont vendu à M..... une maison sise à.....; ledit prix stipulé exigible le..... et productif d'intérêts à cinq pour cent par an, payables par semestre les....., est conservé par une inscription prise d'office au bureau des hypothèques de....., le....., vol....., no.....

Aux intérêts desquelles créances le futur époux aura droit à partir du jour de la célébration du mariage.

Et par le fait seul de ce mariage, le futur époux demeurera subrogé dans l'effet de tous droits, actions, privilèges et hypothèques résultant des titres susénoncés ; et notamment dans l'effet, jusqu'à due concurrence, des inscriptions conventionnelles et d'office, qui conservent les créances données.

nombre, leur valeur nominale, leurs séries et numéros, les inscriptions faites sur les registres au nom du donateur, les revenus qu'elles produisent et l'époque à partir de laquelle le donataire aura droit aux revenus. Elles sont évaluées : pour celles cotées d'après le cours de la bourse du jour, et pour celles non cotées par l'estimation des parties. Après le mariage on les fait immatriculer au nom du donataire en fournissant un certificat de propriété pour les rentes et un extrait pour les autres valeurs. Si elles sont sujettes à un remploi dotal ou à un droit de retour, il est utile que l'immatricule en fasse mention, *infra* n° 5764.

5424. Rente viagère. — La rente viagère donnée à un futur conjoint par ses père et mère, qui doit s'éteindre au décès du premier mourant des donateurs pour une somme égale aux revenus des biens qu'il recueillera en pleine propriété dans sa succes-

Les donateurs s'obligent à remettre au futur époux, dès la célébration du mariage, les titres de la créance contre M. et Mme.....; quant à ceux de la créance contre M....., ils les conserveront, mais à la charge d'en aider le futur époux toutes les fois que besoin sera.

FORMULE 1199. — Valeurs diverses (N° 5423).

1° Trente obligations, trois pour cent, au porteur, du Crédit foncier de France, avec lots (emprunt de 1884), produisant quinze francs d'intérêt par année, payables par semestres aux époques des 1er mai et 1er novembre; lesdites obligations portant les n^{os}.....

Elles représentent actuellement, avec jouissance du....., à raison de..... par obligation, cours convenu entre les parties, une somme de....., ci . . . . » »

2° Quarante obligations, trois pour cent, de la Compagnie des chemins de fer de....., au capital nominal de cinq cents francs chacune, produisant quinze francs d'intérêts par année, payables par semestres aux époques des 1er janvier et 1er juillet, portant les n^{os}....., et faisant l'objet d'un certificat délivré au donateur le....., sous le n°.....;

Ces obligations, timbrées par abonnement, représentent actuellement, avec jouissance du....., au jour présumé du mariage, une valeur totale de....., ainsi convenue entre les parties, ci . . . . » »

3° Trois cents francs de rente trois pour cent sur l'Etat français, inscrits au nom de M....., donateur, au grand-livre de la dette publique, sous le n°..... de la..... série; ladite rente portant jouissance du.....;

Elle représente, à raison de....., par trois francs de rente, cours convenu entre les parties, une valeur de....., ci . . . . » »

Ensemble....., ci . . . . » »

M..... s'oblige à remettre au futur époux les obligations du Crédit foncier de France, le certificat de dépôt des obligations du chemin de fer de..... et le titre de rente la veille de la célébration du mariage, qui en vaudra décharge au donateur.

Et M^e....., l'un des notaires soussignés, est requis de délivrer tous certificats de propriété, et extraits nécessaires pour faire immatriculer au nom du futur époux, après la célébration du mariage, les obligations et rentes qui viennent de lui être constituées en dot.

Quant au rapport qui pourrait être à faire ultérieurement à la succession du donateur, à raison de la donation qui précède, et à la reprise qui sera opérée par le futur ou ses représentants contre la communauté, ils auront lieu et s'exerceront de convention expresse, pour une somme de....., montant de l'évaluation ci-dessus, dès à présent convenue entre les parties, quand bien même les valeurs qui en font l'objet se retrouveraient en nature, ou quels que soient les prix moyennant lesquels elles pourraient avoir été vendues ou remboursées.

FORMULE 1200. — Rente viagère reversible aux enfants et aux conjoints (N° 5424).

En considération du mariage, M. et Mme....., conjointement et solidairement entre eux, donnent et constituent en dot,

A Mlle leur fille, future épouse, qui accepte,

Une rente ou pension viagère de....., par année, que les donateurs s'obligent, sous la solidarité susexprimée, à payer en quatre fractions égales de..... chacune, de trois en trois mois, à compter

sion et au décès du survivant pour le surplus, avec stipulation qu'en cas de prédécès de l'enfant donataire, elle sera reversible au profit et sur la tête des enfants à naître du mariage, ou encore au profit de son conjoint pour le remplir des libéralités en viager faites ou à faire, on est d'accord, en droit civil, pour reconnaître que malgré la stipulation de reversibilité la disposition forme une donation unique (1) [Form. 1200]. Mais en droit fiscal, on a jugé qu'en raison de la clause de reversibilité elle faisait naître, en cas de prédécès de l'enfant, non un droit de mutation par décès, mais un *nouveau* droit de donation à 2.50 p. 100, en raison de la reversibilité aux petits-enfants, et à 6 p. 100 quand la reversion profite au conjoint (2). Pour éviter un nouveau droit, il est nécessaire de stipuler que la rente dépendra de la succession du donataire qui la transmettra à son conjoint ou à ses enfants (3) [Form. 1201].

---

du jour du mariage et dont ils ne pourront se libérer par un versement de capital, sans le consentement formel des futurs époux.

Cette rente sera servie au domicile des futurs époux.

En cas de prédécès de la future épouse, cette rente sera reversible au profit et sur la tête des enfants et descendants à naître du mariage en projet; et elle sera reversible également au profit du futur époux, s'il y a lieu, pour effectuer le service des avantages viagers qui vont lui être assurés ci-après.

La rente ou pension viagère présentement constituée ne représentant que des revenus, ne donnera lieu à aucun rapport aux successions futures des donateurs.

FORMULE 1201. — Rente viagère transmissible aux enfants et au conjoint (N° 5424).

En considération du mariage, M. et Mme X..... donnent et constituent en dot,

A M. X....., leur fils, futur époux, qui accepte :

Une rente ou pension viagère, incessible et insaisissable, de six mille francs par année, que les donateurs s'obligent solidairement entre eux à servir et payer au futur époux, en sa demeure, en quatre fractions égales de quinze cents francs, de trois mois en trois mois, à compter du jour de la célébration civile du mariage, et dont ils ne pourront se libérer par un versement de capital sans le consentement du futur époux.

Cette rente ou pension viagère est constituée sur la tête des donateurs, ainsi que du futur époux et des enfants à naître du mariage ou descendants d'eux. Elle s'éteindra au décès du premier mourant des donateurs pour une somme égale au montant des revenus nets que le futur époux ou ses descendants recueilleront dans sa succession, et pour le surplus au décès du survivant des donateurs. Elle s'éteindrait aussi en cas de prédécès du futur époux et des enfants issus du mariage ou descendants d'eux. — *On peut ajouter :* sauf toutefois, s'il y a lieu, la fraction qui serait nécessaire pour fournir à la future épouse les avantages viagers dont il va être parlé.

Le futur époux, par suite de la clause d'incessibilité susexprimée, ne pourra, de son vivant, transmettre la rente, à titre gratuit ou onéreux, à qui que ce soit, sans le consentement des donateurs, à peine de nullité des transmissions. Mais s'il vient à prédécéder les donateurs ou l'un d'eux, en laissant des enfants ou autres descendants, la rente présentement donnée, ou la fraction qui en restera alors due, fera partie de sa succession et se transmettra à ses enfants ou descendants d'eux, avec le même caractère d'incessibilité et d'insaisissabilité.

On peut ajouter : La rente sera transmissible également au profit de la future épouse, s'il y a lieu, pour le service, pendant sa vie, des avantages viagers qui vont lui être assurés.

La rente ou pension viagère présentement constituée représentant seulement des revenus, ne donnera lieu à aucun rapport aux successions futures des donateurs.

FORMULE 1202. — Somme à prendre sur la succession d'un oncle (N° 5425).

En considération du mariage, M. X..... fait donation entre vifs et irrévocable,

A Mlle N....., future épouse, sa nièce, qui accepte :

(1) Troplong, 2341 ; Demolombe, XXIII, 267 ; Aubry et Rau, § 738-3 ; Laurent, XV, 175.
(2) Avranches, 2 juill. 1848 ; Vesoul, 23 déc. 1867 ; Cass., 27 mars 1872 ; Seine, 29 déc. 1876 ; Laon, 17 janv. 1878 ; Avesnes, 9 août 1878 ; Annecy, 13 janv. 1881 ; Lille, 5 déc. 1887 ; Cass., 10 déc. 1889 ; Rép. Defrénois, 934, 4683, 5725. Voir cep. Lons-le-Saunier, 6 juill. 1857 ; Seine, 4 avril 1884 ; Rép. Defrénois, 2330.
(3) Voir Rép. Defrénois, 2311, 3169.

5425. Somme sur succession. — La donation d'une somme à prendre sur les plus clairs biens de la succession du disposant [FORM. 1202] n'emporte pas un dessaisissement actuel et ne serait pas valable s'il s'agissait d'une libéralité autrement que par contrat de mariage, à moins que le décès ne soit indiqué que comme terme de payement; par exemple, si la somme donnée est productive d'intérêts, mais faite par contrat de mariage en faveur de l'un des futurs conjoints, elle produit son effet, puisque la donation de biens à venir est permise par contrat de mariage.

5426. Immeubles. — La donation d'immeubles par contrat de mariage [FORM. 1203, 1204] est soumise aux formes prescrites pour leur transmission à titre gratuit; il est donc nécessaire de les désigner, d'établir leur origine de propriété, de fixer l'époque d'entrée en jouissance par la perception des loyers ou fermages pour ceux loués ou affer-

D'une somme de vingt-cinq mille francs, à prendre sur les plus clairs biens qui composeront la succession du donateur ; et qu'il oblige ses héritiers et représentants, tous solidairement entre eux, à payer à la future épouse dans les six mois du jour de son décès.

Cette somme ne sera productive d'aucun intérêt jusqu'au décès de M. X....., donateur, mais elle en produira de plein droit à partir du jour de ce décès sur le pied de cinq pour cent par an, et ces intérêts seront payables en même temps que le principal.

Si la somme donnée est productive d'intérêt : Jusqu'à l'époque du décès du donateur, M..... s'oblige à en servir au futur époux les intérêts à cinq pour cent par an, à partir du jour de la célébration du mariage, payables chaque année en un seul terme.

A la garantie de l'exécution de cette donation, le donateur affecte et hypothèque spécialement :
(Désigner les biens hypothéqués.)

FORMULE 1203. — Donation d'immeuble avec réserve d'usufruit (N° 5426).

En considération du mariage, M. et Mme..... font donation entre vifs, par préciput et hors part,

Au futur époux, leur fils, qui accepte :

D'une maison située à.....

Cette maison dépend de la communauté existant entre les donateurs au moyen de l'acquisition que le mari en a faite de....., etc.

Chacun de M. et Mme....., donateurs, fait la réserve à son profit et pendant sa vie de l'usufruit de la part pouvant lui appartenir dans la maison donnée.

Et celui d'entre eux qui survivra à l'autre impose formellement au donataire, qui y consent, la condition de lui laisser la jouissance à titre d'usufruitier pendant sa vie à compter du jour du décès du premier mourant, aux charges de droit, mais avec dispense de fournir caution, de toute la part pouvant appartenir à ce dernier dans le même immeuble.

Ces réserves et conditions sont imposées par chacun des donateurs, personnellement et séparément, comme charges de son concours à la donation ; elles ne pourront donc, dans aucun cas, être considérées comme constitutives d'une libéralité entre époux.

FORMULE 1204. — Donation d'immeuble avec dispense de rapport en nature
(N° 5426).

Une maison située à....., rue..... n°....., composée d'un principal corps de bâtiment en façade sur la rue, élevé sur cave d'un rez-de-chaussée et de cinq étages carrés, doubles en profondeur, et d'un corps de bâtiment en aile à gauche élevé sur terre-plein d'un rez-de-chaussée et trois étages, cour; le tout d'une superficie de cinq cent trente mètres, tient d'un coté....., etc.

Telle que cette maison s'étend et comporte, avec toutes ses dépendances, sans aucune exception ni réserve.

Elle dépend de la communauté existant entre les donateurs et leur appartient, savoir : les bâtiments comme les ayant fait édifier, et le terrain au moyen de l'acquisition que le mari en a faite pendant leur mariage, ainsi qu'il est établi en un état contenant l'origine de propriété en la personne des donateurs et en celle des précédents propriétaires; lequel état, qui sera enregistré en même temps que ces présentes, est demeuré ci-annexé après avoir été certifié véritable par les comparants et que dessus les notaires soussignés ont fait mention de l'annexe.

més, ou par la prise de possession pour ceux non occupés. La transcription est obligatoire pour que la transmission soit opposable aux tiers ; il est même utile de remplir les formalités de la purge, si les immeubles sont grevés d'hypothèque légale, à moins, en ce qui concerne la femme, qu'elle n'intervienne au contrat pour y renoncer. Si le donataire est dispensé du rapport en nature, il en est fait mention dans le contrat de mariage [Form. 1204].

5427. Non compte de tutelle. — Si une dot a été constituée à un enfant sous la condition qu'il ne pourra pas exiger son compte de tutelle, la condition est réputée non écrite en vertu de l'art. 900, comme étant contraire à la loi (1) ; mais si l'on a stipulé qu'en cas de demande de compte de tutelle la somme donnée sera imputable sur le reliquat du compte de tutelle [Form. 1205], cette condition d'imputation produit son effet (2).

5428. Non partage. — De même, en cas de donation d'une somme avec la condition que le donataire sera tenu de laisser au survivant de ses père et mère donateurs, la

---

Le futur époux sera propriétaire de la maison donnée à compter du jour du mariage et il en aura la jouissance par la perception à son profit des loyers, à compter du.....

Cette constitution de dot immobilière est faite sous les garanties ordinaires et de droit.

Elle a lieu, en outre, sous les charges et conditions suivantes :

1º Le futur époux prendra la maison donnée dans l'état où elle se trouve actuellement, sans garantie de la contenance exprimée, la différence en plus ou en moins devant lui profiter ou être supportée par lui alors même qu'elle excéderait un vingtième ;

2º Il souffrira les servitudes passives, apparentes ou occultes, continues ou discontinues pouvant la grever, sauf à s'en défendre et à faire valoir celles actives, s'il en existe ;

3º Il entretiendra pour le temps restant à courir, les locations de toute nature qui peuvent exister ;

4º Enfin il acquittera, à compter du....., les contributions de toute nature, auxquelles la maison peut et pourra être imposée.

De convention expresse, le futur époux est formellement dispensé de faire en nature le rapport de la maison qui lui est présentement constituée en dot. En conséquence, il en aura la propriété incommutable dès le jour du mariage ; mais les donateurs lui imposent la condition de faire au lieu et place de ce rapport en nature, celui d'une somme de trois cent cinquante mille francs, à laquelle les parties fixent dès à présent et d'une manière invariable la valeur rapportable de la maison dont s'agit. Et prévoyant le cas où la maison se trouverait être d'une valeur supérieure à la somme de trois cent cinquante mille francs, M. et Mme..... font, dès à présent, en tant que de besoin, donation par préciput et hors part de tout l'excédent, au futur époux, qui accepte.

Les indemnités qui pourraient être dues, soit à la communauté existant entre les donateurs, soit entre époux, par suite de l'imputation de la présente donation sur la succession du premier mourant des donateurs, sera également calculée sur le chiffre de trois cent cinquante mille francs, quelle que puisse être à l'époque du décès du premier mourant la valeur de la maison donnée.

M. et Mme..... déclarent qu'ils sont mariés sous le régime de la communauté d'acquêts, aux termes de leur contrat de mariage passé devant Me....., notaire à....., le.....; et qu'ils ne sont et n'ont jamais été tuteurs de mineurs ou interdits.

Un extrait du présent contrat, comprenant la donation immobilière qui précède et le droit de retour stipulé sous l'article suivant, sera transcrit au bureau des hypothèques de.....

Pour la perception du droit d'enregistrement, la maison donnée est évaluée à un revenu annuel, impôts compris, de.....

FORMULE 1205. — **Condition que le donataire ne pourra demander un compte de tutelle** (Nº 5427).

En considération du mariage, Mme veuve..... donne et constitue en dot,

A Mlle....., future épouse, sa fille, qui accepte :

Une somme de.....;

---

(1) Toullier, XIII, 338 ; Duranton, III, 639 ; Marcadé, 1439-3 ; Aubry et Rau, § 692-5 ; Demolombe, XVIII, 316 ; Laurent, V, 164 ; Cass., 16 janvier 1838, 12 novembre 1867, 21 décembre 1869 ; Bordeaux, 11 avril 1863.

(2) Paris, 3 août 1847 ; Douai, 12 janv. 1888 ; Rép. Defrénois, 4510. Contra : Marcadé, 1439-3.

jouissance de tout ou partie de la succession du prédécédé, cette condition est nulle ; mais si l'on a stipulé qu'en cas de partage la somme donnée sera imputable sur les droits du donataire dans la succession du prémourant [FORM. 1206], cette clause d'imputation est valable.

5429. Nourriture; logement. — La dot peut consister en l'obligation que prennent les père et mère de loger et nourrir les futurs conjoints et les enfants à naître du mariage en projet; il faut prévoir les cas de décès devant entraîner la cessation de la vie commune et aussi, stipuler que les donateurs pourront s'en exonérer par le service d'une pension viagère [1207].

5430. Femme dotale. — Lorsque les père et mère mariés sous le régime dotal constituent conjointement une dot, sans distinguer la part de chacun, elle est censée constituée par portions égales et sans solidarité entre eux (1). Si la dot est constituée par le père seul pour droits paternels et maternels, la mère, quoique présente au contrat,

---

Cette donation est faite à la condition que la future épouse ne pourra demander à Mᵐᵉ....., sa mère, le compte de la gestion et de l'administration qu'elle a eues de ses biens en qualité de tutrice légale depuis le décès de M....., son mari.

Et il est expressément convenu que si, malgré cette stipulation, la future épouse ou ses représentants viennent à demander le compte de tutelle, la somme présentement donnée sera imputable sur le reliquat de ce compte, et l'excédent, s'il y en a, sur la succession de la donatrice.

FORMULE 1206. — **Condition que le donataire ne pourra demander un partage**
(N° 5428).

En considération du mariage, M. et Mᵐᵉ..... donnent et constituent en dot conjointement,

A M....., futur époux, leur fils, qui accepte :

Une somme de.....;

Cette donation est faite à la condition que le futur époux ou ses représentants laisseront jouir le survivant des donateurs, pendant sa vie, à titre d'usufruitier, avec dispense de fournir caution, mais à la charge de faire faire inventaire, des biens meubles et acquêts du prédécédé (*ou des biens formant l'importance de la succession du premier mourant*); en conséquence, il s'interdit le droit d'exercer aucune demande en partage avant le décès du survivant des donateurs.

Et il est expressément convenu que si, nonobstant cette stipulation, le partage est demandé et a lieu, la somme de....., présentement constituée en dot, sera imputée en totalité sur la succession du premier mourant, qui sera censé avoir seul doté; et s'il y a excédent, cet excédent sera imputable sur la succession du survivant.

FORMULE 1207. — **Convention de nourrir et loger** (N° 5429).

En considération du mariage, M. et Mᵐᵉ..... s'engagent solidairement à loger et nourrir dans leur maison, pendant..... années, à partir du jour du mariage, les futurs époux, leurs domestiques et les enfants à naître du mariage.

Cet engagement cessera d'être obligatoire avant le délai ci-dessus indiqué, en cas de décès de l'un des donateurs ou de décès de la future épouse sans enfant.

Les donateurs auront la faculté de se libérer du présent engagement en payant aux futurs époux et par douzième, une pension annuelle de..... jusqu'à l'expiration du délai susindiqué.

Cette donation ne donnera lieu à aucun rapport par la future épouse aux successions des donateurs.

FORMULE 1208. — **Constitution de dot par une femme dotale** (N° 5430).

En considération du mariage, Mᵐᵉ....., de son mari autorisée, donne et constitue en dot, par avancement d'hoirie sur sa succession future,

A M....., futur époux, son fils, qui accepte, pour son établissement,

---

(1) Rodière et Pont, 103; Troplong, 3077; Marcadé, 1544-2; Massé et Vergé, § 607-7; Orléans, 5 déc. 1842.

n'est point engagée, et la dot demeure en entier à la charge du père (C. civ., 1544), même quand une quittance constate qu'elle a été payée par le père et la mère (1). Si, au contraire, la dot est constituée par la mère seule, elle est en entier à sa charge (2), *supra* n° 5415 [Form. 1208]. Les règles du droit commun sont applicables quand il existe une société d'acquêts entre les père et mère (3).

5431. Fille dotale dotée. — Quoique la fille dotée par ses père et mère, dans un contrat la soumettant au régime dotal, ait des biens à elle propres dont ils jouissent, la dot est prise sur les biens des constituants, s'il n'y a stipulation contraire (C. civ., 1546), quel que soit le régime de mariage des père et mère (4).

5432. Biens paternels et maternels. — Si le survivant des père ou mère, en mariant sa fille sous le régime dotal, lui constitue une dot pour biens paternels et maternels, sans spécifier les portions, la dot se prend d'abord sur les droits de la future dans les biens du conjoint prédécédé, et le surplus sur les biens du constituant (C. civ., 1545).

5433. Garantie de la dot. — La garantie de la dot est due par toute personne qui l'a constituée (C. civ., 1440, 1547), à moins que le contraire n'ait été stipulé (5). Elle est due non seulement au conjoint du donataire, mais aussi au donataire lui-même (6) et à ses héritiers directs ou collatéraux et autres successeurs comme étant dans le patrimoine de l'enfant doté (7). Comme conséquence de cette obligation de garantie, les père et mère du futur époux, qui ont dissimulé frauduleusement dans son contrat de mariage une créance personnelle qu'ils avaient contre lui, peuvent en être déclarés responsables envers la future (8).

5434. Intérêts. — Les intérêts de la dot, sauf stipulation contraire, courent de

---

Les biens dotaux à Mme..... ci-après désignés :

1° Une rente de cent francs 3 p. 100 sur l'Etat français, inscrite au nom de la donatrice, comme femme dotale, n°..... de la..... série ;

2° Une pièce de terre en labour....., etc.

Le futur époux aura la propriété et la jouissance du tout, à partir du jour de la célébration du mariage.

FORMULE 1209. — **Constitution à une fille dotale pour biens paternels et maternels**
(N° 5432).

En considération du mariage, Mme veuve..... donne et constitue en dot

A Mlle....., sa fille, future épouse, qui accepte :

Une somme de....., pour biens paternels et maternels, qui, par dérogation à l'article 1545 du Code civil, sera imputable pour moitié sur la succession de M....., père de la future épouse, et l'autre moitié par avancement d'hoirie sur la succession de Mme veuve....., donatrice.

Laquelle somme, Mme veuve..... s'oblige à verser aux futurs époux le jour du mariage, dont la célébration lui vaudra décharge.

FORMULE 1210. — **Droit de retour** (N° 5436).

M. et Mme..... se réservent expressément, chacun en ce qui le concerne, le droit de retour sur les immeubles, créances et valeurs par eux donnés à Mlle leur fille, future épouse, pour le cas où elle décéderait avant eux sans postérité et pour le cas encore où les enfants de la future épouse viendraient eux-mêmes à décéder sans descendants avant les donateurs.

Mais l'exercice de ce droit de retour ne mettra pas obstacle à ce que les époux disposent de ces immeubles, créances et valeurs comme bon leur semblera *(en cas de régime dotal avec obligation*

---

(1) Guillouard, 150; Cass., 22 déc. 1880.
(2) Troplong. 3075 ; Massé et Vergé, § 607-8. Voir Guillouard, 142.
(3) Marcadé, art. 1544; Rodière et Pont, 104.
(4) Aubry et Rau, § 506-7 ; Laurent, XXI, 160; Rodière et Pont, 27, 104; Guillouard, 142.

(5) Rodière et Pont, 114; Marcadé, 1440-2.
(6) Duranton, XIV, 296; Rodière et Pont, 112; Troplong, 1249; Marcadé, 1440-2; Aubry et Rau, § 500-28; Guillouard, 163.
(7) Aubry et Rau, § 500-30; Laurent, XXI, 187; Rodière et Pont, 112; Guillouard, 164.
(8) Paris, 22 fév. 1847.

plein droit du jour du mariage contre ceux qui l'ont promise, encore qu'il y ait terme pour le payement (C. civ., 1440, 1548), mais seulement lorsque la dot consiste en une somme d'argent ou en créances productives d'intérêt; car s'il s'agit d'objets mobiliers livrables dans un délai déterminé ou créances non productives d'intérêt, il n'en est point dû (1); si la dot a été stipulée payable à terme, sans intérêt, les intérêts courent de plein droit, à défaut de payement, à l'échéance du terme (2). Ces intérêts étant payables par année sont soumis à la prescription de cinq ans (3).

5435. Taux. — Les intérêts de la dot peuvent, sans qu'il y ait usure, être stipulés au-dessus du taux légal (4).

5436. Retour conventionnel. — Le droit de retour peut être stipulé, pour les donations faites par contrat de mariage, de la même manière que pour toutes les autres donations [Form. 1210].

5437. Célébration valant quittance. — Lorsque le contrat de mariage porte que la dot sera payable le jour du mariage et que la célébration en vaudra quittance [Form. 1211], le fait de cette célébration, s'il n'implique pas une preuve absolue du payement, constitue néanmoins une présomption de libération qui ne peut céder que devant une preuve du contraire (5); ainsi on peut prouver, au point de vue du rapport à effectuer à la succession du donateur, qu'une somme moindre a été versée par suite d'un accord entre les parties (6). La présomption de payement résultant de la célébration tombe devant l'aveu des donateurs qu'ils redoivent un solde (7).

5438. Charge de rendre. — Une donation par contrat de mariage, comprenant des biens présents et une institution contractuelle de quotité de biens à venir, peut avoir

---

d'emploi, l'on ajoute : sauf l'emploi ci-après stipulé), et exercent tous droits et actions s'y rattachant, sans qu'il y ait besoin du concours des donateurs; comme aussi il n'empêchera pas l'effet de la donation que la future épouse fera au futur époux, sous l'article..... ci-après — *ou* de tous avantages viagers que la future épouse pourra faire au futur époux soit par ces présentes soit pendant le mariage.

FORMULE 1211. — Mariage valant quittance (No 5437).

Les donateurs s'obligent à remettre le trousseau et à verser la somme constituée en argent la veille — *ou* : le jour — du mariage, dont la célébration devant l'officier de l'état civil leur en vaudra décharge.

FORMULE 1212. — Donation à la charge de rendre les biens donnés, et ceux donnés antérieurement (No 5438).

En considération du mariage, M. Croisy père fait donation entre vifs, par préciput et hors part,
A M. Croisy (Charles), son fils, futur époux, qui accepte expressément, tant pour lui que pour ses enfants légitimes à naître, en faveur desquels la charge de rendre va être stipulée :
1ent. D'une pièce de terre en labour, située commune de....., lieudit....., de la contenance de....., section B, no..... du plan cadastral, tenant d'un côté, etc.
Appartenant au donateur, etc. *(Établir l'origine de propriété.)*
Le donataire aura la propriété de l'immeuble donné à partir d'aujourd'hui; il en prendra la jouissance le.....; le tout sous la condition de rendre dont il va être parlé.
2ent. Du cinquième de tous les biens meubles et immeubles qui composeront la succession du donateur, sans aucune exception; en conséquence, et conformément aux art. 1082 et 1083 du Code civil, M. Croisy père institue le futur époux donataire du cinquième de ses biens.

---

(1) Troplong, 1255; Marcadé, 1440-3; Rodière et Pont, 128; Aubry et Rau, § 500-24; Guillouard, 167, 168. Contra : Toullier, XIV, 97; Laurent, XXI, 182.
(2) Laurent, XXI, 182; Guillouard, 171; Agen, 18 nov. 1830; Paris, 28 mars 1860.
(3) Duranton, XV, 383; Rodière et Pont, 131; Troplong, Presc., 1025; Aubry et Rau, § 500-24; Guillouard, 172; Toulouse, 12 août 1834, 14 décembre 1850; Pau, 13 février 1861.
(4) Massé et Vergé, § 633-14; Riom, 12 mars 1828.
(5) Cass., 22 août 1882, 7 mai 1884; Paris, 11 janv. 1890; Rép. Defrenois, 1693, 2660, 5466, 5491.
(6) Rouen, 13 mai 1868.
(7) Paris, 20 juin 1861; Cass., 4 août 1862, 22 août 1865, 14 déc. 1875.

lieu, comme toute autre disposition, à la charge de conserver et de rendre aux enfants à naître de l'enfant donataire, au premier degré, et, en même temps, d'obliger le donataire à conserver et rendre de la même manière des biens précédemment donnés. La clause doit s'expliquer sur l'emploi à faire des capitaux. S'il se peut, on nommera un tuteur à la substitution [FORM. 1212].

§ 2. *Institutions contractuelles.*

I. Biens à venir.

5439. Droit de disposer. — Les père et mère, les autres ascendants, les parents collatéraux des époux et même les étrangers peuvent, par contrat de mariage, disposer de tout ou partie des biens qu'ils laisseront au jour de leur décès, tant au profit des époux qu'au profit des enfants à naître de leur mariage, dans le cas où le donateur survivrait à l'époux donataire. Pareille donation, quoique faite au profit seulement des époux ou de l'un d'eux, est toujours, dans le cas de survie du donateur, présumée faite au profit des enfants et descendants à naître du mariage (C. civ., 1082). Cette disposition reçoit, dans la pratique, la dénomination *d'institution contractuelle* [FORM. 1213 à 1217].

5440. Forme. — Elle ne peut être faite que par contrat de mariage, ou par contre-lettre au contrat de mariage, dans le sens des art. 1396 et 1397 C. civ. (1). Elle est dispensée de la transcription (2).

5441. Biens. — Elle peut comprendre non seulement l'universalité ou une quote-

M. CROISY, futur époux, sera tenu de conserver et de rendre à ses enfants légitimes à naître au premier degré, tant la pièce de terre ci-dessus désignée que tous les biens meubles et immeubles qu'il recueillera dans la succession du donateur, en vertu des dispositions qui précèdent.

En outre, M. CROISY, futur époux, sera tenu de conserver et de rendre à ses enfants légitimes à naître au premier degré une maison, située à....., rue..... n°....., consistant en....., etc., dont M. CROISY père lui a fait donation entre vifs, aux termes d'un acte reçu par Me....., notaire à....., le.....

M. CROISY, donataire, sera tenu de faire transcrire le présent acte de donation, et conséquemment la charge de rendre, au bureau des hypothèques de....., et de justifier au donateur de l'accomplissement de cette formalité dans le délai d'un mois du jour du mariage.

M. CROISY, donataire, sera tenu de faire emploi, en acquisition de rentes trois pour cent sur l'Etat français, avec l'indication de la charge de rendre, en présence et à la diligence du tuteur à la substitution, des deniers qu'il recueillera, avec la charge de rendre, dans la succession du donateur, savoir : des deniers comptants et de ceux à provenir du produit de la vente des meubles, dans les six mois du jour de la clôture de l'inventaire ; et des deniers qu'il touchera pour le recouvrement des créances actives et pour le remboursement des rentes, dans les trois mois du jour où il les aura reçus.

M. CROISY, donateur, nomme pour tuteur à la substitution M. LEROY (Gustave), oncle du donataire, propriétaire, demeurant à....., qu'il charge de l'exécution de la condition de rendre ci-dessus exprimée.

§ 5. INSTITUTIONS CONTRACTUELLES.

FORMULE 1213. — **Par un père de la quotité disponible** (Nos 5439 à 5456).

En considération du mariage, et conformément aux art. 1082 et 1083 du Code civil, M. LEBON, comparant, fait donation entre vifs, par préciput et hors part,

A la future épouse, sa fille, qui accepte,

De toute la portion de biens dont la loi permettra la libre disposition au donateur, à l'époque de son décès, à prendre dans les biens meubles et immeubles qu'il laissera à son décès.

---

(1) Duranton, IX, 672 ; Demolombe, XXIII, 276 ; Bonnet, II, 250 ; Aubry et Rau, § 739-10 ; Laurent, XV, 187 ; Marcadé, 1082-1 ; Troplong, 2360 ; Massé et Vergé, § 517-6 ; Nîmes, 8 janv. 1850. CONTRA : Toullier, V, 830.

(2) Toullier, III, 845 ; Duranton, IX, 707 ; Troplong, 2372 ; Demolombe, XXIII, 277 ; Laurent, XV, 188 ; Cass., 4 fév. 1867. CONTRA : Mourlon, *Transc.*, II, 117 ; Flandin, *Ibid.*, 701.

part des biens que le donateur laissera à son décès, mais aussi des biens déterminés donnés à titre particulier, comme une somme d'argent à prendre sur la succession du donateur (1) [Form. 1217], sans cependant entraîner le dépouillement actuel, de sorte que les créanciers du donataire ne seraient pas admis à pratiquer une saisie-arrêt sur la somme donnée du vivant du donateur (2).

5442. Biens à venir. — Le caractère distinctif de l'institution contractuelle est qu'elle ne porte que sur les biens à venir; en conséquence serait nulle la donation par contrat de mariage de tous les biens à venir du donateur, au fur et à mesure qu'ils lui adviendraient (3).

5443. Mineur. — Le mineur parvenu à l'âge de seize ans, bien que pouvant disposer par testament, n'a pas la capacité de faire une institution contractuelle (4), la capacité de disposer par donation étant requise pour cette forme de disposition.

5444. Autorisation maritale. — De même, la femme mariée, bien que pouvant tester sans autorisation, ne peut faire une institution contractuelle sans l'autorisation de son mari ou de justice (5).

5445. Conseil judiciaire. — Il en est de même de celui qui est pourvu d'un conseil judiciaire; il peut tester sans l'assistance de son conseil, et cependant il ne peut, sans cette assistance, faire une institution contractuelle (6).

5446. Femme dotale. — La femme mariée sous le régime dotal, bien que pouvant faire toutes dispositions par testament, n'a pas la capacité nécessaire, avec l'autorisation

---

En cas de prédécès de la donataire, ses descendants à naître du mariage projeté recueilleront la libéralité, s'ils survivent au donateur.

Le donateur se réserve de disposer gratuitement, par telles voies et en faveur de telles personnes que bon lui semblera, d'une valeur de deux mille francs sur la portion disponible; il s'interdit formellement de faire aucune autre disposition au préjudice de la donataire. S'il n'use pas de la faculté qu'il vient de réserver, la donataire en profitera comme de droit.

FORMULE 1214. — Père et mère conjointement (N° 5447).

En considération du mariage, M. et Mme X..... font, par ces présentes, donation par préciput et hors part,

Au futur époux, leur fils, qui accepte, pour lui et pour les enfants à naître du mariage,

De tout ce dont la loi leur permet de disposer en pleine propriété, dans les biens et valeurs qui composeront les successions futures de chacun des donateurs; à l'effet de quoi ils consentent respectivement, à son profit, toutes institutions contractuelles dans les termes de l'art. 1082 du Code civil, sous la seule réserve des avantages en usufruit qui pourraient être faits par l'un ou l'autre des donateurs au profit du survivant d'eux.

FORMULE 1215. — De l'universalité par une tante (N{os} 5439 à 5456).

En considération du mariage, et conformément aux art. 1082 et 1083 du Code civil, Mlle d'Au-NAY, comparante, fait donation entre vifs, par préciput et hors part,

Au futur époux, son neveu, qui accepte,

De l'universalité des biens meubles et immeubles qui composeront la succession de la donatrice, sans exception; en conséquence, elle institue le futur époux son héritier unique et universel.

---

(1) Coin-Delisle, 1082-14 à 18; Marcadé, 1082-1; Troplong, 2364; Massé et Vergé, § 517-3; Demolombe, XXIII, 280; Colmet, IV, 254 bis; Aubry et Rau, § 739-8; Laurent, XV, 193; Rouen, 5 mars 1834; Cass., 1er mars 1821, 13 juill. 1835; Besançon, 9 juin 1862. Contra : Duranton, IX, 676, 730. Voir Rép. Defrénois, 1801-13.
(2) Paris, 9 fév. 1875.
(3) Toulouse, 14 fév. 1887; Rép. Defrénois, 3992.

(4) Coin-Delisle, 1082-10; Massé et Vergé, § 517-10; Troplong, 2368; Laurent, XV, 197; Demolombe, XXIII, 280; Aubry et Rau, § 739-16.
(5) Duranton, IX, 723; Coin-Delisle, 1082-11; Troplong, 2371; Marcadé, 1083-1; Laurent, XV, 197; Massé et Vergé, § 417-21 et 517-11; Demolombe, XXIII, 283; Aubry et Rau, § 739-19.
(6) Pau, 31 juill. 1855; Demolombe, XXIII, 283; Aubry et Rau, § 739-18; Laurent, XV, 197.

de son mari, pour disposer de ses biens dotaux par voie d'institution contractuelle dans les termes de l'art. 1082 du Code civil, cette institution emportant une aliénation irrévocable, que l'article 1554 interdit afin de conserver à la femme dotale l'intégralité de sa dot (1), si ce n'est cependant en faveur des enfants, l'institution contractuelle, en ce cas, constituant un établissement par mariage (2). Décidé cependant que si la femme a donné ses biens dotaux par institution contractuelle en s'obligeant à la garantie de la donation, le donataire évincé peut recourir sur les biens paraphernaux de la femme, et aussi contre le mari s'il s'est obligé solidairement avec elle (3). — A plus forte raison, la femme dotale ne peut faire une donation cumulative de biens présents et à venir, cette donation étant susceptible de se transformer en une donation de biens présents, *infra* n° 5467, qu'elle est incapable de faire autrement que pour l'établissement de ses enfants.

5447. Conjointe. — L'institution contractuelle peut être faite dans le même contrat par plusieurs conjointement, la défense édictée par l'art. 968, en ce qui concerne le testament, ne s'étendant pas aux donations (4).

5448. Bénéficiaires. — L'institution contractuelle ne peut être faite qu'aux époux et aux enfants à naître du mariage en faveur duquel elle a lieu; les enfants issus d'un mariage antérieur ou d'un subséquent mariage ne peuvent donc jamais y être appelés, même par une clause formelle (5). Mais l'on doit comprendre, sous la dénomination d'enfants à naître, les enfants déjà nés légitimés par le mariage pour lequel l'institution est faite (6).

5449. Enfants à naître. — L'institution contractuelle ne peut être faite directement aux enfants à naître du mariage; elle doit, à peine de nullité, s'adresser en premier lieu aux époux, puis, en cas de prédécès, à leurs descendants (7). Mais elle peut contenir la stipulation qu'elle sera caduque en cas de prédécès du donataire laissant des enfants; ceux-ci alors sont exclus de la donation (8). Les descendants appelés à recueillir la libéralité, en cas de prédécès du donataire, sont les enfants du mariage ou leurs descendants, selon les règles de la représentation admises pour les successions *ab intestat* (9). Si l'un des enfants renonce, sa part accroît aux autres (10).

5450. Saisine. — L'institué, comme l'héritier, a la saisine du jour du décès, sans

En cas de prédécès du donataire, ses descendants à naître du mariage projeté recueilleront la libéralité, s'ils survivent à la donatrice.

La donatrice s'interdit formellement toute disposition par acte entre vifs ou testamentaire, au préjudice du donataire, si ce n'est pour sommes modiques, à titre de récompense ou autrement.

FORMULE 1216. — De quotité par un étranger
(N°s 5446 à 5456).

En considération du mariage, et conformément aux art. 1082 et 1083 du Code civil, M. Lorin, comparant, fait donation entre vifs, par préciput et hors part,

Au futur époux, qui accepte,

---

(1) Rodière et Pont, 1769; Demolombe, XXIII, 284; Aubry et Rau, § 739-9; Laurent, XV, 192; Nîmes, 18 fév. 1834; Caen, 16 août 1842, 28 mars 1843; Pau, 26 fév. 1868; Agen, 28 janv. 1856, 6 nov. 1867, 20 juill. 1873; Rouen, 8 juin 1874, 28 mars 1881; Grenoble, 13 août 1875; Poitiers, 13 juill. 1876; Cass., 8 mai 1877, 25 avril 1887; Rép. Defrénois, 622, 3718. Contra : Duranton, IX, 724; Troplong, 2371; Grenoble, 11 juin 1851; Rouen, 18 novembre 1851; Nîmes, 1er février 1867; Bordeaux, 8 mai 1871.

(2) Demolombe, XXIII, 284; Rép. Defrénois, 1190-18.

(3) Rouen, 28 mars 1881; Rép. Defrénois, 622.

(4) Duranton, IX, 675; Bonnet, II, 63; Aubry et Rau, § 739-12; Laurent, XV, 201; Demolombe, XXIII, 278.

(5) Toullier, V, 851; Coin-Delisle, 1082-36; Duranton, IX, 722; Marcadé, 1082-2; Troplong, 2557; Demolombe, XXIII, 293; Aubry et Rau, § 739-23; Rép. Defrénois, 5695-5.

(6) Demolombe, XXIII, 292.

(7) Toullier, V, 852; Duranton, IX, 729; Coin-Delisle, 1082-27; Massé et Vergé, § 517-15; Marcadé, 1082-2; Troplong, 2360, 2440; Demolombe, XXIII, 289 à 292; Aubry et Rau, § 739-32; Laurent, XV, 206; Paris, 25 mai 1849.

(8) Duranton, IX, 677; Marcadé, 1082-2; Massé et Vergé, § 517-4; Demolombe, XXIII, 288; Aubry et Rau, § 739-27; Laurent, XV, 204, 233. Contra : Coin-Delisle, 1082-29 à 35.

(9) Toullier, V, 843; Duranton, IX, 686; Coin-Delisle, 1082-4; Massé et Vergé, § 517-13; Demolombe, XXIII, 292, 328; Aubry et Rau, § 739-82; Laurent, XV, 204.

(10) Duranton, IX, 687; Coin-Delisle, 1082-45; Demolombe, XXIII, 329.

avoir besoin de demander la délivrance (1), et il est tenu *ultra vires* au payement des dettes et charges de la succession (2), sauf acceptation bénéficiaire, *infra* n° 5454.

5451. Mesures conservatoires. — L'institué contractuellement, bien qu'il ne puisse du vivant du donateur réclamer le bénéfice de l'institution et faire annuler les aliénations à titre gratuit consenties en fraude de cette institution, n'en est pas moins recevable à prendre, comme tout créancier éventuel, les mesures conservatoires de nature à en assurer l'exercice. Il peut notamment, en présence d'une donation déguisée en faveur de la seconde femme de l'instituant dans leur contrat de mariage postérieur à l'institution contractuelle, intervenir dans la liquidation amenée par la séparation de biens prononcée entre elle et son mari, pour demander qu'elle ne touche son apport fictif que sur bonne et valable caution de le rembourser au jour du décès du mari instituant (3).

5452. Irrévocabilité. — L'institution contractuelle est irrévocable, en ce sens seulement que le donateur ne peut plus disposer (4) à titre gratuit, même manuellement (5) ou par actes déguisés sous la forme de contrats onéreux (6), ou d'une assurance sur la vie (7), ni par contrat de mariage (8), des objets compris dans la donation, si ce n'est pour sommes modiques, en numéraire ou objets en nature (9), à titre de récompense (10) ou autrement (C. civ., 1083), ce qui est apprécié par les tribunaux (11). On considère comme valables les cadeaux ou présents d'usage, les œuvres pies; comme aussi les dispositions faites dans l'intérêt de la mémoire du donateur, telles que l'érection de son tombeau, la célébration de messes (12); pourvu toutefois que la disposition soit faite à titre particulier, car si elle avait lieu pour une quote-part, même très minime, elle serait nulle (13).

5453. Disposition ultérieure. — L'instituant ne saurait s'interdire de disposer pour sommes modiques (14). Mais il peut se réserver de disposer des biens compris en l'institution jusqu'à concurrence d'une valeur ou même d'une quotité déterminée (15). Si l'instituant a fait des dispositions supérieures, elles sont sujettes à retranchement en commençant par les donations les plus récentes et en remontant, s'il est nécessaire, jusqu'aux plus anciennes (16).

5454. Renonciation. — L'institué ne peut donc, du vivant de l'instituant, renoncer

---

Du quart des biens meubles et immeubles qui composeront la succession du donateur, sans exception; en conséquence, il institue le futur époux son héritier pour cette portion.

En cas de prédécès du donataire, etc. *(Voir la formule précédente.)*

FORMULE 1217. — D'une somme fixe (N° 5441).

En considération du mariage....., etc.

D'une somme de quatre mille francs, sur les plus clairs et apparents biens que le donateur laissera à son décès, et qu'il oblige ses héritiers ou autres successeurs, solidairement entre eux, à payer au futur époux, au domicile à cet effet élu à....., en l'étude de Me....., notaire soussigné, dans les trois mois du décès du donateur, sans intérêt.

En cas de prédécès du donataire, etc. *(Le surplus comme en la formule 1215.)*

---

(1) Troplong, 2366 ; Seine, 27 fév. 1833 ; Cass.-Belg., 23 juill. 1858. Contra : Marcadé, 1082-5 ; Colmet, IV, 256 bis-5 ; Laurent, XV, 237. Voir Demolombe, XXIII, 334.

(2) Toullier, V, 817 ; Troplong, 2365 ; Massé et Vergé, § 517-27 ; Demolombe, XXIII, 337 ; Aubry et Rau, § 739-78. Contra : Marcadé, 1082-5 ; Laurent, XV, 241.

(3) Cass., 2 mai 1855, 22 janv. 1873. Contra : Laurent, XV, 228.

(4) Lyon, 12 déc. 1862.

(5) Toullier, V, 835 ; Coin-Delisle, 1083-5.

(6) Toullier, V, 835 ; Duranton, IX, 709 ; Demolombe, XXIII, 315 ; Aubry et Rau, § 739-43 ; Laurent, XV, 221 ; Cass., 24 janv. 1881 ; Rép. Defrénois, 218.

(7) Laurent, XV, 191 ; Rouen, 20 juin 1868.

(8) Lyon, 28 janv. 1855.

(9) Voir Demolombe, XXIII, 317 ; Caen, 22 juin 1866.

(10) Paris, 18 avril 1859.

(11) Duranton, IX, 705 ; Aubry et Rau, § 739-46 ; Demolombe, XXIII, 317 ; Bourganeuf, 24 janv. 1884 ; Rép. Defrénois, 2319.

(12) Toullier, V, 834 ; Duranton, IX, 704 ; Coin-Delisle, 1083-9 ; Troplong, 2350 ; Demolombe, XXIII, 317 ; Laurent, XV, 221.

(13) Duranton, IX, 705 ; Coin-Delisle, 1083-10 ; Demolombe, XXIII, 319 ; Cass., 23 fév. 1818 et 2 fév. 1819.

(14) Duranton, IX, 712 ; Coin-Delisle, 1083-17 ; Demolombe, XXIII, 320.

(15) Duranton, IX, 743 ; Demolombe, XXIII, 320 ; Pau, 20 juill. 1881 ; Rép. Defrénois, 438.

(16) Troplong, 2453 ; Cass., 7 juin 1808.

au bénéfice de l'institution (1); mais il peut y renoncer après le décès de l'institué, si d'ailleurs il n'a pas fait acte d'héritier (2); s'il accepte, il a la faculté d'accepter purement et simplement ou sous bénéfice d'inventaire (3).

5455. Consentement à des libéralités. — L'interdiction de disposer à titre gratuit des biens compris dans l'institution est d'ordre public, et ne pourrait être validée par le consentement de l'institué, qui ne saurait produire plus d'effet que la renonciation à une succession future (4).

5456. Aliénation. — L'instituant conserve la faculté d'aliéner à titre onéreux (5) les biens compris dans la disposition, même à rente viagère (6), comme aussi les hypothéquer, les louer à long terme, les donner en antichrèse, les grever de servitudes, dans tous les cas à la condition que ce soit sans fraude (7). La clause par laquelle le donateur s'interdirait la faculté d'aliéner serait nulle en exécution de l'art. 1130 du Code civil (8).

5457. Substitution vulgaire. — Une institution contractuelle peut avoir lieu sous forme de substitution vulgaire, en instituant une personne pour le cas où un institué précédent ne recueillerait pas la libéralité faite à son profit (9) [Form. 1218].

II. Biens présents et à venir.

5458. Donation cumulative. — La donation par contrat de mariage peut être faite cumulativement des biens présents et à venir, en tout ou en partie [Form. 1219], pourvu qu'il soit annexé à l'acte, ou inscrit dans l'article qui contient la donation cumulative (10), un état des dettes et charges du donateur existantes au jour de la donation; pour la dette résultant d'un compte courant, le solde au débit du donateur doit être men-

---

FORMULE 1218. — **Sous forme de substitution vulgaire** (N° 5457).

M. Ledoux (Firmin), oncle du futur époux, fait observer que, par le contrat de mariage de M. Ledoux (Ernest-Henri), son autre neveu, passé devant Me....., notaire à......, le....., il lui a été fait donation de l'universalité des biens meubles et immeubles qui composeront sa succession et, en conséquence, l'a institué pour son héritier contractuel.

Si cette institution contractuelle, par suite de prédécès, renonciation ou toute autre cause, n'est pas recueillie par M. Ledoux (Ernest-Henri), ni par ses enfants ou leurs descendants, M. Ledoux (Firmin), pour ce cas, fait donation entre vifs

A M. Ledoux (Louis-Réné), futur époux, qui accepte,

De l'universalité des biens meubles et immeubles qui composeront la succession du donateur, sans exception, et, en conséquence, il l'institue pour son héritier contractuel.

FORMULE 1219. — **Donation cumulative de biens présents et à venir**
(N°s 5458 à 5467).

En considération du mariage, et conformément aux art. 1084 et suivants du Code civil, M. Lorin, comparant, fait donation entre vifs, par préciput ou hors part,

Au futur époux, son neveu, qui accepte,

---

(1) Coin-Delisle, 1086-9; Troplong, 2355; Massé et Vergé, § 517-29; Larombière, 1130-20; Laurent, XV, 225; Demolombe, XXIII, 324; Aubry et Rau, § 739-58; Lyon, 16 janv. 1838; Toulouse, 15 avril 1842; Cass., 3 fév. 1835, 16 août 1841; Rép. Defrénois, 2168-6 et 2186-7.

(2) Troplong, 2356; Massé et Vergé, § 517-20; Demolombe, XXIII, 331; Aubry et Rau, § 739-66; Laurent, XV, 235, 236; Cass., 11 janv. 1853.

(3) Laurent, XV, 235; Cass., 16 avril 1839.

(4) Troplong, 2355.

(5) Coin-Delisle, 1083-1; Troplong, 2349; Demolombe, XXIII, 281; Laurent, XV, 192.

(6) Duranton, IX, 711; Coin-Delisle, 1083-2; Troplong, 2354; Massé et Vergé, § 517-21; Demolombe, XXIII, 312, 313; Aubry et Rau, § 739-52; Laurent, XV, 213; Cass., 15 nov. 1836, 16 août 1841, 31 juill. 1867.

(7) Duranton, IX, 711; Demolombe, XXIII, 312; Laurent, XV, 214.

(8) Demolombe, XXIII, 314; Aubry et Rau, § 739-56; Laurent, XV, 215; Annecy, 27 juill. 1876; voir cep. Troplong, 2349; Coin-Delisle, 1083-3.

(9) Laurent, XV, 216; Bourges, 29 août 1832; Cass., 29 nov. 1858.

(10) Laurent, XV, 268. Voir Demolombe, XXIII, 360; Limoges, 19 mars 1841.

tionné (1); auquel cas il est loisible au donataire, lors du décès du donateur, de s'en tenir aux biens présents, en renonçant au surplus des biens du donateur (C. civ., 1084).

5459. Etat non annexé. — Si l'état dont il vient d'être question n'a point été annexé à l'acte contenant donation des biens présents et à venir, ou un état négatif de dettes s'il n'en existe pas (2), le donataire est obligé d'accepter ou de répudier cette donation pour le tout. En cas d'acceptation, il ne peut réclamer que les biens qui se trouvent existants au jour du décès du donateur, et il est soumis au payement de toutes les dettes et charges de la succession (C. civ., 1085); en conséquence il ne peut critiquer les ventes faites par le donateur, puisqu'en sa qualité de successeur et comme tenu des dettes, il est obligé de garantir ces ventes (3).

5460. Droit personnel. — Le droit d'option appartenant au donataire de biens présents et à venir, est un droit exclusivement attaché à sa personne qui ne saurait être exercé, en son lieu et place, par ses créanciers (4).

5461. Non dessaisissement. — La donation cumulative des biens présents et à venir ne dessaisit pas le disposant de ses biens présents (5), puisqu'il conserve la faculté de les aliéner à titre onéreux, mais non à titre gratuit (6). A la différence de l'institution contractuelle qui est indivisible, le simple donataire peut, après le décès du donateur si l'état des dettes a été annexé, diviser la donation et renoncer aux biens à venir pour s'en tenir aux biens présents.

5462. Donation de biens présents. — Nullités. — De cette manière, la disposition se transforme en une donation de biens présents dont l'effet remonte au jour du contrat de mariage; alors c'est du jour de l'acte que le donataire est réputé propriétaire, et toutes aliénations, même à titre onéreux, toutes hypothèques consenties par le donateur,

---

De l'universalité des biens meubles et immeubles présents et à venir du donateur, sans aucune exception;

Les biens présents du donateur consistent dans :

1ent. Les meubles et objets mobiliers....., etc.

2ent. Une créance de....., etc.

3ent. Et les biens immeubles dont la désignation suit :

1º Une maison....., etc. *(Désigner les immeubles.)*

Les dettes actuelles du donateur s'élèvent à six mille deux cents francs et sont détaillées en un état dressé par les parties à la date de ce jour, sur une feuille de papier au timbre de un franc vingt centimes; lequel, devant être enregistré avant ou avec ces présentes, est demeuré ci-joint, après avoir été des parties certifié véritable par une mention d'annexe signée d'elles et des notaires.

Lors du décès du donateur, il sera loisible au donataire de s'en tenir aux biens présents, en renonçant au surplus des biens; ce qui aura pour objet de transformer la présente donation en une donation de biens présents dont l'effet remontera à cejourd'hui, et le donataire ne sera tenu que des dettes actuelles qu'il payera aux créanciers ou qu'il remboursera aux héritiers du donateur si elles ont été acquittées par lui.

Le donataire aura la jouissance du tout à partir du décès du donateur.

Une expédition de la présente donation sera transcrite au bureau des hypothèques de....., afin d'être opposable aux tiers, si, par suite de la renonciation aux biens à venir, elle se transforme en une donation de biens présents.

En cas de prédécès du donataire, ses descendants à naître du mariage projeté recueilleront la libéralité s'ils survivent au donateur, et, comme lui, ils auront la faculté de s'en tenir aux biens présents, en renonçant à ceux à venir.

---

(1) Laurent, XV, 267; Montpellier, 7 déc. 1860; Cass., 13 nov. 1861.

(2) Laurent, XV, 267; Limoges, 26 nov. 1872.

(3) Troplong, 2391; Grenoble, 26 nov. 1872; Cass., 7 avril 1873.

(4) Laurent, XVI, 427; Périgueux, 12 nov. 1888; Rép. Defrénois, 5176. Contra : Demolombe, XXV, 59; Aubry et Rau, § 313-49.

(5) Duranton, IX, 735; Troplong, 2400; Coin-Delisle, 1084-6; Marcadé, 1085-2; Demolombe, XXIII, 349; Aubry et Rau, § 740-10; Laurent, XV, 256; Montpellier, 28 août 1855; Bordeaux, 19 juill. 1831, 16 juill. 1863. Voir Toulouse, 30 juill. 1859.

(6) Coin-Delisle, 1084-6; Troplong, 2415; Laurent, XV, 262, 273; Cass., 31 mars 1840.

postérieurement à la transcription de la donation, *infra* n° 5466, sont nulles à l'égard du donataire et ne peuvent lui être opposées (1); mais à la condition, comme il vient d'être dit, qu'un état des dettes ait été annexé à la disposition.

5463. Donations divisées. — Il ne faut donc pas voir dans la donation de biens présents et à venir deux dispositions, l'une de biens présents produisant les mêmes effets que la donation entre vifs ordinaire, l'autre de biens à venir soumise aux règles des institutions contractuelles; cependant, si le donataire use de la faculté de renoncer aux biens à venir, elle se transforme, au décès du donateur, ainsi qu'on vient de le dire, en une donation de biens présents (2). D'ailleurs, les parties sont libres de diviser la disposition, si elles veulent éviter la donation cumulative de biens présents et à venir, en faisant : 1° une donation de biens présents, soumise à toutes les règles des donations entre vifs, avec réserve du droit de retour; 2° une institution contractuelle pour les biens que le donateur laissera à son décès (3) [Form. 1220] et qui, en cas de révocation de la donation des biens présents pour cause d'inexécution des conditions, comprend, dans sa généralité, les biens rentrés dans l'hérédité par suite de cette révocation (4).

5464. Désignation. — La donation de biens présents et à venir pouvant se transformer en une donation de biens présents, *supra* n° 5463, doit contenir la désignation des biens présents et l'état estimatif du mobilier (5).

5465. Dettes. — Si le donataire renonce aux biens à venir pour s'en tenir aux biens présents, et que les dettes portées en l'état aient été acquittées par le donateur, le donataire en doit compte à sa succession (6).

5466. Transcription. — Il n'y a nécessité de faire transcrire la donation de biens présents et à venir que dans la prévision de la transformation en une simple donation de biens présents, afin qu'elle soit opposable aux tiers (7), *supra* n° 5462. Quant à la disposition en son entier, comme elle ne dessaisit pas le donateur d'une manière irrévocable et s'applique, d'ailleurs, à des biens dont la quotité et l'assiette ne sont pas déterminés, on décide qu'elle n'est pas soumise à la formalité de la transcription (8).

5467. Prédécès du donataire. — Si le donataire est décédé avant le donateur,

---

FORMULE 1220. — Donation actuelle des biens présents. Institution pour les biens à venir (N° 5463).

En considération du mariage, M..... fait donation entre vifs, avec dessaisissement actuel et dispense de rapport,

Au futur époux, son neveu, qui accepte,

Des biens dont la désignation suit :

1°.....; 2°.....; 3°..... *(Voir* supra *formules* 1195 *et suiv.)*

En outre, M..... fait donation entre vifs, par préciput et hors part,

Audit futur époux, son neveu, qui accepte pour lui et pour les enfants à naître du mariage,

Du tiers des biens et valeurs qui composeront la succession du donateur; à l'effet de quoi il l'institue son héritier contractuel pour cette quotité, dans les termes de l'article 1082 du Code civil.

FORMULE 1221. — Promesse d'égalité (N° 5468).

En considération du mariage, M. et Mᵐᵉ DUHAMEL, père et mère de la future épouse, s'interdisent de faire aucune disposition par acte entre vifs ou testamentaire, en faveur de qui que ce soit,

---

(1) Coin-Delisle, 1084-6; Marcadé, 1085-2; Massé et Vergé, § 518-7; Troplong, 2391, 2401; Laurent, XV, 262, 279; Demolombe, XXIII, 349, 358; Aubry et Rau, § 740-20.

(2) Coin-Delisle, 1084-4; Marcadé, 1085-2; Massé et Vergé, § 518-3; Demolombe, XXIII, 358; Aubry et Rau, § 740-19.

(3) Laurent, XV, 257; Cass., 13 avril 1825, 18 mars 1835, 30 janv. 1839.

(4) Cass., 21 janv. 1874.

(5) Toullier, V, 854; Duranton, IX, 733; Marcadé, 1085-3; Demolombe, XXIII, 368; Aubry et Rau, § 740-22; Colmet, IV, 267 bis-2. CONTRA : Troplong, 2444; Laurent, XV, 261.

(6) Marcadé, 1085-3.

(7) Duranton, IX, 737; Coin-Delisle, 939-18; 1084-7; Marcadé, 1084-2; Troplong, 1169; Demolombe, XXIII, 363; Laurent, XV, 279.

(8) Demolombe, XXIII, 363; Aubry et Rau, § 704-6; Laurent, XV, 188, 260; Cass., 4 fév. 1867, 15 mai 1876. Voir Rép. Defrénois, 1100-9.

ses enfants deviennent donataires à sa place (1), *supra* n° 5452, et s'ils renoncent aux biens à venir pour s'en tenir aux biens présents, la disposition remonte au jour de la donation, *supra* n° 5463, alors même qu'ils auraient renoncé à la succession de leur auteur (2).

5468. Promesse d'égalité. — Est considérée comme institution contractuelle la disposition par laquelle les père et mère font une promesse d'égalité en faveur de leur enfant, c'est-à-dire s'interdisent de faire aucun don ou legs susceptible de diminuer sa portion héréditaire dans leurs successions [Form. 1221]; cette disposition ne profite qu'à l'enfant en faveur duquel elle a été faite, et les père et mère conservent la faculté de disposer de la quotité disponible sur les parts de leurs autres enfants (3). Il a été jugé qu'il y a promesse d'égalité de la part du père qui, dans le contrat de mariage de son fils, déclare consentir qu'après son décès son fils s'empare de sa succession et la partage avec sa sœur, dans l'état qu'elle se trouvera et par moitié entre eux (4).

§ 3. *Dispositions communes.*

5469. Conditions. — La donation par contrat de mariage, qu'elle soit de biens présents seulement (5), *supra* n° 5439, ou des biens à venir, ou à la fois des biens présents et à venir, en faveur des époux et, en cas de prédécès, des enfants à naître de leur mariage, peut être faite, à condition de payer indistinctement toutes les dettes et charges de la succession du donateur, ou sous d'autres conditions dont l'exécution dépendrait de sa volonté, par quelque personne que la donation soit faite [Form. 1222]; le donataire est tenu d'accomplir ces conditions, s'il n'aime mieux renoncer à la donation (C. civ., 1086).

5470. Réserve de disposer. — Lorsque le donateur, par contrat de mariage, s'est réservé la liberté de disposer d'un effet compris dans la donation de ses biens présents, ou d'une somme fixe à prendre sur ces mêmes biens, l'effet ou la somme, s'il meurt sans en avoir disposé, sont censés compris dans la donation et appartiennent au donataire ou aux enfants issus du mariage (C. civ., 1086).

5471. Acceptation; révocation. — Les donations faites par contrat de mariage

---

au préjudice de leur fille future épouse, ou, si elle prédécède, de ses enfants à naître du mariage projeté; en conséquence, ils leur garantissent l'intégralité de la portion héréditaire de la future épouse dans leurs successions.

FORMULE 1222. — **Donation de biens présents avec réserve de disposer d'une somme et charge de dettes futures** (N°s 5469 à 5474).

En considération du mariage, M..... fait donation entre vifs et irrévocable,

A M....., futur époux, son filleul, qui accepte,

Des biens dont la désignation suit :

1°.....; 2°.....; 3°....., etc. (*Désigner; voir pour le surplus les formules 1195 et suiv.*)

Cette donation est faite avec la réserve, expressément imposée par le donateur, de faire des dispositions de sommes par donation entre vifs ou testament, au profit de qui bon lui semblera, jusqu'à concurrence d'une somme de deux mille francs. Le donataire, qui s'y oblige, sera tenu, jusqu'à concurrence de ce chiffre, de payer les sommes données ou léguées aux époques et de la manière qui seront déterminées par le donateur, qui aura la faculté, si les payements doivent avoir

(1) Troplong, 2109; Demolombe, XXIII, 352; Aubry et Rau, § 278-9; Laurent, XV, 259; Cass., 19 déc. 1843.

(2) Duranton, IX, 736; Marcadé, 1085-4; Troplong, 2409; Massé et Vergé, § 518-13; Demolombe, XXIII. 352.

(3) Duranton, IX, 655, 698, 699; Massé et Vergé, § 517-21; Coin-Delisle, 1082-65, 1083-19; Troplong, 2358, 2376; Demolombe, XXIII, 302 à 307; Aubry et Rau, § 739-103; Laurent, XV, 248; Paris, 26 janv. 1833, 28 janv. 1852; Douai, 28 mars 1835; Limoges, 20 fév. 1844, 23 juill. 1862; Besançon, 11 juin 1844; Cass., 11 mars 1834, 26 mars 1845; Bordeaux, 15 déc. 1848, 14 juin 1859, 20 janv. 1863, 10 janv. 1881; Cass., 11 mars 1834, 26 mars 1845, 11 fév. 1879, 20 fév. 1882; Riom, 21 fév. 1883; Rép. Defrénois, 837, 1954 et année 1881, 4e partie, p. 45. Voir aussi Nice, 3 janv. 1881; Riom, 2 mars 1882; Paris, 27 nov. 1885; Cass., 22 fév. 1887; Rép. Defrénois, 65, 1321, 2818, 3883.

(4) Bordeaux, 22 mai 1861, 28 janv. 1863; voir aussi Pau, 18 mai 1863.

(5) Toullier, V, 825; Duranton, IX, 669, 741; Demolombe, XXIII, 369; Bonnet, II, 554; Colmet, IV, 259 bis-2; Aubry et Rau, § 736-1; Cass., 17 août 1841. CONTRA : Coin-Delisle, 1086-4.

ne peuvent être attaquées, ni déclarées nulles, sous prétexte de défaut d'acceptation (C. civ., 1087). Elles ne sont pas révocables pour cause d'ingratitude (C. civ., 959).

5472. Caducité. — Toute donation faite en faveur du mariage est caduque si le mariage ne s'ensuit pas (C. civ., 1088), ou si, ayant été célébré, il est annulé (1); mais, dans les deux cas, à la condition que l'union projetée ait été la seule cause de la donation (2).

5473. Donateur survivant. — Les donations faites à l'un des époux dans les termes des art. 1082, 1084 et 1086, *supra* nos 5439, 5458, 5469, 5470, deviennent caduques si le donateur survit à l'époux donataire et à sa postérité (C. civ., 1089) issue du mariage en faveur duquel la libéralité a été faite. Quant à la donation de biens présents, *supra* no 5403, contenant la réserve de disposer d'un objet ou d'une somme, elle est également caduque en ce qui concerne l'objet ou la somme, si le donataire et sa postérité décèdent avant le donateur (3).

5474. Réduction. — Toutes donations faites aux époux par leur contrat de mariage sont, lors de l'ouverture de la succession du donateur, réductibles à la portion dont la loi lui permet la disposition (C. civ., 1090). Cette réduction a lieu à la date du contrat de mariage (4), mais avant les dons ou legs modiques, à titre de récompense ou autrement que l'instituant aurait mis à la charge de l'institué dans les termes de l'art. 1083, *supra* no 5452; comme aussi, avant les dons ou legs que le donateur aurait faits des objets ou sommes dont il se serait réservé la disposition (5), *supra* nos 5453, 5470.

CHAPITRE TROISIÈME.

DES DONATIONS ENTRE ÉPOUX PAR CONTRAT DE MARIAGE.

SECTION I. — **Modalités diverses.**

5475. Par contrat. — Les époux peuvent, par contrat de mariage, se faire réciproquement, ou l'un des deux à l'autre, telles donations qu'ils jugent à propos (C. civ., 1091).

---

lieu à terme, de stipuler des intérêts au taux légal. Si le donateur ne fait pas de dispositions ou n'en fait que pour un chiffre inférieur à 2,000 francs, le donataire ou les enfants à naître du mariage profiteront du tout ou de la différence. Mais si le donataire et sa postérité venaient à prédécéder le donateur, la somme de deux mille francs ou ce dont il n'aurait pas disposé sur cette somme reviendrait au donateur.

Cette donation a aussi lieu à la charge par le donataire, qui s'y oblige, d'acquitter toutes les dettes qui pourront grever la succession du donateur, à quelque somme qu'elles s'élèvent.

§ 6. Donation entre époux par contrat de mariage.

FORMULE 1223. — **Libellé de donation mutuelle** (Nos 5475 à 5480, 5483).

I. *Futurs majeurs.* En considération du mariage, les futurs époux, pour le cas de dissolution du mariage par le décès de l'un des époux (no 5483), se font donation mutuelle au profit du survivant d'eux, ce accepté par chacun pour le survivant,

De.....

II. *Future mineure.* En considération du mariage, les futurs époux, la future épouse avec

---

(1) Troplong, 2423; Demolombe, XXIII, 256; Aubry et Rau, § 737-4; Laurent, XV, 293.

(2) Toulouse, 4 août 1884; Rép. Defrénois, 1289.

(3) Toullier, V, 825, 830; Duranton, IX, 741; Troplong, 2486; Aubry et Rau, § 738-6. Voir Laurent, XV, 293, 294.

(4) Troplong, 2595, 2506; Demolombe, XXIII, 397, 399; Laurent, XV, 296.

(5) Troplong, 2509, 2510; Coin-Delisle, 1090-5 et 6; Demolombe, XXIII, 405; Aubry et Rau, § 738-6; Laurent, XV, 297.

5476. Hors contrat. — Une donation mutuelle faite par deux futurs époux en vue de leur mariage est valable, quoique l'acte ne mentionne pas l'adoption d'un régime ; en un tel cas, ils sont censés s'être soumis au régime de la communauté légale (1).

5477. Règles. — La donation de biens à venir ou de biens présents et à venir faite entre époux par contrat de mariage [Form. 1223, 1224], soit simple soit réciproque, est soumise aux règles établies *supra* nᵒˢ 5403 et suiv. à l'égard des donations pareilles qui leur sont faites par des tiers ; sauf qu'elle n'est point transmissible aux enfants issus du mariage en cas de décès de l'époux donataire avant l'époux donateur (C. civ., 1093), de sorte que les enfants du mariage ne sont pas substitués vulgairement à l'époux donataire en cas de prédécès de celui-ci. On ne pourrait même pas stipuler cette substitution, une donation ne pouvant être faite à des enfants non conçus en dehors des cas où la loi le permet (2).

5478. Acceptation. — La donation entre époux par contrat de mariage, de même que celles qui leur sont faites par des tiers, *supra* nᵒ 5471, ne sont pas nulles pour défaut d'acceptation (3).

5479. Mineur. — Le mineur ne peut, par contrat de mariage, donner à l'autre époux, soit par donation simple, soit par donation réciproque, qu'avec le consentement et l'assistance de ceux dont le consentement est requis pour la validité de son mariage [Form. 1223, 1224] et, avec ce consentement, il peut donner tout ce que la loi permet à l'époux majeur de donner à l'autre conjoint (C. civ., 1095). Il suffit du consentement de celui qui doit l'habiliter pour son mariage, lors même qu'il ne serait pas son tuteur, *supra* nᵒ 5348.

5480. Modalités. — La donation entre époux par contrat de mariage peut être soit de biens présents, soit de biens à venir, soit de biens présents et à venir, soit sous des conditions même potestatives ou avec la réserve de disposer de certains objets.

5481. Biens présents ; non survie. — Toute donation entre époux de biens présents par contrat de mariage n'est point censée faite sous la condition de survie du donataire, si cette condition n'est formellement exprimée, et elle est soumise à toutes les règles et formes prescrites pour ces sortes de donations (C. civ., 1092). D'où il suit : qu'un état estimatif est exigé si elle comprend des meubles, qu'elle doit être transcrite si elle

---

l'assistance et l'autorisation de....., en raison de sa minorité, et pour le cas de....., etc. (*Le surplus comme en la formule précédente.*)

FORMULE 1224. — Libellé de donation de futur à future (Nᵒˢ 5475 à 5480).

I. *Futurs majeurs.* En considération du mariage, le futur époux — *ou :* la future épouse — pour le cas de dissolution du mariage par le décès de l'un des époux (nᵒ 5483), fait donation entre vifs,

A la future épouse — *ou :* au futur époux, — qui accepte,

De.....

II. *Future mineure.* La future épouse, avec l'assistance et l'autorisation de....., en raison de sa minorité, et pour le cas de dissolution, etc. (*Le surplus comme en la formule précédente.*)

I. *Biens présents.*

FORMULE 1225. — Actuelle sans condition de survie (Nᵒ 5481).

En considération du mariage, le futur époux fait donation entre vifs, actuelle et irrévocable, etc.,

A la future épouse, qui accepte,

---

(1) Rodière et Pont, 9 ; Cass.-Belg., 2 janv. 1885 Rép. Defrénois, 2388.

(2) Coin-Delisle, 1083-6 ; Troplong, 2539 ; Demolombe, XXIII, 417. Contra : Duranton, IX, 759.

(3) Demolombe, XXIII, 422 ; Laurent, XV, 298.

comprend des immeubles (1), et qu'à défaut d'une clause contraire, elle emporte le dessaisissement actuel [Form. 1225].

5482. Ibid.; survie; retour. — Quand la donation de biens présents est subordonnée à la survie du donataire, elle est soumise à la condition suspensive de la survie [Form. 1226 et 1227]; néanmoins elle doit être transcrite (2). — Si elle est faite en déclarant que l'objet donné *fera retour* au donateur au cas de prédécès du donataire (C. civ., 951, 952), elle est soumise à une condition résolutoire.

5483. Survie par décès. — Le divorce étant une cause de dissolution du mariage, *snpra* n° 1799, et, au cas où cet événement viendrait à se produire, il pourrait naître un regret relativement aux libéralités irrévocables entre époux faites par contrat de mariage; c'est en raison de cela qu'il peut être utile, si les futurs conjoints y consentent, de stipuler que la donation est faite seulement pour le cas de dissolution du mariage par le décès de l'un des époux.

5484. Ibid. — Actes conservatoires. — La condition de survie apposée à une donation entre époux de biens présents ne nuit en aucune manière au dessaisissement actuel, en ce sens que l'époux donataire peut, même du vivant de l'époux donateur, faire des actes conservatoires, céder son droit conditionnel, le donner ; en outre, après la mort de l'époux donateur, il pourra revendiquer les immeubles donnés contre tous tiers dé-

---

De l'usufruit d'un titre de deux mille quatre cents francs de rente trois pour cent, sur l'Etat français, incrit au nom du futur époux sous le n° 52643 de la 7e série.

La future épouse jouira de cet usufruit pendant sa vie, à compter du jour de la célébration du mariage, avec jouissance du premier juillet dernier.

En conséquence, après la célébration du mariage, cette rente sera immatriculée pour l'usufruit au nom de la future épouse, la nue propriété au futur époux; lequel usufruit ne sera cessible par la future épouse qu'avec l'autorisation de son futur époux, pendant la vie de ce dernier.

Me....., notaire soussigné, est requis de délivrer tous certificats de propriété pour cette immatricule.

FORMULE 1226. — Actuelle avec condition de survie (Nos 5482 à 5485).

En considération du mariage, M....., futur époux, pour le cas seulement de dissolution du mariage par son prédécès, fait donation entre vifs, avec dessaisissement actuel,

A Mlle....., future épouse, qui accepte :

1° D'une pièce de terre labourable, située....., etc.;

2° D'une somme de quarante mille francs, qui sera payée à la future épouse dans l'année du décès du futur époux, sans intérêt.

La pièce de terre donnée appartient....., etc. *(Etablir l'origine de propriété.)*

La future épouse sera propriétaire dès ce jour des objets donnés, mais sous la condition de survie ci-après exprimée, et elle en prendra la jouissance lors du décès du futur époux.

Cette donation est subordonnée à la condition de survie de la future épouse et de la dissolution du mariage par le prédécès du futur époux, et conséquemment sera sans effet si la future épouse vient à décéder avant son mari, ou si le mariage était dissous par une autre cause que le décès du futur époux.

Une expédition des présentes sera transcrite, etc.

FORMULE 1227. — Rente viagère à la condition de survie (Nos 5482 à 5485).

En considération du mariage, le futur époux fait par ces présentes donation à la demoiselle future épouse si elle lui survit, ce qu'elle accepte, et pour le cas seulement de dissolution du mariage par le prédécès du futur époux.

D'une rente annuelle et viagère de cinq mille francs, dont la future épouse sera saisie éventuellement à compter du jour du mariage, mais qu'elle n'aura droit de percevoir qu'après le décès

---

(1) Duranton, VIII, 505; Coin-Delisle, 1092-7; Troplong, 1168; Demolombe, XXIII, 411; Aubry et Rau, § 743-5; Laurent, XV, 306; Cass., 4 janv. 1830, 10 mars 1840.

(2) Coin-Delisle, 1092-8; Troplong, 2534; Demolombe, XXIII, 415; Laurent, XV, 306; Toulouse, 24 mai 1855.

tenteurs ; enfin, si l'époux donateur est la femme, son hypothèque légale en garantit l'effet à compter du mariage. Voir *infra* au titre des privilèges et hypothèques.

5485. Ibid.— Aliénation. — Pour que l'aliénation de biens déterminés donnés par un époux à son conjoint avec condition de survie puisse être valable à l'égard des tiers au cas de prédécès de l'époux donataire, il faut qu'elle soit faite conjointement et solidairement par les deux époux (1).

5486. Biens à venir. — La donation entre époux par contrat de mariage de biens à venir [Form. 1228] est celle qui a pour objet la totalité ou une quotité des biens que le donateur laissera à son décès, soit en propriété, soit en usufruit, soit cumulativement en propriété ou en usufruit. Elle constitue, comme le legs, une disposition à cause de mort qui produit son effet au jour du décès, avec cette différence toutefois qu'elle est irrévocable et saisit immédiatement le donataire du droit qui fait l'objet de la donation.

5487. Biens présents et à venir. L'art. 1093 C. civ. permet aux époux de se faire, par contrat de mariage, une donation cumulative de biens présents et à venir. Les articles 1084 et 1085 sont applicables dans ce cas (*supra* nos 5458 à 5467) [Form. 1229] ; à ce titre elle n'est pas assujettie à la formalité de l'état estimatif pour les meubles (2).

5488. Donation conditionnelle. — Les époux ont la faculté de se faire des donations dans les termes de l'art. 1086 C. civ., *supra* nos 5469, 5470, c'est-à-dire soit sous la

---

du futur époux, époque à partir de laquelle elle courra effectivement à son profit et sera payable de six en six mois par les héritiers et représentants du futur époux conjointement et solidairement entre eux, ainsi qu'il les y oblige.

Cette rente sera assurée sur les plus clairs et apparents biens de la succession du futur époux et, autant que faire se pourra, par un titre dont l'usufruit sera inscrit au nom de la future épouse.

La présente donation est subordonnée, etc. (*Voir la formule précédente.*)

II. *Biens à venir.*

FORMULE 1228. — **Universalité en propriété; réduction à la portion disponible; usufruit de la réserve des ascendants** (Nos 5486 et 5489 à 5492).

En considération du mariage, les futurs époux, etc. (*Voir formule* 1223.)

De l'universalité des biens meubles et immeubles qui composeront la succession du premier mourant, sans aucune exception.

Le survivant aura le pleine propriété du tout à partir du jour du décès du premier mourant.

En cas d'existence d'enfants du mariage, lors de sa dissolution, ou de descendants d'eux, la présente donation sera réduite à la portion disponible la plus large entre époux, c'est-à-dire à un quart en toute propriété et un quart en usufruit.

Si à défaut d'enfants ou d'autres descendants il existe un ou plusieurs ascendants ayant droit à une réserve, le survivant, indépendamment de la portion disponible en pleine propriété, aura l'usufruit des biens composant la réserve.

Dans ces deux cas, le survivant jouira de l'usufruit pendant sa vie, à compter du jour du décès du premier mourant, sans être tenu de fournir caution ni de faire emploi des valeurs mobilières, mais à la charge de faire faire inventaire.

FORMULE 1229. — **Donation cumulative de biens présents et à venir; conditions** (Nos 5487, 5488).

En considération du mariage, et conformément aux articles 1084 et suivants du Code civil, M....., futur époux, fait donation entre vifs et irrévocable,

A la future épouse qui accepte,

De l'universalité des biens meubles et immeubles présents et à venir du futur époux, sans aucune exception.

---

(1) Demolombe, XXIII, 422.
(2) Aubry et Rau, § 740-3; Nîmes, 9 nov. 1859; Limoges, | 26 nov. 1872; Rennes, 12 déc. 1889; Cass., 19 nov. 1890; Rép. Defrénois, 5746, 5795.

condition d'acquitter les dettes du donateur ou sous toute autre condition dont l'exécution dépendrait de sa volonté, soit avec la réserve par le donateur de disposer d'une certaine somme ou de certains objets compris dans la donation [Form. 1229] ; une telle donation sera caduque par le prédécès de l'époux donataire, alors même qu'elle aurait pour objet des biens présents (1).

SECTION II. — **Des quotités et des biens dont les époux peuvent disposer.**

5489. Quotité disponible. — L'époux peut, soit par contrat de mariage, soit pendant le mariage, disposer en faveur de son conjoint : s'il ne laisse point d'héritiers à réserve, de la totalité de ses biens ; — s'il laisse des enfants ou autres descendants, d'un quart en propriété et d'un quart en usufruit, ou de la moitié en usufruit de la totalité des biens ; — enfin, s'il ne laisse point d'enfants ou autres descendants, mais qu'il laisse des ascendants venant à sa succession, en propriété de toute la portion disponible, et en outre, en usufruit, de la totalité de la portion dont la loi prohibe la disposition au préjudice des ascendants (C. civ., 1074). Nous sommes entrés sur ces divers cas dans des développements étendus en traitant de la *réduction des donations entre époux.*

5490. Non variable. — La quotité disponible entre époux, en cas d'existence d'enfants, à la différence de la quotité disponible ordinaire, ne varie pas selon le nombre des enfants ; elle ne peut s'étendre lorsqu'il n'y a qu'un enfant à la quotité disponible ordinaire, qui, dans ce cas, est de moitié en pleine propriété (2).

5491. Enfant naturel. — L'enfant naturel reconnu, ayant seulement un droit dans la succession de son père ou de sa mère, ne serait pas admis à faire réduire à la quotité fixée par l'art. 1094 les libéralités que son auteur a faites à son conjoint, mais seulement à sa réserve résultant de l'art. 913 C. civ. (3).

5492. Universalité en propriété. — Lorsqu'un époux a donné à son conjoint la

---

Les biens présents du futur époux consistent en :

1ent. Les meubles et objets mobiliers garnissant son habitation, décrits et estimés à....., en un état, etc.

2ent. Une rente 3 p. 100 sur l'Etat français, souscrite en son nom, no..... de la..... série.

3ent. Les immeubles dont la désignation suit :

1o Une maison, etc.; 2o une pièce de terre, etc. *(Désigner.)*

Les dettes actuelles du donateur....., etc. *(Le surplus comme en la formule* 1219.)

Le futur époux se réserve expressément de disposer au profit de qui bon lui semblera, par donations entre vifs ou testaments : en biens meubles jusqu'à concurrence d'une valeur dé....., à prélever sur ses biens meubles présents et à venir, et en immeubles jusqu'à concurrence d'une valeur de....., aussi à prélever sur ses biens immeubles présents et à venir.

Si le futur époux n'use pas de cette réserve ou n'en use que pour partie, la future épouse donataire ou ses enfants à naître du mariage en profiteront pour le tout dans le premier cas et pour tout ce dont il n'aura pas disposé dans le second cas.

FORMULE 1230. — **Universalité en usufruit ; réduction à moitié**
(Nos 5493 à 5496).

En considération du mariage....., etc. *(Voir la formule* 1223.)

De l'usufruit de l'universalité des biens meubles et immeubles qui composeront la succession du premier mourant, sans aucune exception.

---

(1) Troplong, 2536 ; Demolombe, XXIII, 421 ; Ronen, 8 mars 1838.

(2) Toullier, V, 869 ; Duranton, IX, 793 ; Coin-Delisle, 1094-5 Troplong, 2559 ; Massé et Vergé, § 460-8 ; Demolombe, XXIII, 500 ; Laurent, XV, 348 ; Montpellier, 8 février 1843 ; Cass., 3 décembre 1844, 4 janvier 1869. Contra : Aubry et Rau, § 689-5.

(3) Laurent, XV, 351, 386 ; Paris, 5 juill. 1854 ; Cass., 12 juin 1866 ; Grenoble, 7 mai 1879 ; Béthune, 22 mai 1885 ; Rép. Defrénois, 1474-4, 2007-1.

pleine propriété de la totalité de ses biens, sans fixer la réduction légale, s'il y a lieu, ou en se bornant à dire que la libéralité sera réduite conformément à la loi, la disposition est réduite à la quotité disponible la plus large entre époux, c'est-à-dire, en cas d'existence d'enfants, à un quar' en propriété et un quart en usufruit ; et en cas d'existence d'ascendants, à la propriété de la quotité disponible et à l'usufruit de la réserve des ascendants (1).

5493. Universalité en usufruit. — S'il a donné de la même manière l'usufruit de l'universalité des biens [Form. 1230], il est à présumer que l'époux ne voulait donner à son conjoint qu'un usufruit ; d'où il suit qu'en cas d'existence d'ascendants, la donation n'est pas réductible, et qu'en cas d'existence de descendants, elle est réductible, même s'il y a concours avec un légataire étranger qui réclame la quotité disponible établie par l'art. 913, à la quotité disponible la plus large en usufruit, soit à moitié et non un quart en propriété et un quart en usufruit (2).

5494. Réduction déterminée. — Il est préférable pour éclairer les parties et, aussi, enfin d'éviter toutes difficultés, de déterminer la réduction par l'acte qui renferme la libéralité [Form. 1230].

5495. Usufruit éventuel. — La donation de l'usufruit de l'universalité des biens que le donateur laissera à son décès comprend l'usufruit éventuel des biens dont le donateur n'a, lors de son décès, que la nue propriété (3).

5496. Dispense de caution. — L'usufruitier peut être dispensé de fournir caution, même lorsque son usufruit frappe sur la réserve des héritiers, ascendants ou descendants, *supra* n° 2435.

5497. Conversion d'usufruit en propriété. — On a vu, *supra* n° 5493, que la donation de l'usufruit de tous les biens se réduit à l'usufruit disponible ; mais on peut stipuler qu'elle sera convertie en cas d'enfants en une donation d'un quart en propriété et un quart en usufruit ; cette conversion peut aussi être imposée à titre de clause pénale,

---

Cette donation ne subira aucune réduction en cas d'existence d'ascendants ; mais s'il existe des enfants du mariage projeté ou des descendants d'eux, elle sera réduite à la moitié aussi en usufruit des mêmes biens meubles et immeubles.

Le survivant jouira de l'usufruit donné pendant sa vie, à compter du jour du décès du premier mourant, sans être tenu de fournir caution ni de faire emploi des valeurs mobilières, mais à la charge de faire faire inventaire.

FORMULE 1231. — **Universalité en usufruit ; réduction à la quotité disponible en propriété** (N° 5497).

En considération du mariage....., etc.

De l'usufruit de l'universalité....., etc.

En cas d'existence d'enfants du mariage lors de sa dissolution, ou de descendants d'eux, si un ou plusieurs des enfants ou autres descendants exigent la réduction de cette donation à la portion disponible, le survivant aura droit à un quart en propriété et un quart en usufruit des biens formant la part héréditaire de celui ou ceux des enfants ou autres descendants qui exigeront la réduction.

Le survivant jouira de l'usufruit....., etc. (*Voir la formule précédente.*)

(1) Toullier V, 867 ; Duranton, IX, 790 ; Coin-Delisle, 1094-7, 10 ; Troplong, 2755 et suiv. ; Massé et Vergé, § 460-15 ; Marcadé, 1098-3 ; Demolombe, XXIII, 504 ; Aubry et Rau, § 689-7 ; Laurent, XV, 353 ; Caen, 20 mars 1843, 28 mai 1858 ; Riom, 16 déc. 1846 ; Paris, 30 déc. 1847, 28 déc. 1860, 1er mars 1864, 7 juin 1869 ; Lyon, 2 fév. 1853 ; Pau, 29 nov. 1850 ; Cass., 18 nov. 1840, 30 juin 1842, 3 avril 1843, 24 avril 1854, 19 mars 1862, 15 mai 1865 ; Rennes, 1er avril 1868 ; Laon, 1er avril 1884 ; Seine, 26 août 1884 ; Riom, 19 janv. 1887 ; Poitiers, 6 fév. 1888 ; Rép. Defrénois, 2152, 2320, 4019, 4508. Voir Cass., 25 juill. 1881 ; *Ibid.*, 439. Contra : Bastia, 12 janv. 1859 ; Toulouse, 24 août 1868.

(2) Coin-Delisle, 1094-8 ; Marcadé, 1098-2 ; Troplong, 2569 ; Colmet, IV, 204 bis ; Demolombe, XXIII, 502 ; Aubry et Rau, § 689-8 ; Laurent, XV, 356 ; Bourges, 12 mars 1839 ; Angers, 8 juill. 1840 ; Caen, 26 mars 1843 et 24 déc. 1862 ; Rouen, 8 avril. 1853 ; Orléans, 15 fév. 1867, 15 mai 1879 ; Cass., 10 mars 1873.

(3) Rouen, 20 déc. 1852, 20 juin 1885 ; Rennes, 19 mai 1863 ; Bordeaux, 16 juin 1863 ; Cass., 4 mai 1865 ; Chateaubriand, 4 déc. 1873.

à défaut par les enfants de laisser au survivant l'usufruit de l'universalité des biens (1) [Form. 1231].

5498. Biens laissés au décès. — Lorsque la donation est de la totalité réductible à une quotité, ou seulement d'une quote part des biens que le donateur laissera à son décès ou dont il sera propriétaire au jour de son décès, le donateur n'a dû avoir en vue que sa succession telle qu'elle se trouvera à son décès, c'est-à-dire sans les biens qu'il aurait pu faire sortir de son patrimoine, notamment par des dots en avancement d'hoirie constituées à ses enfants qui, dès lors, ne doivent pas être rapportés fictivement pour le calcul de la quotité disponible ou de la portion donnée (2) [Form. 1232].

5499. Biens composant la succession. — Mais quand la donation est des biens qui composeront la succession du donateur, la quotité disponible ou la portion donnée se calcule sur une masse formée tant des biens donnés que de ceux dont le donateur a disposé, même pour la dot de ses enfants, qui sont rapportés fictivement [Form. 1232].

5500. Irrévocabilité. — Prêt à long terme. — La donation de biens à venir par contrat de mariage est irrévocable, en ce sens que le donateur, par des dispositions particulières, ne peut y porter atteinte ; mais il conserve la faculté de les aliéner et, comme conséquence, de faire des prêts à long terme, même à son successible, si d'ailleurs ils portent intérêt et sont garantis par hypothèque ; le donataire ne serait pas admis à les critiquer (3).

5501. Biens meubles. — Reprises. — Les reprises des époux contre la communauté pour leurs créances propres recouvrées et pour les prix d'immeubles aliénés constituent une créance sur la communauté, à ce titre sont mobilières, même lorsqu'elles s'exercent par le prélèvement d'immeubles (*infra* au titre des *Liquidations de communauté*), en conséquence, entrent dans la donation mobilière que l'époux créancier de ces reprises a faites à son conjoint (4). Cependant, comme la question a été controversée, il est utile

---

FORMULE 1232. — **Usufruit de quotité de biens composant la succession** — *Ou :* de biens laissés au décès (Nos 5498 à 5500).

En considération du mariage....., etc. *(Voir la formule 1223.)*

I. *Si la quotité doit être prise sur la masse totale :* De la moitié en usufruit de tous les biens meubles et immeubles qui formeront la masse de la succession du prémourant ; en conséquence, cette quotité sera calculée tant sur les biens existants au décès que sur ceux dont le prémourant aura disposé en faveur de quelque personne que ce soit ; mais la libéralité ne sera prise que sur les biens existants au décès, à moins qu'ils ne soient insuffisants pour remplir le survivant de la quotité donnée, auquel cas la réduction commencera par les dernières libéralités.

II. *Si la quotité doit être prise sur les seuls biens existants au décès :* De la moitié en usufruit des biens que le prémourant laissera à son décès et, en conséquence, cette quotité ne sera calculée que sur les biens existants au décès, sans aucun rapport, même fictif, des libéralités entre vifs que le premier mourant aura pu faire en faveur de quelque personne que ce soit.

FORMULE 1233. — **Pleine propriété des biens meubles et usufruit des biens immeubles** (Nos 5501 à 5503).

En considération du mariage....., etc.

De la pleine propriété des biens meubles et de l'usufruit des biens immeubles qui composeront la succession du premier mourant, sans aucune exception ; étant fait observer que les prélèvements du survivant sur la communauté, pour raison de ses reprises, seront considérés comme mobiliers,

---

(1) Demolombe, XVIII, 281.
(2) Demolombe, XVI, 293 ; Paris, 7 mars 1840 ; Orléans, 28 janv. 1869.

(3) Scine 18 juill. 1867.
(4) Caen, 7 mai 1879.

de mentionner dans la donation la volonté des parties, sur ce point, par exemple en déclarant que la donation comprendra les reprises, qu'elles s'exercent sur du mobilier ou sur des immeubles, ou ne comprendra que celles s'exerçant sur les biens meubles [FORM. 1233].

5502. Usufruit d'immeubles. — Il a été décidé par application du principe posé au numéro précédent, qu'en cas de donation par un époux à son conjoint de l'usufruit de tous les biens immeubles qui composeront sa succession, elle ne s'étend pas au prélèvement que le donateur avait à exercer sur la communauté pour la reprise du prix de vente de ses immeubles aliénés, ni au prix de vente lui-même, s'il est encore dû (1).

5503. Propriété des meubles ; usufruit des immeubles. — La donation entre époux des biens meubles en propriété et des biens immeubles en usufruit, à défaut de stipulations à cet égard, est, en cas d'existence d'enfants, réductible à la quotité disponible la plus large en pleine propriété sur les biens meubles, et en usufruit tant sur les biens meubles que sur les biens immeubles. — *Premier exemple* : les biens meubles sont d'une valeur supérieure au quart de la succession ; le conjoint donataire a droit au quart en propriété à prendre sur les biens meubles, puis au quart en usufruit à prendre, tant sur les meubles restants que sur les immeubles (2). — *Deuxième exemple* : la succession est d'une importance de 100,000 fr., les biens meubles sont d'une valeur de 10,000 fr., le conjoint donataire les prélève pour son don en pleine propriété, et il a l'usufruit sur les immeubles pour une valeur de 40,000 fr. Il est utile que la disposition soit explicite sur ce point [FORM. 1233].

5504. Rente viagère. — Quand le don est d'une rente viagère excédant ou paraissant excéder la quotité disponible entre époux, les héritiers ont l'option (C. civ., 917), ou d'exécuter la disposition, ou d'abandonner au conjoint donataire la quotité disponible la plus large en propriété et en usufruit (3) ; jugé cependant que la rente doit être réduite au disponible le plus fort entre époux, c'est-à-dire à l'équivalent du quart en propriété et

---

en tant qu'ils s'exerceront sur des biens meubles, et comme immobiliers en tant qu'ils s'exerceront sur des immeubles (nº 5502).

En cas d'existence d'enfants du mariage, lors de sa dissolution, ou de descendants d'eux, la présente donation sera réduite à la moitié en usufruit des mêmes biens meubles et immeubles. — *Ou bien* : sera réduite à un quart en propriété et un quart en usufruit. Le quart en propriété sera prélevé sur les biens meubles, et le quart en usufruit d'abord sur les biens meubles, s'il en reste, et subsidiairement sur les immeubles. Si les biens meubles ne s'élèvent point au quart de l'importance de la succession, la donation en pleine propriété sera réduite aux biens meubles, et le survivant aura l'usufruit des immeubles jusqu'à concurrence du surplus de ce quart, et d'un autre quart de la succession totale.

S'il existe des héritiers ascendants, leur réserve sera prise sur les immeubles et, en cas d'insuffisance, sur les biens meubles ; dans les deux cas, le survivant aura l'usufruit de leur réserve.

Le survivant aura la pleine propriété des biens donnés en propriété, dès l'instant du décès du premier mourant ; quant à l'usufruit, il en jouira pendant sa vie, aussi du jour du décès du premier mourant, sans être tenu de fournir caution ni de faire emploi des valeurs mobilières, mais à la charge de faire inventaire.

FORMULE 1234. — **Rente viagère.** — **Réduction à quotité disponible** (Nº 5504).

En considération du mariage....., etc. (*Voir formule* 1223.)

D'une rente annuelle et viagère, sur la tête et au profit du survivant des époux, de cinq mille francs, par an, que les héritiers et représentants du premier mourant seront tenus de servir au survivant des époux, en sa demeure, de trois mois en trois mois, à partir du décès du prémourant.

---

(1) Cass., 9 avril 1872.
(2) Cass., 28 mai 1862. Voir Versailles, 21 mai 1881 ; Rép. Defrénois, 440.

(3) Coin-Delisle, 1094-9 ; Douai, 22 mars 1839.

du quart en usufruit (1). En présence de cette controverse, il faut, dans l'acte qui renferme la libéralité, prévoir la réduction et la régler [Form. 1234].

5505. Usufruit confondu avec rente. — Si, après que le futur époux a donné une rente viagère à la future, les futurs époux se font une donation, en faveur du survivant, de quotité en usufruit des biens de la succession du prémourant, on peut convenir que la future épouse survivante sera tenue d'opter entre la rente viagère et la libéralité en usufruit [Form. 1235].

5506. Meubles limités ; rente indéterminée. — Si la donation est de meubles meublants, elle peut être limitée à un certain chiffre. Quant à la rente viagère, il est loisible aux époux de ne pas en déterminer le chiffre, en convenant qu'elle sera égale à une quotité du revenu des biens composant la succession du conjoint donateur, en fixant, si cela convient aux parties, un *minimum* et un *maximum* [Form. 1236].

5507. Somme d'argent. — La donation d'une somme à prendre sur les plus clairs deniers de la succession [Form. 1237] constitue non une disposition de biens présents, mais une institution contractuelle, et si l'époux donateur est resté libre d'aliéner à titre onéreux la totalité de son patrimoine, il n'a pu en disposer à titre gratuit de manière à anéantir le droit de son conjoint donataire (2).

5508. Secondes noces. — L'homme ou la femme qui, ayant des enfants d'un autre

---

Cette rente sera assurée sur les plus clairs biens de la succession du prémourant et, autant que possible, par un titre inscrit au nom du survivant pour l'usufruit; la nue propriété aux héritiers et représentants du prémourant, qui seront tenus de parfaire dans le cas où les revenus des valeurs deviendraient insuffisants.

Si les enfants ou autres descendants du mariage contestent cette donation comme excédant la quotité disponible, elle sera réduite à la quotité disponible la plus large entre époux, soit un quart en propriété et un quart en usufruit sur les parts des enfants ou autres descendants qui exigeront cette réduction.

Dans ce cas, le survivant jouira de l'usufruit....., etc. (*Le surplus comme en la formule* 1230.)

FORMULE 1235. — Quart en usufruit, rente viagère confondue (N° 5505).

En considération du mariage....., etc. (*Voir formule* 1223.)

De l'usufruit du quart de tous les biens et droits mobiliers et immobiliers qui dépendront de la succession du premier mourant, sans aucune exception ni réserve.

Le survivant jouira de cet usufruit pendant sa vie, à compter du jour du décès du premier mourant, sans être tenu de fournir caution ni de faire emploi, mais il devra faire faire inventaire.

L'effet de cette donation ne pourra se cumuler quant à la future épouse, avec la rente viagère de cinq mille francs qui lui a été assurée par l'article..... qui précède (supra *formule* 1227); par suite, la future épouse devra, dans les trois mois qui suivront la clôture de l'inventaire, opter soit pour sa rente viagère, soit pour toute autre disposition en usufruit qui pourrait lui profiter.

FORMULE 1236. — Meubles pour un chiffre déterminé. — Rente viagère proportionnée aux revenus (N° 5506).

En considération du mariage, le futur époux, en cas de dissolution du mariage par son prédécès, fait donation entre vifs et irrévocable à la future épouse, ce acceptant, si elle lui survit :

1° De meubles, effets mobiliers, porcelaine, argenterie et autres meubles corporels, à prendre, au choix de la future, parmi ceux qui existeront dans la succession du futur époux, jusqu'à concurrence d'une somme de dix mille francs, d'après la prisée de l'inventaire qui sera fait alors, ou cette somme en deniers comptants si elle le préfère; à laquelle somme elle se trouvera avoir droit s'il n'existait pas de meubles ou s'ils étaient insuffisants;

2° Et d'une rente annuelle et viagère, sur la tête et au profit de la future épouse, dont le chiffre

---

(1) Troplong, 2573; Demolombe, XIX, 462; Aubry et Rau, § 684 bis-10; Laurent, XV, 357; Demante, IV, 274 bis-7; Rouen, 9 avril 1853; Cass., 10 mars 1873.

(2) Reims, 3 juill. 1874; Laurent, XV, 302.

lit, ce qui ne s'applique pas à des enfants adoptifs (1), contracte un second ou subséquent mariage, ne peut donner à son nouvel époux [Form. 1238] qu'une part d'enfant légitime le moins prenant, calculée à raison du nombre de tous les enfants du défunt, ou en cas de décès leurs descendants qui ne comptent que pour l'enfant qu'ils représentent ou à la place duquel ils viennent de leur chef (2), de quelque mariage qu'ils soient issus (3), à la condition qu'ils viennent au partage, les renonçants ne comptant pas (4), et sans que, dans aucun cas, la donation puisse excéder le quart des biens (C. civ., 1098) ; si elle excède cette quotité, elle y est réductible (5). — Cette disposition ne saurait être étendue à des libéralités faites à une concubine ou à un concubin par un veuf ou une veuve ayant des enfants légitimes (6).

5509. Nombre d'enfants. — Lorsqu'il existe un seul enfant du précédent mariage, quoique la quotité disponible ordinaire soit de moitié, le conjoint ne peut recevoir qu'un quart. S'il y a plus de trois enfants, on ajoute le conjoint au nombre des enfants (7), et il prend une part égale à celui des enfants qui reçoit le moins ; *exemple :* succession de 80,000 fr., quatre enfants ; le *de cujus* a disposé de 5,000 fr. par préciput en faveur de l'un de ses enfants (8) ; il reste 75,000 fr., dont le cinquième pour le conjoint et pour chacun des enfants est de 15,000 fr ; et il importe peu que le don par préciput à l'enfant ait été fait avant ou après celui au conjoint (9). Si le don à l'enfant est rapportable, on

sera égal au revenu net de la moitié des valeurs mobilières incorporelles qui dépendront de la succession du futur époux. Toutefois, le montant net de cette rente ne pourra être inférieur à dix mille francs ni excéder quinze mille francs par an, quelle que soit l'importance en capital que pourrait laisser le futur époux.

Le chiffre de cette rente sera déterminé dans les six mois du décès du futur époux et ne pourra ensuite être modifié.

Les arrérages de cette rente courront à partir du décès du futur époux et seront payables de trois mois en trois mois à la future épouse, en sa demeure, sans qu'elle soit tenue de justifier de certificats de vie.

Cette rente sera assurée sur les plus claires valeurs de la succession du futur époux et, autant que possible, par un titre inscrit au nom de la future épouse pour l'usufruit pendant sa vie, la nue propriété aux successeurs du futur époux, qui seront tenus de parfaire si les revenus des valeurs deviennent insuffisants.

FORMULE 1237. — Somme d'argent (N° 5507).

En considération du mariage....., etc. *(Voir formule 1223.)*

D'une somme de vingt-cinq mille francs, à prendre sur les plus clairs et apparents biens que le premier mourant des époux laissera à son décès, et que ses héritiers et représentants seront tenus, solidairement entre eux, de payer au survivant, dans les six mois du décès du premier mourant, avec intérêt à cinq pour cent par an, à partir du jour de ce décès.

FORMULE 1238. — Donation mutuelle quand l'un des époux a des enfants d'un premier mariage (N°s 5508 à 5513).

En considération du mariage, les futurs époux, etc. *(Voir formule 1223.)*

De l'usufruit de l'universalité des biens meubles et immeubles qui composeront la succession du premier mourant, sans aucune exception.

---

(1) Troplong, 2701 ; Massé et Vergé, § 461-4 ; Aubry et Rau, § 560-20 et 690-7 ; Gap, 22 mars 1875. Contra : Demolombe, VI, 163 et XXIII, 560.

(2) Toullier, V, 877 ; Duranton, IX, 803 ; Coin-Delisle, 1098-16 ; Marcadé, 1098-2 ; Troplong, 2717 ; Aubry et Rau, § 690-32 ; Demolombe, XXIII, 557 ; Laurent, XV, 393.

(3) Marcadé, 1098-2 ; Demolombe, XXIII, 561 ; Laurent, XV, 387, 393.

(4) Demolombe, XXIII, 588 ; Laurent, XV, 393. Contra : Troplong, 2716.

(5) Coin-Delisle, 1098-13. Voir cep. Troplong, 2706.

(6) Alger, 10 mars 1879.

(7) Toullier, V, 884 ; Duranton, IX, 824 ; Coin-Delisle, 1098-13 ; Troplong, 2705 ; Massé et Vergé, § 461-24 ; Demolombe, XXIII, 583 ; Aubry et Rau, § 690-31.

(8) Voir Duranton, IX, 815 ; Troplong, 2708, 2727 ; Laurent, XV, 388.

(9) Troplong, 2712 ; Demolombe, XXIII, 509, 594 ; Paris, 19 juill. 1833.

le réunit fictivement à la masse pour calculer la part d'enfant du conjoint sur la masse totale (1).

5510. Réduction demandée. — La réduction peut être demandée aussi bien par les enfants issus du mariage en faveur duquel la donation a eu lieu (2) que par ceux du précédent mariage (3), pourvu cependant qu'à l'époque du décès du donateur, il existe des descendants du précédent mariage venant à la succession (4).

5511. Usufruit supérieur; option. — Lorsque le don est de l'usufruit d'une fraction supérieure au quart, ou même de l'universalité des biens, les enfants du premier lit ne peuvent exiger que la donation soit réduite à l'usufruit de la quotité disponible; ils doivent, conformément à l'art. 917, offrir la portion disponible en pleine propriété (5), à moins que le disposant ait manifesté l'intention claire et formelle de ne gratifier son conjoint qu'en usufruit, de manière à le réduire à l'usufruit de la quotité disponible (6). Si le don est d'une rente viagère, voir *supra* 5504.

5512. Non-extension. — La quotité disponible en secondes noces ne peut être donnée qu'une fois : ainsi un époux, en se mariant en secondes noces, fait à sa femme une donation de biens présents sans condition de survie, jusqu'à concurrence de la quotité disponible; si sa femme vient à décéder et qu'il se remarie, il ne pourra plus rien donner à sa nouvelle épouse (7), à moins que la quotité disponible ne soit venue à augmenter

---

Cette donation ne subira aucune réduction en cas d'existence d'ascendants; mais s'il existe des descendants, elle subira la réduction suivante :

Si le premier mourant laisse seulement des enfants du mariage projeté ou des descendants d'eux, elle sera réduite à la moitié aussi en usufruit des mêmes biens meubles et immeubles.

Mais si c'est le futur époux qui prédécède, et qu'il existe des enfants de son précédent mariage ou des descendants d'eux, elle sera réduite à une part d'enfant légitime le moins prenant en pleine propriété — *ou* : en usufruit, — sans que cette part puisse excéder un quart des biens.

Ou bien à la place de la phrase précédente : Si c'est le futur époux qui prédécède et qu'il existe des enfants de son précédent mariage ou des descendants d'eux, la présente donation sera également réduite à moitié en usufruit; mais si, nonobstant cette stipulation, la réduction à la quotité disponible vient à être exigée, la future épouse aura droit à la quotité disponible la plus large en pleine propriété sur la part de celui ou de ceux des enfants qui auront exigé la réduction, le futur époux lui en faisant donation entre vifs, pour ce cas.

Le survivant, dans tous les cas, jouira de l'usufruit donné, pendant sa vie, à compter du jour du décès du premier mourant, sans être tenu de fournir caution ni de faire emploi des valeurs mobilières, mais à la charge de faire faire inventaire.

FORMULE 1239. — **Résolution de donation en cas de second mariage**
(Nº 5513).

En cas de convol à de secondes noces de la part du survivant, la présente donation sera résolue de plein droit par le fait seul du second mariage et à partir du jour de sa célébration civile; et, comme conséquence, les biens qui auront été recueillis par le survivant en vertu de cette donation, reviendront dans la succession du premier mourant pour être partagés entre ses héritiers ou autres représentants.

Ou si la donation est d'un usufruit : En cas de convol à de secondes noces de la part du sur-

---

(1) Coin-Delisle, 1098-15; Troplong, 2710; Demolombe, XXIII, 594; Aubry et Rau, § 690-34.

(2) Toullier, V, 879; Duranton, IX, 817; Coin-Delisle, 1098-8; Demolombe, XXIII, 602; Aubry et Rau, § 690-43; Laurent, XV, 400; Colmet, IV, 278 bis-10; Caen, 3 août 1872. Contra : Marcadé, 1098-5; Troplong, 2723; Massé et Vergé § 461-20; Laurent, XV, 400.

(3) Voir Grenoble, 14 avril 1859.

(4) Coin-Delisle, 1098-9, 10; Demolombe, XXIII, 589, 591, 601; Aubry et Rau, § 690-43; Laurent, XV, 400.

(5) Demolombe, XIX, 462; Aubry et Rau, § 684 bis-10; Laurent, XV, 402; Cass., 1er avril 1844, 1er juill. 1873; Douai, 22 mars 1836, 14 juin 1852; Orléans, 16 août 1853; Rouen, 8 avril 1853; Bordeaux, 14 août 1853, 3 juill. 1855, 22 juill. 1807; Paris, 7 janv. 1870; Mamers, 30 août 1870; Angers, 22 fév. 1872; Nancy, 5 mai 1873; Bastia, 17 janv. 1876; Grenoble, 9 juin 1879; Dijon, 13 mai 1887; Rép. Defrénois, 4048. Contra : Poitiers, 27 mai 1851. Voir aussi Caen, 10 déc. 1859.

(6) Laurent, XV, 388; Poitiers, 27 mai 1851; Orléans, 6 août 1874; Rép. Defrénois, 3871-17.

(7) Toullier, V, 882; Massé et Vergé, § 461-33; Marcadé, 1098-3; Troplong, 2720; Duranton, IX, 804; Demolombe, XXIII, 572; Colmet, IV, 278 bis-11; Rodière et Pont, 58.

par le décès de l'un des enfants sans postérité ; alors il pourra disposer de la différence.

5513. Résolution par second mariage. — On peut apposer à toute libéralité entre époux, en premières comme en secondes noces, la condition que le donataire ne se remariera pas [Form. 1239] ; en conséquence est valable la stipulation que la donation sera résolue par un second mariage (1), et le fait seul du second mariage entraîne de plein droit la révocation (2). A plus forte raison on peut stipuler que l'usufruit donné entre époux s'éteindra par le fait d'un second mariage ; c'est apposer à l'usufruit un terme conditionnel, *supra* n° 2459. On peut aussi stipuler que l'usufruit donné ne s'éteindra par le fait d'un second mariage, ou que la donation en pleine propriété ne sera résolue par le fait d'un second mariage, qu'autant que, lors du mariage, il existera des enfants ou autres descendants légitimes du donateur.

5514. Biens à prélever. — Quand la disposition, même en présence d'enfants d'un précédent mariage, porte sur une quotité des biens n'excédant pas la portion disponible, l'époux donateur peut stipuler qu'elle sera composée de tels biens, qui sont désignés, ou qu'elle sera prélevée sur des biens d'une certaine nature, par exemple d'abord sur les biens meubles, puis pour l'excédent sur les biens immeubles [Form. 1240].

5515. Choix des biens. — L'époux donateur, au lieu d'indiquer les biens qui font

vivant, l'usufruit donné s'éteindra de plein droit, par le fait seul de ce second mariage, à partir du jour de sa célébration civile.

Ou bien encore : L'usufruit donné ne subira aucune extinction ni réduction en cas de convol à de secondes noces de la part du survivant, si lors de ce convol il n'existe point d'enfants ou autres descendants du mariage projeté ; mais si, au contraire, il existe des enfants ou autres descendants, l'usufruit donné s'éteindra de plein droit par le fait seul du second mariage et à partir du jour de sa célébration civile.

FORMULE 1240. — Quotité; biens à prélever (N° 5514).

En considération du mariage, le futur époux, etc. (*Voir formule* 1224.)

Du quart en usufruit des biens menbles et immeubles qui formeront la masse de la succession du donateur, sans exception ni réserve.

Pour se remplir du quart en usufruit donné, la future épouse aura droit à un prélèvement sur les biens qui composeront la succession du futur époux, dans l'ordre ci-après :

1° Les meubles meublants, objets mobiliers, linge de ménage, vaisselle, argenterie, et autres, qui garniront l'habitation du futur époux, au jour de son décès, d'après la prisée de l'inventaire auquel il sera procédé ;

2° La maison située à....., avec jardin et dépendances, formant l'habitation du futur époux ;

3° Un verger, situé à....., contenant....., etc.

Et pour le surplus, des terres de labour, au choix de la future épouse, parmi celles se trouvant sur la section de....., dépendant de la commune de.....

La future épouse jouira de l'usufruit donné pendant sa vie, à compter du jour du décès du futur époux, sans être tenue de fournir caution ni de faire emploi, mais à la charge de faire faire inventaire.

FORMULE 1241. — Quotité; choix des biens (N° 5515).

En considération du mariage, etc. (*Voir formule* 1223.)

Du quart en pleine propriété des biens meubles et immeubles qui formeront la masse de la succession du prémourant des futurs époux.

Il est formellement convenu que le survivant des époux, pour se remplir du quart donné, aura le droit de prélever parmi les biens meubles et immeubles de la succession du prémourant, tels de

(1) Toullier, V, 259 ; Duranton, VIII, 128 ; Coin-Delisle, 900-39 ; Troplong, 52 ; Demolombe, XVIII, 250 ; Aubry et Rau, § 692-14 ; Laurent, XI, 501 ; Cass., 18 mars 1867 ; Pau, 21 déc. 1844 ; Rennes, 17 fév. 1879 ; Nancy, 20 déc. 1879 ; Uzès, 19 déc. 1885 ; Rép. Defrénois, 3499.

(2) Cass., 18 juin 1890 ; Rép. Defrénois, 5660.

l'objet de la libéralité, peut laisser à son conjoint donataire le droit de choisir parmi les biens qui dépendront de sa succession, les biens qui devront la composer [FORM. 1241], sauf aux tribunaux à examiner si la manière dont le droit est exercé ne porte pas préjudice aux héritiers (1).

CHAPITRE QUATRIÈME.

DES DIVERS RÉGIMES DE MARIAGE.

SECTION I. — **De la communauté légale et des clauses qui en étendent l'effet.**

§ 1. *Communauté légale.*

5516. Droit commun. — Les futurs conjoints peuvent déclarer d'une manière générale qu'ils entendent se marier sous le régime de la communauté ; alors les droits des époux et de leurs héritiers sont réglés par les dispositions des art. 1401 à 1496, qui peuvent être modifiées. A défaut de modification, comme à défaut de contrat, la communauté est purement légale [FORM. 1242], elle forme donc le droit commun de la France (C. civ., 1393, 1400), et s'applique même au pourvu d'un conseil judiciaire qui se marie sans contrat (2), *supra* n° 5359.

5517. Nullité du contrat. — Il en est de même dans les cas suivants : 1° si le

---

ces biens qu'il lui plaira de choisir d'après leur valeur fixée : en ce qui concerne les meubles meublants et objets mobiliers d'après la prisée de l'inventaire auquel il sera procédé ; pour les valeurs cotées, suivant le cours de la bourse du jour du décès ; et pour les autres biens d'après leur estimation par experts, suivant leur valeur au jour du décès.

Ce prélèvement, au choix du survivant, sera exercé par lui, même quand parmi les héritiers et autres successeurs du prémourant il y aurait des mineurs ou autres incapables.

§ 7. CONTRATS DE MARIAGE ENTIERS.

FORMULE 1242. — **Communauté légale** (N°ˢ 5516 à 5524). — **Ameublissement**
(N°ˢ 5525 à 5523).

PAR DEVANT M°.....,
    ONT COMPARU :
M.....,
    Stipulant en son nom personnel,   *D'une part;*
M. et M°°....., père et mère du futur époux,
    Stipulant pour donner leur agrément au mariage de leur fils — et aussi à cause de la donation qu'ils lui feront ci-après,   *Aussi d'une part;*
M°°.....,
    Stipulant en son nom personnel. — *Si elle est mineure :* avec l'assistance et l'autorisation de ses père et mère,   *D'autre part;*
M..... et M°°....., père et mère de la future,
    Stipulant..... *(comme pour le futur)* — *Si la future est mineure :* stipulant tant pour assister et autoriser leur fille future épouse, en raison de son âge de minorité, qu'à cause de la donation, etc.,   *Aussi d'autre part.*
Voir pour les comparutions les formules 1146 à 1153.

---

(1) Aubry et Rau, § 683-3 ; Laurent, XII, 118 ; Nîmes, 13 déc. 1837 ; Bastia, 4 janv. 1858, 4 mars 1874 ; Orléans, 5 juill. 1889 ; Cass., 29 juill. 1890. CONTRA : Chambéry, 3 juill. 1889 ; Rép. Defrénois, 4988, 5603, 5630.

(2) Marcadé, 1398-1 ; Aubry et Rau, § 140-24 ; Rodière et Pont, 48 ; Laurent, V, 365 ; Nancy, 3 déc. 1838 ; Limoges, 27 mai 1867 ; Caen, 20 mars 1878. CONTRA : Demante, II, 282 bis-5 ; Demolombe, VIII, 740.

contrat de mariage est nul pour vice de forme (1) ou parce qu'il a été fait en l'absence de l'un des futurs, *supra* n° 3538, ou pour défaut d'assistance régulière du futur époux mineur (2) ; 2° si le contrat, conçu en termes ambigus, ne permet pas de reconnaître le régime que les époux ont entendu adopter (3); 3° si les dispositions relatives au régime adopté sont contradictoires, par exemple la stipulation en même temps d'une communauté universelle et d'une communauté d'acquêts, avec faculté d'option pour la femme ou ses héritiers (4); mais les autres conventions indépendantes du régime conservent leur effet, par exemple les donations entre époux (5). Les sommes constituées en dot à la future tombent dans la communauté, même lorsque le contrat de mariage annulé contenait adoption du régime dotal (6).

5518. Israélites algériens. — Les Israélites algériens qui se sont mariés sans avoir fait de contrat de mariage, sont soumis non à la loi mosaïque, mais au régime de la communauté légale (7). Quant aux indigènes algériens, ils sont présumés, à défaut de convention contraire, *supra* n° 21, avoir contracté entre eux selon la loi musulmane, c'est-à-dire une séparation absolue de biens qui laisse à la femme l'entière disposition de ses biens (8).

5519. Français à l'étranger. — La communauté légale régit l'association conjugale des Français mariés sans contrat à l'étranger (9), et du Français qui épouse à l'étranger une étrangère sans contrat (10); à moins qu'il ne résulte des circonstances que les époux ont voulu fixer leur domicile matrimonial à l'étranger (11). Quant à la Française mariée à un étranger, elle suit pour l'adoption du régime adopté la loi du pays de son mari (12).

Lesquels ont arrêté ainsi qu'il suit les clauses et conditions civiles du mariage projeté entre M..... et Mlle....., dont la célébration aura lieu incessamment à la mairie de.....

Art. 1er. — Régime (n°s 5516 à 5525).

Les futurs époux adoptent le régime de la communauté, tel que l'établit le Code civil, sauf les modifications résultant des articles ci-après.

Art. 2. — Apports du futur époux.

Le futur époux apporte en mariage :
1° Les vêtements et linge. *(Voir formule* 1163.)
2° Une somme de huit cent vingt-cinq francs, en un livret de la caisse d'épargnes postale en son nom, portant le n°...;
3° Huit obligations de la Compagnie des chemins de fer de l'Est. *(Voir formules* 1169, 1170.)
Le tout lui provenant de ses gains et gages.
4° Une maison située à..... *(Voir formule* 1180.)
Elle lui appartient comme lui étant échue par le partage de la succession de M....., opéré suivant acte passé devant M^e....., notaire à...., le.....

(1) Duranton, XIV, 48 ; Rodière et Pont, 181 ; Troplong, 284; Aubry et Rau, § 502-31 ; Laurent, XXI, 46 ; Guillouard, 197, 285, 320 ; Cass., 29 mai 1854, 9 janv. et 5 mars 1855; Toulouse, 25 mars 1852 ; Riom, 23 juin 1853. 13 nov. 1860 ; Paris, 21 août 1854; Montpellier, 24 déc. 1857 ; Vienne, 6 juin 1861.
(2) Troplong, 283, 284; Massé et Vergé, § 635-5 ; Rodière et Pont, 181 ; Aubry et Rau, § 502-31 ; Laurent, XXI, 36 ; Guillouard, 320 ; Cass., 19 mars 1838, 5 mars 1855, 15 nov. 1858, 20 juill. 1859, 16 juin 1879; Limoges, 17 avril 1869 ; Nîmes, 9 mars 1875 ; Orange, 18 nov. 1887 ; Rép. Defrénois, 4630. Voir cep. Demolombe, VIII, 740.
(3) Marcadé, 1393-3 ; Rodière et Pont, 93, 321 ; Troplong, 166; Massé et Vergé, § 637-30. Contra : Aubry et Rau, § 504-11.
(4) Cass., 15 mai 1878 ; Bordeaux, 1er juill. 1886 ; Rép. Defrénois, 3827. Contra : Alger, 16 nov. 1858.
(5) Duranton, XIV, 33 ; Aubry et Rau, § 504-24 ; Bordeaux, 1er juill. 1886 ; Rép. Defrénois, 3827.

(6) Grenoble, 7 juin 1851 ; Toulouse, 20 juill. 1852 ; Cass., 29 mai 1854, 9 janv. 1855, 5 mars 1855 ; Vienne, 6 juin 1857. Contra : Toulouse, 5 mars 1852.
(7) Constantine, 9 fév. 1875 ; Alger, 27 mars 1882 ; Cass., 5 janv. 1876, 8 juin 1883. Voir Cass., 18 mai 1886 ; Rép. Defrénois, 1114, 1416, 3317.
(8) Rép. Defrénois, 2389.
(9) Troplong, 33 ; Duranton, XIV, 88 ; Aubry et Rau, § 504 bis-1 ; Cass., 29 juin 1842, 25 janv. et 7 fév. 1843 ; Paris, 7 déc. 1887 ; Seine, 22 mai 1890 ; Rép. Defrénois, 1382, 4215, 5632.
(10) Guillouard, 337 ; Colmar, 25 janv. 1823 ; Cass, 23 août 1826 ; Alger, 1er mai 1867 ; Bordeaux, 2 juin 1875.
(11) Troplong, 33 ; Duranton, XIV, 88 ; Aubry et Rau, § 504 bis-1 ; Guillouard, 336 ; 34 ; Cass., 29 déc. 1836, 11 juill. 1855 ; Alger, 1er mai 1867 ; Aix, 22 fév. 1883 ; Paris, 12 juill. 1889 ; Cass., 9 mars 1891 ; Rép. Defrénois, 5814, 6227.
(12) Seine, 6 déc. 1877 ; Cass., 18 août 1873.

5520. Étranger. — Lorsqu'un étranger autorisé à établir son domicile en France s'y marie avec une Française sans contrat de mariage, il est censé avoir voulu adopter le régime de la communauté légale (1). Il en est de même de l'étranger non encore autorisé, s'il a manifesté l'intention d'établir son domicile en France, parce qu'il y est né et a continué d'y résider, ou par un séjour prolongé, ou par un établissement commercial ou industriel (2). Dans le cas contraire, il est présumé s'être marié sous l'empire de la loi de son pays (3).

5521. Second mariage. — Les règles de la communauté légale sont applicables, même lorsque les époux contractent un second mariage ayant l'un et l'autre, ou l'un d'eux seulement, des enfants de leur précédent mariage. Si toutefois, la confusion du mobilier et des dettes opérait, au profit de l'un des époux, un avantage supérieur à celui qui est autorisé par l'art. 1098, *supra* nº 5508, les enfants du premier lit de l'autre époux auraient l'action en retranchement (C. civ., 1496), que la confusion résulte des apports lors du mariage, ou des successions, donations ou legs qui échoient durant le mariage (4). Ce droit de retranchement est personnel aux enfants, et n'appartient pas à l'époux duquel l'avantage provient (5).

5522. Apports en mariage. — Lorsque les époux ont adopté le régime de la communauté légale, il n'est pas nécessaire de constater leurs apports en mariage mobiliers, puisqu'ils tombent en communauté, si ce n'est à l'égard de la future, lorsqu'elle se réserve la faculté de reprendre ses apports en renonçant à la communauté, *infra* nº 5556. Cependant, la mention dans le contrat de mariage du mobilier apporté

Duquel apport, franc et quitte de toutes dettes, le futur époux a donné connaissance à la future épouse.

Art. 3. — *Apports de la future épouse.*

La future épouse apporte en mariage :

1º Les vêtements, linge et bijoux à son usage, etc. *(Voir formule 1163.)*

2º Une somme de douze cents francs en numéraire.

Duquel apport, provenu à la future épouse de ses économies, le futur époux consent à demeurer chargé par le fait seul de la célébration du mariage, sans qu'il soit besoin d'autre reconnaissance.

Art. 4. — *Donation à la future par ses père et mère.*

En considération du mariage, M. et Mme..... donnent et constituent en dot, conjointement, par avancement d'hoirie sur leurs successions futures, chacun pour moitié,

A la future épouse, leur fille, qui accepte :

1º Un trousseau....., etc. *(Voir formule 1195)* ;

2º Une somme de cinq cents francs en numéraire.

Les donateurs s'obligent solidairement à remettre et payer le tout au futur époux le jour du mariage, dont la célébration leur vaudra décharge.

3º Une pièce de terre en labour, située....., etc.;

4º Une autre, située....., etc.;

5º Un pré, situé....., etc.;

6º Une vigne, située....., etc.

Dans l'état où se trouvent ces immeubles et sans garantie de la contenance exprimée,

Ils appartiennent aux donateurs, etc. *(Etablir succinctement l'origine de propriété.)*

La future épouse aura la pleine propriété et la jouissance des immeubles donnés et en acquittera les contributions de toute nature, le tout à compter du jour de la célébration civile du mariage.

---

(1) Pothier, 81 ; Massé et Vergé, § 639-2 ; Duranton, XIV, 88 ; Guillouard, 338 ; Laurent, XXI, 202 ; Aubry et Rau, § 504 bis-4 ; Paris, 3 août 1849, 15 déc. 1853, 29 avril 1862 ; Aix, 27 nov. 1854 ; Cass., 11 juill. 1855.

(2) Guillouard, 338 ; Demolombe, I, 87 ; Aubry et Rau, § 504 bis-3 ; Laurent, XXI, 203 ; Paris, 18 nov. 1864, 4 avril et 25 août 1866, 12 juill. 1889 ; Alger, 16 fév. 1867 ; Bordeaux, 24 mars 1876 ; Aix, 12 mars 1878 ; Rép. Defrénois, 5552.

(3) Rodière et Pont, 34 ; Demolombe, I, 87 ; Laurent, XXI, 203 ; Aix, 27 nov. 1854, 7 fév. 1882 ; Cass., 18 août 1873, 15 juill. 1885 ; Paris, 30 déc. 1891 ; Rép. Defrénois, 1292, 3157, 6374.

(4) Duranton, XIV, 520 ; Rodière et Pont, 1624 ; Troplong, 2214 ; Laurent, XXIII, 407 ; Caen, 21 nov. 1868 ; Seine, 3 janv. 1884 ; Rép. Defrénois, 1751. Contra : Toullier, XII, 290.

(5) Troplong, 2219 ; Rodière et Pont, 1630 ; Colmar, 19 fév. 1845.

par les époux n'a pas pour effet de les exclure de la communauté (1). Quant aux apports immobiliers, il faut les énoncer dans le but de constater la possession antérieure au mariage (C. civ., 1402).

5523. Règles; partages; renvoi. — Les règles concernant la communauté légale, l'actif qui la compose, le passif dont elle est grevée, et le mode d'en faire le partage après sa dissolution, sont établies *infra* dans la partie des *Liquidations et partages*.

5524. Modifications. — Extension de la communauté. — Les époux ont la faculté d'apporter aux règles de la communauté légale, telles modifications qu'il leur convient, pourvu qu'elles ne soient contraires ni à la loi ni aux bonnes mœurs (C. civ., 1387). Ils peuvent, par conséquent, en étendre la consistance, active et passive. La loi fixe deux modes d'extension : 1º La clause d'ameublissement; 2º la communauté universelle.

§ 2. Clause d'ameublissement.

5525. Immeubles. — L'ammeublissement, aujourd'hui fort peu usité (2), a lieu lorsque les époux ou l'un d'eux, qu'ils soient majeurs ou mineurs (3), font entrer en communauté tout ou partie de leurs immeubles présents ou futurs (C. civ., 1505). Les époux peuvent, par une convention particulière, attribuer aux immeubles ameublis le caractère d'effets mobiliers, et les faire entrer dans la communauté mobilière (4).

5526. Inégalité. — L'ameublissement n'implique pas des apports réciproques et peut être fait d'une manière inégale ou par l'un des époux seulement (5).

Elle supportera les servitudes passives et jouira de celles actives, le tout s'il en existe, à ses risques et périls.

Les donateurs déclarent qu'ils sont mariés sous le régime de la communauté légale, à défaut de contrat qui ait précédé leur mariage, célébré à la mairie de....., le.....

Ils remettront à la future épouse, le jour du mariage, les titres de propriété des immeubles donnés étant en leurs mains.

Pour la perception du droit d'enregistrement, les immeubles donnés sont évalués à un revenu annuel, impôts compris, de.....

ART. 5. — Ameublissement (Nos 5525 à 5534).

I. Ameublissement de tous les immeubles présents.

Les futurs époux déclarent faire entrer en communauté, et, en conséquence, ameublir la totalité des immeubles dont ils sont actuellement propriétaires.

II. Ameublissement d'immeubles désignés, ou de quotités d'immeubles.

Les futurs époux déclarent faire entrer en communauté, en conséquence, ameublir, savoir :
Le futur époux, une pièce de terre labourable, sise commune....., etc. (*La désigner avec l'indication succincte de l'origine de propriété.*)
Et la future épouse, un verger....., etc.
Ou bien :
Le futur époux, la moitié à prendre du côté de....., d'une pièce de terre, etc.
Et la future épouse....., etc.

III. Ameublissement jusqu'à concurrence d'une certaine somme.

Les futurs époux déclarent faire entrer en communauté, et, en conséquence, ameublir, savoir :
Le futur époux, une pièce de terre....., etc.
Et la future épouse, une prairie....., etc.

---

(1) Caen, 7 mai 1879.
(2) Defrénois, *Liquid.*, 4307.
(3) Duranton, XV, 16; Rodière et Pont, 1396; Troplong, 1984; Massé et Vergé, § 657-1; Marcadé, 1505-4.

(4) Guillouard, 1561; Douai, 2 mai 1857; Cass., 27 janv. 1858.
(5) Duranton, XV, 54; Troplong, 1981; Rodière et Pont, 1382; Aubry et Rau, § 524-4; Laurent, XXIII, 251; Guillouard, 1552.

5527. Convention de mariage. — L'ameublissement constitue une convention de mariage et non un avantage entre époux, sauf cependant le cas où l'époux qui ameublie à des enfants d'un précédent mariage (1), *supra* n° 5521.

5528. Non extension. — La clause d'ameublissement doit être formellement exprimée (2); et ne résulterait pas d'équivalents, comme par exemple la promesse d'un apport en communauté (3); ainsi, l'ameublissement des immeubles qui écherront par succession ne comprend pas ceux qui proviennent de donation ; et celui de tous les biens immeubles, sans autre indication, ne comprend que les immeubles présents (4).

5529. Modalités. — L'ameublissement peut être déterminé ou indéterminé [Form. 1242, art. 5]. Il est déterminé quand l'époux a déclaré ameublir et mettre en communauté un tel immeuble en tout ou jusqu'à concurrence d'une certaine somme ou pour une quotité déterminée, comme un tiers, un quart, etc. (5). Il est indéterminé quand l'époux a simplement déclaré apporter en communauté ses immeubles, jusqu'à concurrence d'une certaine somme (C. civ., 1506).

5530. Déterminé. — L'effet de l'ameublissement déterminé est de rendre l'immeuble ou les immeubles qui en sont frappés, biens de la communauté comme les meubles mêmes, de sorte que si la femme ou ses héritiers renoncent à la communauté, l'immeuble ameubli reste au mari ou à ses héritiers, sans indemnité (6). Lorsque l'immeuble ou les immeubles de la femme sont ameublis en totalité, le mari en peut disposer comme des autres effets de la communauté, et les aliéner en totalité même, si c'est la femme qui a ameubli, lorsqu'elle s'est réservé le droit de le reprendre en renonçant à la communauté (7). Si l'immeuble n'est ameubli que pour une certaine somme, le mari ne peut l'aliéner, en tout ni en partie (8), qu'avec le consentement de la femme ; mais il peut l'hypothéquer sans son consentement, jusqu'à concurrence seulement de la portion ameublie (C. civ., 1507).

Ces ameublissements sont consentis : celui du futur époux, jusqu'à concurrence d'une somme de....., et celui de la future épouse, jusqu'à concurrence d'une somme de.....

IV. Ameublissement indéterminé.

Les futurs époux déclarent faire entrer en communauté et, en conséquence, ameublir leurs biens immeubles présents et à venir, savoir :
Le futur époux, jusqu'à concurrence d'une somme de.....,
Et la future épouse, jusqu'à concurrence de.....

Art. 6. — Séparation de dettes.
Art. 7. — Clause de franc et quitte.
Art. 8. — Préciput.
Art. 9. — Reprise d'apports.
(Voir, pour ces quatre articles, la formule 1244, art. 4, 5, 6 et 7.)

Art. 10. — Donations entre époux.

En considération du mariage, les futurs époux se font donation entre vifs, au profit du survivant d'eux, ce qui est accepté par chacun pour le survivant,
De..... (*Voir les formules* 1223 *à* 1241.)

---

(1) Duranton, XV, 54; Rodière et Pont, 1387; Laurent, XXIII, 254; Aubry et Rau, § 524-5; Guillouard, 1553.
(2) Rodière et Pont, 1383; Troplong, 1986; Marcadé, 1505-3; Massé et Vergé § 657-2; Cass., 14 nov. 1855.
(3) Rodière et Pont, 1384; Troplong, 1986; Aubry et Rau, § 524-7; Guillouard, 1554; Laurent, XXIII, 252; Cass., 14 nov. 1855.
(4) Duranton, XV, 57; Rodière et Pont, 1383; Aubry et Rau, § 524-8; Troplong, 1986; Marcadé, 1505-3. Contra : Toullier, XIII, 333.

(5) Toullier, XIII, 345; Duranton, XV, 62, 63; Marcadé, 1509; Guillouard, 1560. Voir cep. Laurent, XXIII, 267; Guillouard, 1559; Rodière et Pont, 819; Troplong, 2005; Aubry et Rau, § 524-3.
(6) Troplong, 1995.
(7) Voir Rodière et Pont, 1400; Massé et Vergé, § 657-9; Aubry et Rau, § 524-11; Laurent, XXIII, 258, 260; Cass., 9 mars 1857.
(8) Troplong, 2003; Rodière et Pont, 1408.

5531. Dettes. Si l'ameublissement est de tous les immeubles présents et à venir, ou de tous les immeubles à venir, c'est à la charge des dettes, dont ces universalités sont grevées (1). Il en serait autrement, si l'ameublissement était d'un ou de plusieurs immeubles déterminés, en tout ou pour partie (2).

5532. Indéterminé. — L'ameublissement indéterminé ne rend point la communauté propriétaire des immeubles qui en sont frappés ; son droit se réduit à obliger l'époux qui l'a consenti, la femme même en cas de renonciation à communauté, à comprendre dans la masse, lors de la dissolution de la communauté, quelques-uns de ses immeubles, à son choix (3), jusqu'à concurrence de la somme par lui promise. Le mari ne peut aliéner en tout ni en partie, sans le consentement de sa femme, les immeubles sur lesquels elle a établi l'ameublissement indéterminé ; mais il peut les hypothéquer jusqu'à concurrence de cet ameublissement (C. civ., 1508). Il est loisible à la femme pendant le mariage, avec l'autorisation de son mari, de rendre l'ameublissement déterminé en indiquant l'immeuble ou les immeubles sur lesquels elle entend qu'il produise son effet (4).

5533. Vente. — Si l'immeuble ameubli jusqu'à concurrence d'une certaine somme a été vendu, la communauté a droit au prix pour cette somme et l'époux qui a ameubli, à la reprise de l'excédent, s'il y en a, en nature sur le prix ou en deniers s'il a été payé (5).

5534. Retention. — L'époux qui a ameubli un héritage a, lors du partage, la faculté, sauf clause contraire (6), de le retenir en le précomptant sur sa part pour le prix qu'il vaut alors ; et ses héritiers ont le même droit (C. civ., 1509), que l'ameublissement soit déterminé ou indéterminé (7). Si c'est la femme et que l'immeuble ait été hypothéqué par le mari, elle doit souffrir l'hypothèque sauf recours contre le mari ou ses héritiers (8). Mais si la femme ou ses héritiers renoncent à la communauté, ils n'ont pas le droit de

---

Telles sont les conventions arrêtées entre les parties, en présence de leurs parents et amis ci-après nommés, savoir :

Du côté du futur époux :

1º M....., aïeul ;

2º M....., frère ;

3º M....., oncle ;

4º M....., etc.

Et du côté de la future :

1º M.....; 2º M.....; 3º M.....; 4º M....., etc. *(comme dessus)*.

DONT ACTE. Fait et passé à....., en l'étude — *ou* : en la demeure de M. et Mme....., père et mère de la future,

L'an mil huit cent quatre-vingt-douze, le six janvier.

Avant de clore, et conformément à la loi (nº 5365), Mᵉ...., l'un des notaires soussignés, a donné lecture aux parties du dernier alinéa de chacun des art. 1391 et 1393 du Code civil, et leur a délivré le certificat prescrit par ce dernier article, pour être remis à l'officier de l'état civil avant la célébration du mariage.

Et les futurs époux, leurs père et mère et les assistants, ont signé avec les notaires — *ou* : avec les témoins et le notaire, le tout après lecture.

ENREGISTREMENT. — Droit gradué sur le montant réuni des apports, dettes déduites. — Droit proportionnel à 1 25 p. 100 sur les donations mobilières et à 2 75 p. 100 sur les donations immobilières. — Droit fixe à 7 50 pour donations entre époux.

---

(1) Rodière et Pont, 1423 ; Troplong, 1999 ; Marcadé, 1507-5 ; Aubry et Rau, § 524-18 ; Laurent, XXIII, 264 ; Guillouard, 1568.

(2) Duranton, XV, 70 ; Rodière et Pont, 1421, 2183 ; Troplong, 1998 ; Marcadé, 1507-5 ; Massé et Vergé, § 657-13 ; Guillouard, 1566, 1567. Voir cep. Aubry et Rau, § 524-17 ; Laurent, XXIII, 265.

(3) Troplong, 2007.

(4) Troplong, 2013 ; Rodière et Pont, 1419 ; Marcadé, 1505-1 ; Aubry et Rau, § 524-27 ; Guillouard, 1575.

(5) Rodière et Pont, 1421 ; Aubry et Rau, § 524-29 ; Laurent, XXIII, 286.

(6) Troplong, 2020 ; Rodière et Pont, 14.

(7) Troplong, 2018 ; Rodière et Pont, 1430 ; Marcadé, 1509-6 ; Laurent, XXIII, 285.

(8) Duranton, XV, 76 ; Aubry et Rau, § 524-31 ; Laurent, XXIII, 298.

reprendre l'immeuble ameubli par la femme, à moins que le contrat de mariage ne leur en ait réservé la faculté (1).

§ 3. *Communauté à titre universel.*

5535. Modalités. — Les époux peuvent établir par leur contrat de mariage une communauté universelle de leurs biens, tant meubles qu'immeubles, présents et à venir, ou de tous leurs biens présents seulement, ou de tous leurs biens à venir seulement [Form. 1243] (C. civ., 1526).

5536. Biens présents et à venir. — La stipulation embrasse le patrimoine présent et à venir de chacun des époux ; le tout tombe dans la communauté, à la charge de l'acquit des dettes dont ces patrimoines peuvent et pourront être grevés. Par suite, il n'y a lieu ni à reprises en faveur des époux contre la communauté ni à récompense par eux à la communauté.

5537. Biens présents. — Elle embrasse les biens meubles et immeubles présents des époux et leurs biens meubles à venir, de sorte que les époux n'auront à titre de propres que leurs immeubles à venir. La communauté est chargée des dettes des biens qui tombent ainsi en communauté.

5538. Biens futurs. — Elle comprend les biens meubles présents et les biens

---

FORMULE 1243. — **Communauté à titre universel** (Nos 5535 à 5541).

Par devant Me.....,
   Ont comparu :
1° M..... *(Voir formule 1242.)*
Lesquels ont arrêté de la manière suivante, etc. *(Voir même formule.)*

Art. 1er. — *Régime.*

Les futurs époux adoptent le régime de la communauté, sauf les modifications ci-après :

Ils mettent en communauté tous les biens meubles et immeubles qu'ils possèdent actuellement, ainsi que tous ceux dont ils deviendront propriétaires pendant la durée de la communauté, par succession, donation, legs ou à tout autre titre personnel, sans exception; à ce moyen, la communauté sera tenue de toutes les dettes actuelles et à venir des futurs époux.

Si la mise n'est que des biens présents : Ils mettent en communauté la totalité des biens meubles et immeubles qu'ils possèdent actuellement. En conséquence, ils consentent l'ameublissement des immeubles dont ils ont fait l'apport en mariage; mais ils se réservent propres à chacun d'eux tous les biens meubles et immeubles dont ils deviendront propriétaires, pendant la durée de la communauté, par successions, donations, legs ou à tout autre titre personnel. Par suite, la communauté ne sera tenue que des dettes actuelles des futurs époux, et elle n'aura pas à supporter les dettes dont pourront être grevés les biens à venir de chacun d'eux ; ces dernières dettes seront acquittées par celui des futurs époux du chef duquel elles seront provenues, sans que l'autre époux, ses biens ni la communauté puissent en être chargés.

Si la mise est seulement des biens à venir : Ils mettent en communauté les biens meubles et immeubles qui écherront à chacun d'eux, pendant la durée de la communauté, par successions, donations, legs ou à tout autre titre personnel ; mais ils se réservent propre la totalité des biens meubles et immeubles dont ils sont actuellement propriétaires. Par suite, la communauté sera tenue des dettes dont pourront être grevés les biens à venir de chacun des futurs époux ; mais elle n'aura pas à supporter les dettes actuelles des futurs époux : ces dernières dettes, etc. *(Le surplus comme dessus.)*

Art. 2. — *Apports du futur époux.*
Art. 3. — *Apports de la future épouse.*
Art. 4. — *Donation à la future épouse par ses père et mère.*

Voir la formule 1242, art. 2, 3 et 4.

---

(1) Troplong, 2019 ; Toullier, XIII, 348 ; Massé et Vergé, § 657-11; Rodière et Pont, 1433 ; Marcadé, 1509-5 ; Aubry et Rau, § 524-14 ; Laurent, XXIII, 263, 287; Guillouard, 1564. Voir Duranton, XV, 78.

meubles et immeubles à venir, à la charge des dettes dont ces universalités peuvent être grevées ; les époux n'ont en propres que leurs immeubles présents.

5539. Réserve. — Pour que les époux conservent en propres leurs biens meubles à venir dans le cas du n° 5537 et leurs biens meubles présents dans l'hypothèse du n° 5538, une stipulation du contrat de mariage est nécessaire.

5540. Administration. — Le mari, en sa qualité d'administrateur, peut aliéner et hypothéquer les biens qui y sont entrés du chef de sa femme (1).

5540 bis. Partage. — A la dissolution de la communauté, le partage des biens communs a lieu par moitié, à la charge d'acquitter les dettes aussi par moitié (2).

5541. Renonciation. — Si la femme ou ses héritiers renoncent à la communauté, ils ne peuvent reprendre les biens personnels de la femme entrés en communauté, à moins de stipulation de la clause de reprise, *infra* n° 5556.

SECTION II.— **Des conventions qui restreignent l'actif et le passif de la communauté légale.**

§ 1. *Séparations des dettes.*

5542. Acquit séparé. — La clause par laquelle les époux, ou l'un d'eux (3), en se mariant sous la communauté légale, stipulent qu'ils payeront séparément leurs dettes

---

Art. 5. — *Partage inégal ; — assignation de parts ; — ou attribution de communauté.*

Voir la formule 1250, art. 7.

Art. 6. — *Préciput.*

Voir formule 1244, art. 6.

Art. 7. — *Reprise d'apports.*

Voir même formule, art. 7.

Art. 8. — *Donations entre époux.*

Voir formules 1223 à 1241.
Telles sont les conventions, etc. *(Pour le surplus du contrat, voir la formule 1242.)*

FORMULE 1244. — **Communauté légale ; Séparation des dettes ; Préciput ; Reprise d'apports** (Nos 5542 à 5564).

Par devant Me....,
    Ont comparu :
M....., etc. *(Voir la formule 1242.)*
Lesquels ont arrêté ainsi qu'il suit, etc. *(Voir même formule.)*

Art. 1er. — *Régime.*
Art. 2. — *Apports du futur époux.*
Art. 3. — *Apports de la future.*
Voir, pour les apports et dots constituées, la formule 1242.

Art. 4. — *Séparation des dettes* (Nos 5542 à 5547).

I. *Séparation des dettes antérieures au mariage*

Les futurs époux ne seront pas tenus des dettes l'un de l'autre créées antérieurement à la célébration du mariage ; ces dettes, s'il en existe, seront acquittées, par celui des époux qui les aura contractées sans que l'autre époux, ses biens ni la communauté puissent en être aucunement tenus.

II. *Séparation des dettes postérieures au mariage, en cas de réserve de propres des biens à venir.*

Les futurs époux ne seront pas tenus des dettes dont pourront être grevés les biens et droits

---

(1) Toullier, XIII, 466 ; Troplong, 2199 ; Rodière et Pont, 1375 ; Laurent, XXIII, 400 ; Guillouard, 1650.
(2) Troplong, 2202.

(3) Duranton, XV 96 ; Toullier, XIII, 349 ; Marcadé, 1510-1 ; Rodière et Pont, 1449 ; Guillouard, 1579.

personnelles [Form. 1244, art. 4], les oblige à se faire, lors de la dissolution de la communauté, respectivement raison des dettes qui sont justifiées avoir été acquittées par la communauté à la décharge de celui des époux qui en était le débiteur (C. civ., 1510); la femme est tenue à cette obligation, même en renonçant à la communauté (1).

5543. Dettes présentes. — Il ne s'agit ici que des dettes antérieures au mariage ou dont le principe est antérieur au mariage, par exemple : des amendes, dépens, dommages-intérêts, prononcées pendant le mariage, pour délits antérieurs (2); une dette antérieure soumise à une condition suspensive accomplie depuis le mariage (3), ou les dettes d'une succession ouverte avant le mariage, mais acceptée depuis (4).

5544. Dettes futures. — Quant aux dettes des successions ou donations à venir, leur exclusion ne résulte pas ordinairement d'une convention directe, elle vient seulement comme conséquence de la clause qui exclut en tout ou en partie de l'actif les successions ou donations (5), *infra* n° 5585.

5545. Inventaire ou état. — Cette obligation est la même, soit qu'il y ait eu inventaire ou non ; mais si le mobilier apporté par les époux n'a pas été constaté par un inventaire ou état authentique antérieur au mariage, les créanciers de l'un et de l'autre des époux peuvent, sans avoir égard à aucune des distinctions qui seraient réclamées, poursuivre leur payement sur le mobilier non inventorié, comme sur tous les autres biens de la communauté et même sur ceux du mari s'il s'agit d'une dette de la femme, de la même manière que si la séparation des dettes n'existait pas (6). Les créanciers ont le même droit sur le mobilier qui serait échu aux époux pendant la communauté, s'il n'a pas été pareillement constaté par un inventaire ou état authentique (C. civ., 1510).

5546. Séparation tacite. — Lorsque les époux apportent dans la communauté une somme certaine ou un corps certain, un tel apport emporte la convention tacite qu'il n'est point grevé de dettes antérieures au mariage ; et il doit être fait raison par l'époux débiteur à l'autre, de toutes celles qui diminueraient l'apport promis (C. civ., 1511).

5547. Intérêts et arrérages. — La clause de séparation des dettes n'empêche point que la communauté ne soit chargée des intérêts et arrérages qui ont couru depuis

---

dont ils deviendront respectivement propriétaires pendant le mariage ; ces dettes, s'il en existe, seront acquittées pàr celui des époux du chef duquel elles proviendront, sans que l'autre époux, etc. (*Le surplus comme au n° 1.*)

III. *Séparation des dettes présentes et à venir à stipuler quand il y a réserve de propre.*

Les futurs époux ne seront pas tenus des dettes l'un de l'autre créées antérieurement à la célébration du mariage, ni de celles dont pourront être grevés les biens et droits dont ils deviendront respectivement propriétaires pendant la durée de la communauté : ces dettes, s'il en existe ou survient, seront acquittées par celui des époux qui les aura contractées ou du chef duquel elles proviendront, sans que l'autre époux, ses biens ni la communauté puissent en être aucunement tenus.

Art. 5. — *Clause de franc et quitte* (N° 5548).

Les futurs époux se déclarent francs et quittes de toutes dettes antérieures à la célébration du mariage.

Si la déclaration de franc et quitte émane des père et mère :

M. et Mme..... déclarent le futur époux, leur fils, franc et quitte de toutes dettes antérieures à la célébration du mariage.

---

(1) Troplong, 2047; Rodière et Pont, 1472; Aubry et Rau, § 526-9; Laurent, XXIII, 301; Guillouard, 1586.
(2) Toullier, XIII, 351; Rodière et Pont, 1454; Troplong, 2025; Aubry et Rau, § 526-2; Laurent, XXIII, 292, 294; Guillouard, 1581.
(3) Rodière et Pont, 1453; Laurent, XXIII, 294.
(4) Rodière et Pont, 1457; Aubry et Rau, § 526-4; Laurent, XXIII, 295; Troplong, 2030; Massé et Vergé, § 659-2. Contra : Duranton, XV, 92; Guillouard, 1582.

(5) Duranton, XV, 90; Rodière et Pont, 1451; Guillouard, 1583; Massé et Vergé, § 659-2; Aubry et Rau, § 526-2; Laurent, XXIII, 292.
(6) Massé et Vergé, § 659-13; Rodière et Pont, 1467; Troplong, 2046; Marcadé, 1510-3; Aubry et Rau, § 526-14; Laurent, XXIII, 305; Guillouard, 1589; Nancy, 2 fév. 1865; Seine, 18 fév. 1873. Voir Melun, 6 juin 1876; Paris, 25 janv. 1879; Cass., 30 déc. 1879.

le mariage (C. civ., 1512), à moins de convention contraire qui peut être valablement stipulée (1).

5548. Franc et quitte de dettes. — Lorsque la communauté est poursuivie pour les dettes de l'un des époux déclaré, par contrat, franc et quitte de toutes dettes antérieures au mariage [FORM. 1244, art. 5], elle est tenue de les payer, sauf son recours (2) ; mais l'autre conjoint a droit à une indemnité, pour tout ce qui a été payé en principal, intérêts et frais, et aussi pour les intérêts de la somme payée jusqu'au jour de la dissolution de la communauté (3) ; cette indemnité se prend soit sur la part de communauté revenant à l'époux débiteur, soit sur les biens personnels de cet époux ; et, en cas d'insuffisance, elle peut être poursuivie par voie de garantie contre le père, la mère, l'ascendant, le tuteur ou tout tiers (4) qui l'auraient déclaré franc et quitte, mais sauf leur recours contre l'époux qui s'est laissé faussement déclarer tel (5). Cette garantie peut même être exercée par le mari durant la communauté, si la dette provient du chef de la femme ; sauf, en ce cas, le remboursement dû par la femme ou ses héritiers aux garants, après la dissolution de la communauté (C. civ., 1513), mais non auparavant (6).

§ 2. *Préciput conventionnel.*

5549. Prélèvement. — La clause appelée *préciput conventionnel* [FORM. 1244, art. 6] est celle par laquelle l'époux survivant, ou l'un des époux seulement pour le cas de survie (7), est autorisé à prélever, avant tout partage, une certaine somme ou une certaine quantité d'effets mobiliers en nature, ou tous autres biens de la communauté, quelle qu'en soit l'importance (8). La femme survivante n'a droit au prélèvement du préciput que lorsqu'elle accepte la communauté, à moins que le contrat de mariage ne lui ait réservé ce droit même en y renonçant (9). Hors le cas de cette réserve, le préciput ne s'exerce que sur la masse partageable et non sur les biens personnels de l'époux prédécédé (C. civ., 1515).

5550. Femme; intérêts. — Le préciput de la femme, avec la réserve dont il s'agit, se prélève, en cas d'insuffisance de la communauté, sur les biens du mari (10).

ART. 6. — *Préciput* (Nos 5549 à 5555).

I. *Préciput et augment de préciput.*

Le survivant des futurs époux, au cas seulement de dissolution de la communauté par le décès de l'un des époux, prendra et prélèvera, à titre de préciput, sur les biens meubles de la communauté, avant tout partage, tels des objets mobiliers et valeurs qu'il voudra, jusqu'à concurrence de la somme de.....; ou cette somme en deniers comptants, ou partie en objets mobiliers et le surplus en deniers comptants, le tout à son choix.

En outre, le survivant, au même cas, prélèvera, à titre d'augment de préciput, aussi avant tout partage de la communauté, savoir :

Si c'est le futur époux, les vêtements, linge et bijoux à son usage personnel, plus ses armes et les livres composant sa bibliothèque ;

---

(1) Duranton, XV, 99 ; Rodière et Pont, 1460 ; Troplong, 2055 ; Massé et Vergé, § 659-5 ; Guillouard, 1583 bis ; Marcadé, art. 1512. CONTRA : Battur, 417.

(2) Troplong, 2061 ; Massé et Vergé, § 660-6 ; Rodière et Pont, 1478 ; Aubry et Rau, § 527-4 ; Laurent, XXIII, 316 ; Guillouard, 1592.

(3) Toullier, XIII, 366 ; Duranton, XV, 136 ; Marcadé, 1513-1 ; Aubry et Rau, § 727-5 ; Guillouard, 1595 ; Laurent, XXIII, 317 ; Cass., 27 mai 1879.

(4) Rodière et Pont, 1476 ; Aubry et Rau, § 527-2 ; Laurent, XXIII, 314 ; Guillouard, 1594.

(5) Toullier, XIII, 364 ; Duranton, XV, 119 ; Rodière et Pont, 1475 ; Troplong, 2060 ; Laurent, XXIII, 324.

(6) Marcadé, 1513-3 ; Rodière et Pont, 1489 ; Troplong, 2065 ; Laurent, XXIII, 326 ; Guillouard, 1594.

(7) Rodière et Pont, 1542 ; Marcadé, 1515-2 ; Aubry et Rau, § 529-2 ; Guillouard, 1615.

(8) Toullier, XIII, 406, 408 ; Duranton, XV, 483 ; Troplong, 2112 ; Marcadé, 1515-1 ; Rodière et Pont, 1539, 1540 ; Aubry et Rau, § 529-8 ; Guillouard, 1613 ; Paris, 24 juill. 1869. Voir Riom, 9 janv. 1885 ; Rép. Defrénois, 2750.

(9) Troplong, 2111, 2117, 2120 ; Marcadé, 1515-3 ; Rodière et Pont, 1558 ; Aubry et Rau, § 529-19 ; Guillouard, 1613 ; Paris, 23 janv. 1864.

(10) Rodière et Pont, 1568 ; Aubry et Rau, § 529-19 ; Laurent, XXIII, 352 ; Guillouard, 1622 ; Cass., 12 juin 1872.

Les intérêts de la somme composant le préciput ne courent que du jour de la demande (1).

5551. Convention de mariage. — Le préciput n'est point regardé comme un avantage sujet aux formalités des donations, mais comme une convention de mariage (C. civ., 1516), et il ne s'impute pas sur la quotité disponible (2). Toutefois, en cas de mariage en secondes noces, il est sujet à retranchement s'il donne lieu à un avantage excédant la quotité disponible (3); il en est de même dans tous les cas lorsqu'il est exercé par la femme renonçante (4).

5552. Ouverture. — La mort naturelle donne seule ouverture au préciput (C. civ., 1517); mais on peut stipuler que l'un des époux aura droit au préciput lors de la dissolution de la communauté arrivée pour quelque cause que ce soit (5).

5553. Divorce; séparation de corps. — Lorsque la dissolution de la communauté s'opère par le divorce ou la séparation de corps ou de biens, il n'y a pas lieu à la délivrance actuelle du préciput; mais l'époux qui a obtenu le divorce ou la séparation de corps conserve ses droits au préciput en cas de survie. Si c'est la femme, la somme ou la chose qui constitue le préciput reste toujours provisoirement au mari, à la charge de donner caution (C. civ., 1518). Cependant il n'en est ainsi que si la femme renonce et qu'elle ait stipulé le préciput même en renonçant (6); car si elle accepte, l'actif se partage par moitié sans déduction du préciput; et, au décès du prémourant, la moitié qu'il se trouvait avoir revient au survivant (7), à moins qu'il n'ait été défendeur au divorce ou à la demande en séparation de corps.

5554. Créanciers. — Les créanciers de la communauté ont toujours le droit de faire vendre les effets compris dans le préciput, sauf le recours de l'époux, conformémeut à l'art. 1515, *supra* n° 5549 (C. civ., 1519).

5555. Mobilier conservé. — La faculté réservée au survivant des époux de conserver tout ou partie du mobilier, à la condition de tenir compte de leur valeur, semble

---

Et si c'est la future épouse, les vêtements, linge, bijoux, châles, dentelles à son usage personnel, plus ses instruments, cahiers et albums de musique.

De plus, le survivant, toujours au même cas, aura la faculté de conserver, pour son compte personnel, telle partie du mobilier meublant qu'il lui plaira choisir, en sus du préciput et augment de préciput ci-dessus stipulés, et même la totalité de ce mobilier, si bon lui semble, sans que les représentants du prédécédé puissent en exiger la vente, et sauf par le survivant à faire la déduction sur ses droits et reprises ou à tenir compte à qui de droit de la valeur des objets prélevés ou conservés par lui, d'après l'estimation qui en aura été faite dans l'inventaire dont il est parlé ci-dessus, à la charge seulement de déclarer son option à cet égard avant la clôture dudit inventaire.

La future épouse, si elle survit, aura droit à ces préciput et augment de préciput, et elle profitera de la faculté de conserver tout ou partie du mobilier, le tout même en renonçant à la communauté; — *ou :* la future épouse, si elle survit, aura droit à ces préciput et augment de préciput, et à la faculté de conserver tout ou partie du mobilier, qu'elle accepte la communauté ou qu'elle y renonce, et, en cas d'insuffisance des biens de la communauté, elle pourra prélever le préciput et l'augment de préciput sur les biens du futur.

II. *Autre clause.*

Le survivant des futurs époux..... *(comme dessus)* prendra et prélèvera à titre de préciput, sur

---

(1) Toullier, XIII, 405; Troplong, 2121; Rodière et Pont, 1569.
(2) Troplong, 2123; Duranton, XV, 190; Rodière et Pont, 1532; Laurent, XXIII, 350; Guillouard, 1614. Contra : Colmet, VI, p. 415; Sens, 20 nov. 1885; Rép. Defrénois, 3052.
(3) Troplong, 2123; Rodière et Pont, 1534; Aubry et Rau, § 520-6; Laurent, XXIII, 349; Guillouard, 1614.
(4) Troplong, 2124. Contra : Duranton, XV, 190; Rodière et Pont, 1533; Aubry et Rau, § 529-5.
(5) Troplong, 53, 2129; Toullier, XIII, 398; Duranton, XV, 181; Rodière et Pont, 1545, 1553; Troplong, 2219; Aubry et Rau, § 529-18; Laurent, XXIII, 346, 356; Guillouard, 1617; Limoges, 6 août 1849.
(6) Toullier, XIII, 397; Duranton, XV, 194; Rodière et Pont, 1560; Guillouard, 1620; Troplong, 2135; Marcadé, 1518-3; Massé et Vergé, § 662-7; Laurent, XXIII, 458.
(7) Rodière et Pont, 1559; Aubry et Rau, § 529-15; Laurent, XXIII, 358; Guillouard, 1620.

aussi constituer une sorte de préciput. Il est nécessaire que la clause confère au survivant le droit de conserver *tout ou partie* du mobilier en tenant compte de sa valeur; il ne suffirait pas de stipuler que le survivant conservera telle portion qu'il lui conviendra du mobilier en déduction d'autant de ses droits et reprises, car, en un tel cas, il a été décidé que la veuve ne peut conserver la totalité du mobilier s'il excède ses droits, même en tenant compte de l'excédent aux héritiers du mari (1).

§ 3. *Reprises des apports de la femme francs et quittes.*

5556. Stipulation. — La femme peut stipuler qu'en cas de renonciation à la communauté, lors de sa dissolution, qu'elle ait lieu par le décès de l'un des époux, par le divorce, ou par la séparation de corps ou de biens (2), elle reprendra tout ou partie de ce qu'elle y aura apporté, soit lors du mariage, soit depuis [Form. 1244, art. 6]; mais cette stipulation ne peut s'étendre au delà des choses formellement exprimées, ni au profit de personnes autres que celles désignées (C. civ., 1514).

5556 bis. Mobilier. — Ainsi, la faculté de reprendre le mobilier que la femme a apporté lors du mariage ne s'étend point à celui qui serait échu pendant le mariage, de même que la faculté de reprendre le mobilier à venir ne comprend pas celui apporté en mariage (C. civ., 1514).

5557. Personnes. — Ainsi encore, la faculté accordée à la femme ne s'étend point aux enfants; toutefois, celle accordée à la femme et aux enfants comprend tous les enfants et petits-enfants, même ceux d'un précédent mariage (3), et aussi les enfants naturels ou adoptifs (4), mais elle ne s'étend point aux héritiers ascendants ou collatéraux; celle accordée à la femme et à ses héritiers collatéraux comprend, à plus forte raison, ses héritiers descendants et ascendants (5); celle accordée à la femme et aux enfants à naître du mariage, ne s'étend point aux enfants issus d'un précédent mariage, ni aux enfants naturels ou adoptifs; celle accordée à la femme et à ses héritiers comprend tous

---

les biens meubles de la communauté, avant tout partage, les vêtements, linge et bijoux à son usage personnel, plus un lit complet, une armoire et six paires de draps, le tout à son choix.

De plus, le survivant aura la faculté de conserver pour son compte, etc. *(Le surplus comme dessus.)*

La future épouse, si elle survit, aura droit à ces préciput, etc. *(Le surplus comme dessus.)*

III. *Préciput en faveur de l'un des époux.*

La future épouse, si elle survit, prendra et prélèvera, etc. *(Le surplus comme aux formules ci-dessus.)*

Si la future épouse a droit au préciput dans tous les cas de dissolution de communauté, on ajoute à la formule : En cas de dissolution de la communauté, pour quelque cause que ce soit, la future épouse aura droit, dès ce moment, et sans être tenue à aucune restitution, aux préciput et augment de préciput ci-dessus stipulés.

Art. 7. — *Reprise d'apports* (Nos 5556 à 5561).

La future épouse, ou ses héritiers et représentants, en renonçant à la communauté lors de sa dissolution, reprendront les apports en mariage de la future ci-dessus constatés, — *en cas d'ameublissement :* même ceux qu'elle a ci-dessus ameublis, — ensemble tous les biens meubles et immeubles dont elle deviendra propriétaire durant la communauté, par succession, donation, legs ou à tout autre titre personnel.

---

(1) Paris, 23 fév. 1881; Rép. Defrénois, 72.
(2) Troplong, 2085; Duranton, XV, 150; Massé et Vergé, § 661-7; Marcadé, 1514-2; Rodière et Pont, 1495; Aubry et Rau, § 528-10; Laurent, XXIII, 335; Guillouard, 1605.
(3) Toullier, XIII, 384; Duranton, XV, 156; Troplong, 2083; Rodière et Pont, 1502, 1503; Marcadé, 1514-2; Massé et

Vergé, § 661-5; Aubry et Rau, § 528-6; Guillouard, 1602.
(4) Rodière et Pont, 1503; Marcadé, 1514-2; Aubry et Rau, § 528-7.
(5) Toullier, XIII, 387; Duranton, XV, 158; Rodière et Pont, 1508, 1509; Troplong, 2082; Marcadé, 1514-2; Aubry et Rau, § 528-5; Laurent, XXIII, 330; Guillouard, 1602.

les héritiers ascendants, descendants et collatéraux, mais ne s'étend pas aux successeurs irréguliers ni aux légataires (1) ; enfin celle accordée à la femme ou à ses héritiers et représentants s'étend à tous ceux qui succèdent aux biens (C. civ., 1514).

5558. Dettes. — Dans tous les cas, les apports ne peuvent être repris que déduction faite des dettes personnelles à la femme, et que la communauté aurait acquittées (C. civ., 1514), c'est-à-dire des dettes contributives à la charge des apports repris ; toutefois, si la femme ne s'est réservé de reprendre qu'une certaine somme ou un objet déterminé, elle n'a à subir aucune déduction de dette (2).

5559. Intérêt. — La femme, en vertu de cette clause, a droit aux intérêts des apports qu'elle reprend, du jour de la dissolution de la communauté et non pas seulement du jour de la demande (3).

5560. Droit transmissible. — Quand la faculté a été réservée à la femme seule, si elle décède après la dissolution de la communauté sans y avoir encore renoncé, son droit passe à ses héritiers et représentants, quels qu'ils soient, et leurs créanciers peuvent l'exercer en leur nom, par application de l'art. 1166 (4). Cependant si le successible qui aurait le droit d'exercer la faculté est exclu par un légataire universel, son droit ne passe pas au légataire (5).

5561. Franc des dettes. — La reprise des apports de la femme s'opère sans charge des dettes de la communauté ; et si la femme s'est engagée envers les créanciers, elle a contre le mari un recours conservé par l'hypothèque légale et qui est habituellement stipulé dans les termes suivants : « Les reprises de la femme auront lieu franches et quittes des dettes et charges de la communauté, quand même elle s'y serait obligée ou y aurait été condamnée. » Cette clause, purement surérogatoire, a donné l'idée de soutenir qu'elle avait pour effet de frapper les apports de la femme d'une indisponibilité conditionnelle et de les soustraire à l'action des créanciers de la communauté, envers lequels elle s'était obligée (6). Mais cette prétention ne pouvait longtemps triompher, et bientôt l'on est revenu à l'opinion, si longtemps et avec raison incontestée, que la stipulation n'a d'effet qu'entre les époux, et ne concerne pas les tiers (7), surtout s'il est ajouté que

Ces reprises auront lieu franches et quittes des dettes et charges de la communauté ; et si la future épouse s'y trouvait tenue envers les créanciers par suite des engagements qu'elle aurait contractés ou des condamnations prononcées contre elle, la future ou ses héritiers et représentants en seraient garantis et indemnisés par le futur époux ou ses héritiers.

Art. 8. — *Donations entre époux.*

Voir pour le surplus la formule 1242.

FORMULE 1245. — **Communauté d'acquêts ; — Propriétaire ou profession libérale ; — Reliquat de compte de tutelle** (N°s 5562 à 5572).

Par devant Me.....,

    Ont comparu :

M..... *(Voir la formule* 1242.)

Lesquels ont arrêté ainsi qu'il suit, les clauses et conditions civiles du mariage projeté entre M..... et Mlle....., dont la célébration aura lieu incessamment à la mairie de.....

---

(1) Marcadé, 1514-2 ; Duranton, XV, 162 ; Rodière et Pont, 1506. Voir Bordeaux, 10 juin 1833 ; Metz, 1er fév. 1842.

(2) Duranton, XV, 162 ; Rodière et Pont, 1520 ; Troplong, 2102 ; Marcadé, 1514-3 ; Aubry et Rau, § 528-12 ; Laurent, XXIII, 339 ; Guillouard, 1609.

(3) Troplong, 1708 et 2103 ; Rodière et Pont, 1517 ; Laurent, XXIII, 342 bis ; Guillouard, 1611 ; Cass., 3 fév. 1835. Contra : Duranton, XV, 173 ; Massé et Vergé, § 661-10 ; Marcadé, 1514-3.

(4) Duranton, XV, 151 ; Massé et Vergé, § 661-6 ; Rodière et Pont, 1495, 1511 ; Troplong, 2087 ; Marcadé, 1514-3 ; Aubry et Rau, § 528-8 ; Guillouard, 1604 ; Laurent, XXIII, 331.

(5) Duranton, XV, 165 ; Marcadé, 1514-2 ; Rodière et Pont, 1513.

(6) Caen, 31 juill. 1855 ; Cass., 7 fév. 1855, 16 avril 1856 ; Voir aussi : Cass., 15 fév. 1853 ; Laurent, XXIII, 238.

(7) Rodière et Pont, 1641 ; Troplong, 1073 ; Aubry et Rau, § 507-79 ; Guillouard, 501, 1606 ; Colmet, VI, 79 bis-4 ; Bordeaux, 19 fév. 1857 ; Amiens, 5 mars 1857 ; Riom, 31 mai 1858 ; Cass., 29 janv. 1866, 21 déc. 1869, 2 fév. 1872, 7 avril et 14 juill. 1879 ; Rép. Defrénois, 3120, 3146.

la femme aura un recours contre le mari ou ses héritiers (1), addition que nous conseillons de toujours employer.

§ 4. *Communauté d'acquêts.*

5562. Stipulation. — Lorsque les époux stipulent qu'il n'y aura entre eux qu'une communauté d'acquêts (Form. 1245], ils sont censés exclure de la communauté, et les dettes de chacun d'eux actuelles et futures, et leur mobilier respectif présent et futur (C. civ., 1498). Chacun d'eux conserve donc la propriété de son mobilier et demeure tenu de ses dettes personnelles.

5563. Régime usuel. — La communauté d'acquêts est le régime le plus généralement usité. Dans certains pays, en Espagne notamment, c'est le régime de droit commun. Une telle communauté est une société de gains et de bénéfices conservant à chacun des époux la propriété de son patrimoine propre en biens meubles et immeubles, de sorte que le partage comprend uniquement les économies et bénéfices réalisés pendant le mariage.

5564. Précision. — La stipulation d'une communauté d'acquêts doit être exprimée en termes formels et précis, sans cependant être soumise à des termes sacramentels. Il suffit de mentionner qu'il y aura communauté d'acquêts entre les époux. La stipulation peut résulter aussi de l'ensemble des conventions matrimoniales (2).

5565. Interprétation. — C'est par les règles de la communauté légale et non par celle de la société que la communauté d'acquêts doit être interprétée dans le silence du contrat, notamment en ce qui concerne le partage après acceptation et la renonciation à communauté avec les effets qu'elle produit (3).

5566. Inventaire. — Etat. — Si le mobilier existant lors du mariage ou échu depuis n'a pas été constaté par inventaire ou état en bonne forme, il est réputé acquêt (C. civ., 1499); cela est incontestable vis-à-vis des tiers, mais entre les époux, quelques distinctions sont à faire : — à l'égard du mobilier leur appartenant au jour du mariage, le défaut d'inventaire et d'état rend acquêt le mobilier du mari; mais la jurisprudence in-

---

Art. 1er. — *Régime.*

Les futurs époux adoptent le régime de la communauté; mais cette communauté sera réduite aux acquêts, et, comme telle, régie conformément aux dispositions des art. 1498 et 1499 du Code civil.

En conséquence, ils excluent de la communauté et leur mobilier respectif présent et à venir, et les dettes de chacun d'eux actuelles et futures.

A ce moyen, la communauté se composera des acquêts faits par les époux ensemble ou séparément durant le mariage, et provenant tant de leur industrie que des économies faites sur les fruits et revenus de leurs biens.

Art. 2. — *Apports du futur.*

Le futur époux apporte en mariage et se constitue personnellement en dot, comme provenant tant de ses économies que des successions de ses père et mère dont il était seul héritier :

1ent. Les vêtements, linge et bijoux à son usage personnel et les meubles meublants, objets mobiliers, linge de ménage, vaisselle, argenterie garnissant son habitation, le tout estimé.....;

2ent. Une somme de cinq mille francs en numéraire;

3ent. Les immeubles dont la désignation suit :

1°.....; 2°.....; 3°....., etc. *(Voir formules 1180.)*

---

(1) Nancy, 10 déc. 1857; Limoges, 4 mars 1858; Paris, 21 janv. 1858, 6 juin 1863; Seine, 21 fév. 1860; Cass., 15 déc. 1858, 23 août 1859, 13 août 1860, 19 nov. 1863, 29 janv. 1866.
(2) Pothier, 317; Duranton, XV, 18; Marcadé, 1498-1; Rodière et Pont, 1223; Massé et Vergé, § 655-2; Aubry et Rau, § 522-2; Troplong, 1855; Laurent, XIII, 125; Guillouard, 1447; Cass., 10 déc. 1840, 1er juin 1853. Contra : Toullier, XIII, 317.
(3) Laurent, XXIII, 123; Guillouard, 1446; Cass., 8 mai 1855. Contra : Troplong, 1583.

cline à autoriser la femme à faire la preuve par toute espèce de titres (1), non toutefois par témoins (2). L'inventaire fait après le mariage est opposable entre époux, mais non à l'égard des tiers (3). — Quant au mobilier échu depuis, celui du mari est acquêt, car il est en faute de ne pas l'avoir fait constater par un inventaire ou autre acte équivalent tel que les énonciations d'un partage, d'un compte de tutelle, etc. (4); et ni lui ni ses héritiers (5) n'ont l'action en reprise (6), à moins que les héritiers ne soient les enfants d'un précédent lit (7). Mais la femme peut, ainsi que ses héritiers, faire preuve de la valeur et de la consistance du mobilier à elle échu, conformément à l'art. 1504 (8).

5567. Estimation en bloc. — Toutefois, si le mobilier apporté par l'un ou l'autre des époux, quoique non décrit dans un inventaire ou état, était estimé en bloc dans le contrat, il ne serait acquêt que sauf la reprise du montant de l'estimation (9), ce qu'il est d'ailleurs parfaitement licite de stipuler.

5568. Renvoi. — Voir au surplus sur les questions de propres des époux et le droit aux reprises en nature et en deniers, les développements dans la partie de *Liquidations*.

5568 bis. Actif et passif; partage. — Dans la même partie, nous indiquons la composition de l'actif et du passif de la communauté d'acquêts et le mode de procéder au partage.

5569. Apports. — Il est nécessaire de préciser les apports de chacun des époux et

---

Le futur époux déclare que ses apports sont grevés des sommes ci-après :
1o..... *(Détail des dettes.)*
·Duquel apport franc et quitte de toutes autres dettes et charges, le futur époux a donné connaissance à la future épouse.

Art. 3. — Apports de la future épouse.

La future épouse apporte en mariage et se constitue personnellement en dot :
1ent. Un trousseau se composant de....., etc. (*Voir formule* 1164.)
    Ce trousseau a été acheté avec diverses sommes s'élevant ensemble à....., remises à la future épouse par M....., son tuteur, et qui seront comprises dans les dépenses du compte dont il va être parlé.
2ent. La somme à laquelle s'élèvera le reliquat en recettes du compte de tutelle que M....., tuteur de la future, devra lui rendre incessamment.
3ent. Les immeubles dont la désignation suit, recueillis par la future épouse dans les successions de ses père et mère, desquels elle est héritière pour moitié, et formant le lot qui lui est échu par le partage de ces successions opéré judiciairement, ainsi que le constate un procès-verbal de tirage au sort de lots dressé par Me....., notaire à....., le..... :
1o Une maison située à....., etc.;
2o Un domaine appelé....., etc. (*Voir formule* 1180.)
Duquel apport franc et quitte de toutes dettes et charges, le futur époux consent à demeurer chargé par le seul fait de la célébration du mariage. ·

---

(1) Rodière et Pont, 1273; Troplong, 1883; Laurent, XXIII, 172; Guillouard, 1485; Cass., 8 août 1831, 24 avril 1849; Besançon, 21 juin 1845; Bordeaux, 19 fév. 1856; Poitiers, 15 nov. 1865; Angers, 26 mai 1869; Caen, 24 juin 1882; Seine, 27 janv. 1883; Dijon, 4 fév. 1883; Rép. Defrénois, 1580, 1581, 2321. Contra : Duranton, IV, 16; Massé et Vergé, § 655-42; Marcadé, 1499-3; Aubry et Rau, § 522-14; Laurent, XXIII, 179; Douai, 2 avril 1846; Paris, 19 août 1847; Pau, 10 déc. 1848.

(2) Troplong, 1882; Duranton, XV, 19; Guillouard, 1484; Laurent, XIII, 187; Aubry et Rau, § 522-15; Caen, 3 mai 1845; Cass., 19 juin 1855, 22 fév. 1860, 6 janv. 1877; Dijon, 7 mai 1862; Douai, 28 avril 1890; Rép. Defrénois, 5511. Contra : Toullier, XIII, 306; Laurent, XXIII, 179.

(3) Marcadé, 1499-3; Troplong, 1882; Rodière et Pont, 1265; Aubry et Rau, § 522-13; Poitiers, 15 nov. 1865. Voir Duranton, XV, 16; Massé et Vergé, § 655-12.

(4) Aubry et Rau, § 522-18; Rodière et Pont, 1267; Guillouard, 1488; Cass., 14 mai 1879, 20 août 1884; Agen, 2 juill. 1869; Chambéry, 25 août 1879. Voir cep. trib. Nancy, 14 août 1882; Rép. Defrénois, 1489, 2552.

(5) Marcadé, 1498-3; Aubry et Rau, § 522-19; Laurent, XXIII, 186; Guillouard, 1489. Contra : Rodière et Pont, 1268.

(6) Marcadé, 1499-3; Troplong, 1887; Massé et Vergé, § 655-12. Voir cep. Rodière et Pont, 1267; Orléans, 24 fév. 1860.

(7) Aubry et Rau, § 522-19; Laurent, XXIII, 186; Guillouard, 1489.

(8) Rodière et Pont, 1267; Duranton, XIV, 18; Marcadé, 1499-3; Troplong, 1887; Massé et Vergé, § 655-12; Aubry et Rau, § 522-17; Guillouard, 654, 1487; Poitiers, 6 mai 1836; Bordeaux, 21 janv. et 9 avril 1853; Cass., 19 juin 1855; Angers, 26 mai 1869; Dijon, 14 juill. 1874; Caen, 24 mars 1890; Rép. Defrénois, 5683. Voir Paris, 19 août 1847; Cass., 8 août 1831, 24 avril 1849.

(9) Rodière et Pont, 1272; Guillouard, 1485; Aubry et Rau, § 522-15; Laurent, XXIII, 170; Bordeaux, 23 avril 1830; Cass., 3 août 1831; Paris, 11 mai 1837; Grenoble, 18 juill. 1851; Orléans, 29 mars 1855; Bordeaux, 19 fév. 1856; Cass., 8 mars 1852, 21 mars 1859; Paris, 22 juill. 1863, 21 juill. 1871, 23 fév. 1881; trib. Lyon, 22 mars 1880; Rép. Defrénois, 71, 74.

de les détailler afin d'en faciliter la reprise en nature à la dissolution de la communauté; pour ceux non suffisamment décrits et dont la reprise devra s'effectuer en deniers, il est utile de le dire.

5570. Préciput. — Le préciput résultant du contrat de mariage est soumis aux règles établies *supra* nos 5549 à 5555. Dans le cas de la formule ci-contre, les meubles demeurant personnels, il peut y avoir lieu de stipuler un augment de préciput relatif aux objets corporels des époux ou à eux personnels.

5571. Remplois. — Les remplois des biens propres des époux aliénés ou recouvrés pendant le mariage ne sont obligatoires ni de mari à femme, ni à l'égard des tiers; cependant il est utile de mentionner dans le contrat de mariage que s'ils ont lieu, ils seront effectués conformément à la loi. La question de savoir si le remploi au nom de la femme, surtout en ce qui concerne les deniers dont le mari est comptable envers elle, peut être opéré en biens de celui-ci ou de la communauté fait l'objet d'une vive controverse (1); dans le but de l'éviter, il est utile de stipuler dans le contrat de mariage que le remploi au nom de la femme, même de ses capitaux recouvrés, pourra avoir lieu en biens du mari ou de la communauté.

5572. Reprises d'apports. — Sous le régime de la communauté d'acquêts, les époux ont, en vertu de la loi par conséquent en dehors de toute stipulation, le droit à la

---

Art. 4. — *Institution contractuelle en faveur de la future.*

En considération du mariage, etc. (*Voir formules 1213 à 1222.*)

Art. 5. — *Préciput* (no 5570).

Voir la formule précédente, art. 8.

Cette clause peut être ainsi modifiée : Le survivant des futurs époux, au cas seulement de dissolution de la communauté par le décès de l'un des époux, prendra et prélèvera, à titre de préciput, etc. (*Le surplus comme en la même formule.*)

En outre, le survivant prélèvera à titre d'augment de préciput, aussi avant tout partage de la communauté, savoir :

Si c'est le futur époux, l'accroissement qui sera survenu dans les vêtements, linge et bijoux à son usage personnel, dans ses armes et dans les livres composant sa bibliothèque;

Et si c'est la future épouse, l'accroissement qui sera également survenu dans les vêtements, linge, bijoux et dentelles à son usage personnel, et dans ses instruments, cahiers et albums de musique.

De plus, le survivant aura la faculté, etc. (*Le surplus comme en la même formule.*)

Art. 6. — *Remplois* (no 5571).

Le remploi des biens propres à chacun des futurs époux qui seraient aliénés ou remboursés durant la communauté se fera conformément à la loi, sans que les tiers puissent, en aucun cas, exiger ces remplois ni être responsables de ceux qui seraient effectués.

En ce qui concerne la femme, ces remplois, s'ils sont effectués, pourront, même à l'égard des deniers recouvrés, avoir lieu en biens du mari ou de la communauté.

Art. 7. — *Reprise d'apports* (no 5572).

A la dissolution de la communauté, chacun des époux ou ses héritiers et représentants reprendront tout ce qu'ils ont apporté en mariage. — *S'il y a des donations :* et l'objet des donations qui leur ont été faites ci-dessus; ensemble les biens qui leur seront advenus et échus pendant le mariage par succession, donation, legs ou à tout autre titre personnel, ou les biens et valeurs qui auraient été acquis en remploi.

Ces reprises auront lieu en nature pour les immeubles et les meubles incorporels non aliénés ni recouvrés; et en deniers pour ceux aliénés et recouvrés, d'après le prix de l'aliénation ou de la

---

(1) Rép. Defrénois, année 1882, *Prat. not.*, p. 58 et art. 239, 469, 864, 1225, 1872, 2961, 3905, 4433, 5557 et *Table déc.*, 1819.

dissolution de la communauté, d'effectuer la reprise de tous les biens meubles et immeubles qui leur sont personnels et, en outre, d'être récompensés sur les biens de la communauté pour les prix de leurs biens aliénés sans remploi, pour les objets mobiliers leur appartenant qui se sont confondus dans ceux de la communauté et généralement pour tous leurs deniers personnels encaissés par la communauté. Cependant, afin d'éviter tout malentendu sur ce droit, il est utile qu'il fasse l'objet d'une clause du contrat de mariage, dans laquelle on mentionne que ces reprises, en ce qui concerne la femme, auront lieu franches et quittes de toutes dettes et charges de la communauté.

5573. Époux commerçants. — Lorsque l'un des futurs époux ou tous deux exercent un commerce, leur profession doit être mentionnée dans l'indication de leur comparution, en raison de ce que le contrat de mariage, en un tel cas, est assujetti à une

---

somme recouvrée; en ce qui concerne les meubles corporels, la reprise sera effectuée en deniers sur le pied de leur estimation à l'époque où ils leur seront advenus.

La future épouse ou ses héritiers et représentants exerceront ces reprises en exemption de toutes dettes de la communauté, et si la future épouse s'y trouvait tenue envers les tiers, elle ou ses héritiers et représentants en seraient indemnisés par le futur époux et sur ses biens personnels.

La reprise d'apports dans tous les cas de communauté modifiée peut aussi être rédigée ainsi qu'il suit :

Art. 7. — Reprise d'apports.

Sur la masse des biens qui existeront lors de la dissolution de la communauté, les époux ou leurs héritiers et représentants prélèveront, conformément à la loi : 1º les apports en mariage des futurs époux ci-dessus constatés; 2º les biens meubles et immeubles dont ils deviendront respectivement propriétaires durant la communauté par succession, donation, legs ou autrement; 3º les récompenses qui pourront être dues par la communauté.

Ce qui restera après les prélèvements dont il vient d'être question composera le bénéfice de communauté, qui sera partageable par moitié entre les futurs époux ou entre le survivant d'eux et les héritiers ou représentants du prédécédé.

La future épouse ou ses héritiers et représentants, qu'ils acceptent la communauté ou qu'ils y renoncent, exerceront le prélèvement des reprises de la future, en cas d'insuffisance des biens de la communauté, sur les biens personnels du mari. En tout cas, les reprises de la femme auront lieu franches et quittes des dettes et charges de la communauté; et si la future épouse s'y trouvait tenue envers les créanciers par suite d'engagements qu'elle aurait contractés ou de condamnations prononcées contre elle, ladite future ou ses héritiers et représentants en seraient garantis et indemnisés par le futur époux ou ses héritiers.

Si un préciput a été stipulé, modifier ainsi la deuxième phrase : Ce qui restera après le prélèvement des reprises dont il vient d'être question et des préciput et augment de préciput dont il est parlé sous l'art....., composera le bénéfice, etc. *(Le surplus comme dessus.)*

Si le partage de la communauté est inégal, modifier ainsi la même phrase : Ce qui restera après le prélèvement des reprises dont......, composera le bénéfice de communauté auquel les époux ou leurs héritiers et représentants auront droit de la manière indiquée en l'art..... ci-après.

S'il y a mise en communauté, on modifie ainsi l'article :

Sur la masse des biens qui existeront lors de la dissolution de la communauté, les époux ou leurs héritiers et représentants prélèveront, conformément à la loi : 1º les apports en mariage des futurs époux ci-dessus constatés, déduction faite de leur mise en communauté; 2º les, etc. *(Le surplus comme à la première phrase.)*

Ce qui restera, etc. *(Comme à la deuxième phrase.)*

La future épouse ou ses héritiers et représentants exerceront le prélèvement des reprises de la future, qu'ils acceptent la communauté ou qu'ils y renoncent, et en cas d'insuffisance des biens de la communauté, sur les biens personnels du mari; de plus, en cas de renonciation à la communauté, la future épouse ou ses héritiers et représentants reprendront la mise en communauté de la future ci-dessus stipulée; le tout franc et quitte, etc. *(Le surplus comme à la troisième phrase.)*

Art. 8. — Donations entre époux.

En considération du mariage, etc. *(Voir les formules 1223 à 1241.)*

Telles sont les conventions, etc. *(Pour le surplus, voir la formule 1242.)*

publicité, *infra* n° 5750. En outre, des stipulations particulières en ce qui concerne le commerce sont à insérer dans le contrat [FORM. 1246].

5574. Apports de fonds de commerce. — Indépendamment des biens de chacun des époux, le fonds de commerce doit être spécialement désigné dans l'apport de celui des futurs conjoints qui exerce le commerce. Voir *supra* n° 5391.

5575. Autorisation à la femme. — Si le mari donne à sa femme, par contrat de mariage, l'autorisation de continuer le commerce exercé par elle avant le mariage ou de faire un commerce déterminé, cette autorisation étant une dérogation à la puissance maritale ne participe pas de l'immutabilité attachée aux conventions matrimoniales, *infra* n° 5733, et, dès lors, est révocable par le mari, durant le mariage (1), sauf le recours de la femme au tribunal, si la révocation du mari a lieu sans une cause fondée (2).

FORMULE 1246. — **Communauté d'acquêts.** — **Commerçants.** — **Autorisation à la femme.** — **Faculté de conservation** (Nos 5573 à 5578).

PAR DEVANT M°.....,

    ONT COMPARU :

M. VINARD (Claude-Joseph), marchand de nouveautés, demeurant à.....,

Fils majeur de M....., etc.

    Stipulant en son nom personnel,   *D'une part ;*

Et Mlle MACLART (Augustine-Léonie), marchande de modes, demeurant à.....,

Fille majeure de M....., etc.

    Stipulant aussi en son nom personnel,   *D'autre part ;*

Lesquels ont arrêté de la manière suivante, etc. *(Voir formule 1242.)*

ART. 1er. — Régime.

Les futurs époux adoptent, etc. *(Voir la formule précédente, art.* 1er.)

ART. 2. — Apports du futur époux.

Le futur époux apporte en mariage :

1° Les vêtements, linge, bijoux à son usage personnel et divers meubles, etc. *(Voir formule* 1163).

2° Le fonds de commerce de marchand de nouveautés que le futur époux exploite, etc. *(Voir formule* 1175.)

Le futur époux déclare que son apport en mariage est grevé de dix-huit mille francs, restés dus sur l'achat de son fonds de commerce, payables : moitié le....., et l'autre moitié le.....; le tout avec intérêts à cinq pour cent par an, payables par semestres, les.....

Duquel apport, franc et quitte de toutes autres dettes et charges, le futur époux a donné connaissance à la future épouse.

ART. 3. — Apports de la future épouse.

La future épouse apporte en mariage et se constitue personnellement en dot :

1° Les vêtements, linge et bijoux à son usage personnel, divers objets mobiliers, meubles meublants, linge de ménage, vaisselle, batterie de cuisine et autres effets, le tout d'une valeur de.....;

2° Une somme de trois mille francs en numéraire ;

3° Le fonds de commerce de modes qu'elle exploite à....., rue..... n°....., composé de....., etc. *(Voir la formule* 1175.)

Duquel apport, franc et quitte de toutes dettes et charges, le futur époux consent à demeurer chargé par le fait seul de la célébration du mariage.

ART. 4. — Autorisation à la future de faire le commerce (N° 5575).

La future épouse continuera d'exercer personnellement le commerce de modes qu'elle exploite à....., rue..... n°....., et fera, en conséquence, sans l'autorisation de son futur mari, toutes opé-

---

(1) Guillouard, 110 ; Bordeaux, 12 nov. 1873.

(2) Demolombe, IV, 324 ; Lyon-Caen et Renault, *Droit comm.*, 186 ; Guillouard, 111.

5576. Conservation du fonds de commerce. — Il est toujours utile, même quand les époux ne sont pas commerçants lors du mariage, alors que leur situation indique qu'ils pourront le devenir, de stipuler dans le contrat de mariage, sous quelque régime que ce soit, ce qui constitue une convention de mariage (1), que si lors de la dissolution du mariage par le décès de l'un des futurs conjoints, les époux ou l'un d'eux exercent un commerce, le survivant aura le droit de le conserver pour son compte personnel d'après la prisée de l'inventaire ou une estimation par experts, en imputant sa valeur sur les droits en propriété et en usufruit dans la communauté et la succession du prémourant. On lui donne aussi, pour lui faciliter le commerce, le droit au bail des lieux où il s'exploite, et si c'est dans une maison dépendant de la succession, on oblige les héritiers du prémourant à lui en passer bail. Un délai est habituellement fixé pour que le survivant fasse son option [Form. 1246, art. 8]. Le droit à cette option peut, en cas

---

rations relatives à ce commerce, recevra toutes factures, ainsi que le montant de tous billets, mandats et lettres de change, tirera tous mandats, souscrira et endossera tous billets, lettres de change et autres valeurs en représentation des sommes qu'elle pourra devoir relativement à son commerce, signera tous acquits et toutes quittances; et généralement elle fera, pour l'exercice de son commerce, tout ce qui pourra être utile et nécessaire.

Pour faire publier ces présentes où il y aura lieu, tout pouvoir est donné au porteur d'une expédition ou d'un extrait.

Art. 5: — *Préciput.*

Art. 6. — *Remploi.*

Art. 7. — *Clause de reprise.*

Voir, pour ces trois articles, la formule 1245, *art.* 5, 6 *et* 7.

Art. 8. — *Faculté au survivant de conserver le fonds de commerce* (Nos 5576 et 5577).

Lors de la dissolution du mariage, mais dans le cas seulement où cette dissolution arriverait par le décès de l'un des époux, si les futurs époux ou l'un d'eux exploitent un commerce ou possèdent des droits dans un établissement de commerce, le survivant des époux aura le droit de conserver, pour son compte personnel, le commerce ou les droits dont il s'agit, ensemble l'achalandage, les marchandises, objets mobiliers, ustensiles et autres accessoires en dépendant, à la charge de prendre le tout d'après l'estimation de deux experts choisis à l'amiable, ou désignés sur simple requête de la partie la plus diligente par M. le président du tribunal de première instance du domicile des époux, lesquels experts, en cas de désaccord, pourront s'adjoindre un troisième expert, qui prononcera définitivement.

Si la valeur de l'achalandage ne doit pas être payée, l'on ajoute : Mais le survivant n'aura rien à payer pour l'achalandage, qui lui appartiendra exclusivement à titre de convention de mariage.

Ou lorsqu'il s'agit de droits dans une société : Si, lors de la dissolution du mariage, les futurs époux ou l'un d'eux exploitent une industrie ou possèdent des droits dans un établissement ou dans une société de commerce, le survivant des époux aura le droit de conserver pour son compte personnel, soit ladite industrie et le matériel et les objets mobiliers servant à son exploitation, soit la part d'intérêt dans l'établissement ou dans la société, à la charge, dans tous les cas, de tenir compte aux héritiers du prédécédé de la portion à laquelle ils auraient droit, soit dans la société, soit dans la valeur du fonds et des marchandises et effets mobiliers, d'après l'estimation, etc.

Le survivant imputera la valeur des droits en question sur les sommes qui lui reviendront en propriété ou en usufruit, tant dans la communauté que dans la succession du prédécédé; et pour se libérer envers les héritiers de celui-ci des sommes qu'il pourrait encore leur devoir, il aura le délai qui sera fixé sous l'art. 9 ci-après.

En usant de cette faculté, le survivant aura seul droit au bail des lieux où s'exploitera le fonds de commerce, et où les époux auront leur habitation, pour le temps qui en restera à courir, à la charge de tenir compte à la communauté des loyers payés d'avance, d'exécuter toutes les obligations qui pourront en résulter et de payer les loyers à courir, de manière que les héritiers de l'époux prédécédé ne soient aucunement inquiétés par qui que ce soit à cet égard.

---

(1) Seine, 5 fév. 1878.

d'aliénation mentale de l'époux survivant, être exercé par le tuteur à son interdiction (1). Quand le droit de conserver le fonds de commerce est conféré à l'époux survivant pour l'estimation qui en sera faite par experts, cette estimation est obligatoire et ne saurait être remplacée par la prisée du commissaire-priseur sur l'avis de deux experts (2).

5577. Droits sociaux. — On prévoit aussi quelquefois le cas où le futur époux aurait des droits sociaux dans une association commerciale, et, alors, une pareille faculté de conservation est stipulée en faveur de la femme, si elle survit.

5578. Délai pour payer. — Il peut arriver que, par suite de la conservation du commerce ou des droits sociaux, le survivant se trouve débiteur envers la succession du prémourant ; dans ce cas, il est utile de convenir d'un délai pour qu'il se libère, avec ou sans intérêt, et l'on stipule qu'en cas de vente par le survivant, il sera déchu du terme.

Si le commerce s'exerce dans une maison dépendant de la communauté ou appartenant à la succession de l'époux prédécédé, le survivant aura le droit d'exiger qu'il lui soit fait un bail de..... années, au plus, des lieux nécessaires à l'exploitation du commerce et à son habitation, moyennant le prix et sous les conditions qui seront fixés soit à l'amiable, soit par experts choisis par les parties ou nommés d'office de la même manière que pour l'estimation du fonds de commerce.

Le survivant sera tenu de déclarer, dans les quarante jours qui suivront la clôture de l'inventaire, s'il entend user des droits qui viennent de lui être réservés, à peine de déchéance.

La future épouse survivante aura le droit d'exercer cette faculté, même en renonçant à la communauté.

Si l'époux survivant n'opte pas pour la conservation de l'établissement commercial, il ne pourra exercer un pareil commerce ni s'y intéresser directement ou indirectement, dans un rayon de..... kilomètres, à peine de tous dommages et intérêts vis-à-vis de la personne qui en sera devenue acquéreur.

Si l'on veut réserver au futur époux survivant ses droits dans une association commerciale, il y a lieu à la clause suivante : Si le futur époux survit, et que, lors du décès de la future, il se trouve associé dans une maison de commerce ou d'industrie, il est expressément convenu : 1o que les héritiers et autres représentants de la future épouse ne pourront réclamer d'autres droits au sujet de cette société que ceux résultant du dernier inventaire social, ou, s'il n'a pas encore été fait d'inventaire, que ceux résultant de l'acte même de société ; qu'il ne devra conséquemment être fait aucun inventaire de l'actif social, ni être apposé de scellés sur cet actif ; 2o et que le futur époux pourra conserver pour son compte les droits appartenant à la communauté dans la société, sans avoir aucune indemnité à payer aux héritiers et représentants de la future épouse, sauf, bien entendu, l'obligation de payer aux héritiers et représentants les droits acquis dans ladite société et constatés ainsi qu'il vient d'être dit.

Art. 9. — *Délai en faveur du survivant.*

Le survivant des époux aura terme et délai de trois années à compter du jour du décès du premier mourant, pour payer aux héritiers et représentants de ce dernier, les sommes dont il pourrait être comptable envers lui et dont il ne jouirait pas en usufruit.

Ces payements auront lieu par tiers chaque année, et lesdites sommes seront de plein droit productives, à compter du jour du décès du premier mourant, d'intérêts à raison de cinq pour cent par an, payables par semestres.

En cas de vente par l'époux survivant du fonds de commerce ou des droits conservés par lui en vertu de la faculté réservée sous l'article précédent, les sommes que cet époux survivant resterait devoir pour raison du fonds de commerce ou des droits ainsi conservés par lui, deviendront immédiatement et de plein droit exigibles à compter du jour de la vente.

Art. 10. — *Donations entre époux.*

Voir les formules 1223 à 1241.
Telles sont les conventions, etc. *(Le surplus comme en la formule 1242.)*

---

(1) Paris, 16 mai 1876.	|	(2) Paris, 9 juill. 1885 ; Rép. Defrénois, 2906.

5579. Fermier. — [Form. 1247.] Les apports, en outre des biens possédés par les futurs conjoints, comprennent le mobilier de ferme, instruments aratoires, chevaux, bestiaux, récoltes, labours, engrais et semences, avec le droit au bail, et l'on indique les dettes dont peut être grevé celui des époux qui en fait l'apport, *supra* n°s 5390, 5395, 5396. Le droit au bail appartenant à l'un des époux, même à la femme, lui demeure propre, et, par conséquent, ne tombe pas dans la communauté d'acquêts (1).

5580. Conservation du droit au bail. — De même qu'en ce qui concerne le fonds de commerce, on concède au survivant des époux la faculté de conserver pour son

---

FORMULE 1247. — **Communauté d'acquêts.** — **Fermier.** — **Conservation du droit au bail** (N°s 5579 et 5580).

Par devant Me....,
    Ont comparu :
M. Leval (Jean-Alphonse), cultivateur, demeurant à....,
Fils majeur de...., etc.
    Stipulant en son nom personnel,   *D'une part*
Mlle...., etc. *(Le surplus des comparutions comme en la formule* 1242.)
Lesquels ont arrêté ainsi qu'il suit, etc. *(Voir même formule.)*

Art. 1er. — *Régime.*

Les futurs époux adoptent, etc. *(Voir formule* 1245, *art.* 1er.)

Art. 2. — *Apports du futur.*

Le futur époux apporte en mariage :
1o Les meubles meublants, objets mobiliers, voitures, intruments aratoires, etc.;
2o Les engrais, labours et semences, etc.
Voir pour le surplus la formule 1174.
3o La joussance à titre de fermier, d'une ferme, etc.;
4o Les récoltes en blé, avoine, orge et autres, etc.
Voir pour le surplus la formule 1174.
5o Une somme de trois mille francs en numéraire.
Cet apport provient au futur époux, tant des successions de ses père et mère que de ses économies.
Duquel apport franc et quitte de toutes dettes, le futur époux a donné connaissance à la future épouse.

Art. 3. — *Apports de la future épouse.*

La future épouse apporte en mariage et se constitue personnellement en dot :
1o Un trousseau se composant des vêtements, etc. *(Voir formule* 1164.)
2o Une somme de dix mille francs, en numéraire ;
3o Les immeubles dont la désignation suit :
Une pièce de terre en labour, située...., etc.;
Une prairie, située...., etc.
Le tout provenu tant des économies de la future que des biens qu'elle a recueillis dans les successions de ses père et mère, suivant partage reçu par Me...., notaire à...., le....
Duquel apport, franc et quitte de toutes dettes, le futur époux consent à demeurer chargé par le fait seul de la célébration du mariage.

Art. 4. — *Préciput.*
Art. 5. — *Remploi.*
Art. 6. — *Reprise d'apports.*
Voir pour ces trois articles la formule 1245, *art.* 5, 6 *et* 7.

Art. 7. — *Faculté au survivant de conserver le droit au bail* (no 5580).

Lors de la dissolution du mariage, mais dans le cas seulement où cette dissolution arriverait

---

(1) Gand, 10 mars 1880 ; Cherbourg, 6 juin 1882 ; Rép. Defrénois, 1056.

compte personnel le droit au bail de ferme ou terres exploitées par les époux, avec les mêmes conditions que celles relatives à la conservation du fonds de commerce, *supra* n°s 5576 à 5578.

5581. Officier ministériel. — Le contrat de mariage d'un officier ministériel renferme, entre autres apports, celui de l'office dont le futur époux est investi, avec le cautionnement, les recouvrements et les espèces en caisse. On mentionne si cet apport est grevé de dettes.

5582. Propriété de l'office. — L'office étant personnel au mari, il en découle que

par le décès de l'un des époux, si les futurs époux ou l'un d'eux cultivent une ferme tenue à location ou des terres détachées, aussi tenues à location, le survivant des époux aura le droit de conserver pour son compte personnel le droit au bail, ensemble le mobilier de ferme, les instruments aratoires, chevaux, bestiaux, grains, fruits et fourrages coupés ou pendants par branches ou par racines, et autres accessoires en dépendant; à la charge : 1° de prendre le tout d'après la prisée de l'inventaire qui sera fait alors, ou d'après l'estimation de deux experts choisis à l'amiable ou désignés, sur simple requête de la partie la plus diligente, par M. le président du tribunal de première instance du domicile des époux, lesquels experts, en cas de désaccord, pourront s'adjoindre un troisième qui prononcera définitivement; 2° d'acquitter les fermages à courir et d'exécuter toutes les charges et conditions du bail, de manière que les héritiers de l'époux prédécédé ne soient aucunement inquiétés ni recherchés.

A cet égard, il est expressément convenu : 1° que le survivant n'aura rien à payer pour le droit au bail, qui lui appartiendra exclusivement à titre de convention de mariage ; 2° que les récoltes non encore coupées seront comprises dans l'estimation pour les frais de labours, engrais et ensemencements, auxquels on ajoutera le prorata du fermage représentatif de cette récolte, couru du jour de la prise de possession annuelle à celui de la dissolution du mariage.

Le survivant imputera la valeur du tout sur les sommes qui lui reviendront, etc. (*Le surplus comme au 2e alinéa de la formule 1246, art. 8.*)

Le survivant sera tenu de déclarer, dans les quarante jours qui suivront la clôture de l'inventaire, s'il entend user des droits qui viennent de lui être réservés, à peine de déchéance.

La future épouse survivante aura le droit d'exercer cette faculté, même en renonçant à la communauté.

ART. 8. — *Donation entre époux.*

En considération du mariage, etc. (*Voir les formules 1223 à 1241.*)

Telles sont les conventions, etc. (*Pour le surplus voir la formule 1242.*)

FORMULE 1248. — **Communauté d'acquêts.** — **Officier ministériel** (N°s 5581 et 5582).

Par devant M^e.....,

    Ont comparu :

M. Didier (Claude-Honoré), notaire à la résidence de....., où il demeure,

Fils majeur de M....., etc.

    Stipulant en son nom personnel,   *D'une part;*

M. et Mme Didier, père et mère, ci-dessus prénommés, qualifiés et domiciliés, la femme de son mari autorisée,

    Stipulant tant pour donner leur agrément au mariage de leur fils, qu'à cause de la dot qu'ils lui constitueront ci-après,   *Aussi d'une part;*

Et Mlle Dubord (Laure-Eugénie), sans profession, demeurant à....., chez M....., son aïeul,

Fille majeure de M. Jean-Eloi Dubord et Mme Ernestine-Félicité Morel, tous deux décédés,

    Stipulant en son nom personnel,   *D'autre part;*

Lesquels ont arrêté ainsi qu'il suit, etc. (*Voir formule 1242.*)

ART. 1er. — *Régime.*

Les futurs époux adoptent le régime, etc. (*Voir formule 1245, art. 1er.*)

ART. 2. — *Apports du futur.*

Le futur époux apporte en mariage :

1° Les vêtements, linge et bijoux à son usage personnel, meubles meublants, vaisselle, argen-

dans le contrat de mariage on doit lui réserver propre l'office qu'il apporte en mariage, ainsi que tout autre qu'il viendrait à obtenir ou dont il deviendrait cessionnaire pendant le mariage, sauf récompense à la communauté pour les sommes payées en son acquit.

§ 5. *Clause de réalisation. — Mise en communauté.*

5583. Origine. — La clause de réalisation, usitée dans la coutume de Paris et dans les pays de communauté où la communauté d'acquêts était inconnue, rétablissait l'égalité entre les futurs conjoints quand les apports de l'un étaient mobiliers et ceux de l'autre immobiliers. Maintenue, pendant quelque temps, sous le code, dans les pays d'où elle tirait son origine, elle s'est jointe ensuite à la communauté d'acquêts, afin de caractériser mieux le droit à la reprise des apports. C'est en ce sens qu'aujourd'hui, sauf de rares exceptions, elle est encore appliquée.

5584. Stipulation. — Les époux, en usant de cette clause [FORM. 1249], peuvent exclure de la communauté tout leur mobilier présent et futur (C. civ., 1500), ou tout leur mobilier présent, ou celui à venir, ou une quotité de l'un ou de l'autre, ou une somme

---

terie, linge de ménage et autres objets garnissant son habitation, son étude et son cabinet, le tout d'une valeur de.....;

2º L'office de notaire à la résidence de....., etc. (*Voir formule* 1178.)

ART. 3. — *Donation au futur par ses père et mère.*

En considération du mariage, M. et Mᵐᵉ DIDIER donnent et constituent en dot, etc. (*Voir les formules* 1186 *et suiv.*)

ART. 4. — *Apports de la future épouse.*

La future épouse apporte en mariage et se constitue personnellement en dot, comme provenant tant de ses économies que des successions de ses père et mère dont elle est unique héritière :

1º Un trousseau se composant de....., etc. (*Voir formule* 1164.)

2º Une somme de trente mille francs en numéraire, déposée dans la maison de banque de M.....

3º Cinq mille francs de rente trois pour cent, etc. (*Voir formule* 1169.)

4º Deux cents obligations trois pour cent de la Compagnie de l'Ouest, etc. (*Voir même formule.*)

5º Une ferme située à....., etc. (*Voir formule* 1180.)

6º Et la somme de six mille deux cents francs, montant d'après compte arrêté entre les parties des proratas d'arrérages, intérêts et fermages des biens apportés par la future, jusqu'au jour présumé du mariage.

Duquel apport, franc et quitte de toutes dettes, le futur époux consent à demeurer chargé par le fait seul de la célébration du mariage.

ART. 5. — *Préciput.*

ART. 6. — *Remploi.*

Si le mariage a lieu sous le régime dotal, voir la formule 1256.

ART. 7. — *Reprises d'apports.*

Voir, pour ces trois articles, la formule 1245, *art.* 5, 6 *et* 7.

ART. 8. — *Donations entre époux.*

Voir les formules 1223 *à* 1241.

Telles sont les conventions, etc. (*Voir pour le surplus la formule* 1242.)

FORMULE 1249. — Communauté; avec clause de réalisation et mise en communauté (Nᵒˢ 5583 à 5593).

PAR DEVANT Mᵉ......,
  ONT COMPARU :
M....., etc. (*Voir la formule* 1242.)
Lesquels ont arrêté de la manière suivante, etc. (*Voir la même formule.*)

fixe, ou des objets déterminés. La clause, qui n'est pas soumise à une formule sacramentelle, mais peut, au contraire, résulter d'équipollents (1), étant une dérogation au droit commun, est interprétée dans un sens restrictif de la communauté légale ; c'est ainsi qu'elle peut être inégale entre les époux et même n'être stipulée que par l'un d'eux (2) ; et que, si l'exclusion est du mobilier sans autre explication, elle ne comprend que le mobilier présent (3).

5585. Dettes. — Lorsque la réalisation est de l'universalité, elle entraîne de plein droit l'exclusion des dettes ; si elle est d'une quote-part, l'exclusion est proportionnelle (4) ; si la réalisation ne porte que sur une somme ou des objets déterminés, la communauté reste chargée des dettes (5).

5586. Actif et passif. — Lorsque tout le mobilier présent et à venir est exclu de la communauté, la communauté se compose activement et passivement comme en matière de communauté d'acquêts.

5587. Mise en communauté. — La réalisation résulte aussi de la clause portant que les époux mettront réciproquement du mobilier dans la communauté jusqu'à con-

ART. 1er. — *Régime.*

Les futurs époux adoptent le régime de la communauté, tel que l'établit le Code civil, sauf les modifications résultant des articles ci-après.

ART. 2. — *Séparation des dettes.*

Voir la formule 1244, art. 6.

ART. 3. — *Apports du futur.*

Voir la formule 1242, art. 2.

ART. 4. — *Apports de la future.*

Voir même formule, art. 3 et 4.

ART. 5. — *Clause de réalisation* (No 5584).

I. *Réalisation du mobilier présent et à venir.*

Les futurs époux se réservent propres et excluent de la communauté, tant leurs apports en mariage ci-dessus constatés et les objets dont il vient de leur être fait donation, que les biens meubles et immeubles dont ils deviendront respectivement propriétaires pendant le mariage par successions, donations, legs ou autrement.

II. *Réalisation du mobilier présent,* — ou *du mobilier à venir.*

Les futurs époux se réservent propre et excluent de la communauté le mobilier dont ils deviendront respectivement propriétaires pendant le mariage, par successions, donations, legs ou autrement ; — *ou bien :* leur mobilier présent.

ART. 6. — *Mise en communauté* (Nos 5587 à 5591).

I. *Mises égales.*

Les futurs époux mettent de part et d'autre en communauté une somme de....., pour former un fonds commun de.....; en conséquence, ils se réservent propres et excluent de la communauté le surplus de leurs apports et des objets dont il vient de leur être fait donation, ainsi que les biens meubles et immeubles dont ils deviendront respectivement propriétaires pendant le mariage par successions, donations, legs ou autrement.

---

(1) Troplong, 1920 ; Rodière et Pont, 1306 ; Laurent, XXIII, 204 ; Guillouard, 1513 ; Metz, 8 juill. 1863 ; Cass., 6 déc. 1842, 25 juin 1883 ; Rép. Defrénois, 1750.

(2) Troplong, 1933 ; Toullier, XIII, 298 ; Duranton, XV, 26 ; Rodière et Pont, 1296 ; Massé et Vergé, § 656-5 ; Laurent, XXIII, 304 ; Gnillouard, 1512.

(3) Troplong, 1926 ; Duranton, XV, 28 ; Marcadé, 1500-4 ; Rodière et Pont, 1306 ; Guillouard, 1520 ; Laurent, XXIII, 206.

(4) Toullier, XIII, 324, 325 ; Duranton, XV, 50 ; Massé et Vergé, § 656-14 ; Rodière et Pont, 1303 ; Guillouard, 1521 ; Aubry et Rau, § 522-22 ; Laurent, XXIII, 214 ; Marcadé, 1500-3. CONTRA : Troplong, 1939.

(5) Marcadé, 1500-3 ; Troplong, 1939 ; Rodière et Pont, 1303 ; Laurent, XXIII, 217 ; Guillouard, 1523.

currence d'une somme ou d'une valeur déterminée, par exemple : telle somme ou telle partie du mobilier ; ils sont, par cela seul, censés se réserver, ou tacitement réaliser, tout le surplus (C. civ., 1500) de leur mobilier présent et tout leur mobilier futur (1).

5588. Versement de la mise. — La clause de mise en communauté rend l'époux débiteur envers la communauté de la somme qu'il a promis d'y mettre et l'oblige à justifier de cet apport (C. civ., 1501). L'apport est suffisamment justifié, quant au mari, par la déclaration portée au contrat de mariage que son mobilier est de telle valeur (2). Il est suffisamment justifié, à l'égard de la femme, par la quittance que le mari lui donne ou à ceux qui l'ont dotée (C. civ., 1502), ou par la stipulation du contrat que la célébration du mariage en vaudra quittance (3).

5589. Moyens de preuve. — En dehors de ces justifications, la réalité d'un apport promis peut être établie par tous les moyens de preuve de droit commun (4), mais non par la commune renommée (5) ; elle ne résulterait pas, en ce qui concerne la femme, du fait prévu par l'art. 1569 que le mariage a duré dix ans sans réclamation du mari (6).

5590. Défaut de justification. — Si la mise en communauté n'est point justifiée, la somme promise est à prendre sur les biens meubles qui peuvent échoir pendant le mariage à celui des époux qui l'a promise (7).

5591. Reprise. — Chaque époux a le droit de reprendre et de prélever, lors de la dissolution de la communauté, la valeur de ce dont le mobilier qu'il a apporté lors du mariage, ou qui lui est échu depuis, excédait sa mise en communauté (C. civ., 1503).

5592. Inventaire. — Le mobilier qui échoit à chacun des époux pendant le mariage doit être constaté par un inventaire. A défaut d'inventaire du mobilier échu au mari, ou d'un titre propre à justifier de sa consistance et valeur, déduction faite des dettes, le mari, sauf convention contraire, ne peut en exercer la reprise (8). Si le défaut d'inventaire porte sur un mobilier échu à la femme, celle-ci ou ses héritiers sont admis à

II. *Mises inégales.*

Les futurs époux mettent en communauté : le futur époux deux mille francs, et la future épouse mille francs, pour former un fonds commun de trois mille francs ; en conséquence, ils, etc. *(Le surplus comme au n° 1er ci-dessus.)*

III. *Mise en communauté avec ameublissement.*

Les futurs époux mettent de part et d'autre en communauté une somme de....., pour former un fonds commun de..... ; à l'effet de quoi ils déclarent faire entrer en communauté et ameublir, chacun jusqu'à concurrence de cette somme de....., savoir :

Le futur époux, une pièce de terre....., etc.

Et la future épouse, un verger....., etc.

En conséquence, ils se réservent propres et excluent de la communauté, etc. *(Le surplus comme au n° 1er.)*

Art. 7. — *Préciput.*

Art. 8. — *Remplois.*

Voir pour ces deux articles la formule 1245, *art.* 5 *et* 6.

Art. 9. — *Reprise d'apports.*

La future épouse ou ses héritiers et représentants, en renonçant à la communauté lors de sa

---

(1) Toullier, XIII, 312 ; Duranton, XV, 35 ; Rodière et Pont, 1312 ; Massé et Vergé, § 656-8 ; Laurent, XXIII, 225 ; Guillouard, 1535 ; Cass., 25 juill. 1852. Contra : Troplong, 1953.

(2) Voir cep. Guillouard, 1537 ; Duranton, XV, 44 ; Rodière et Pont, 1323 ; Aubry et Rau, § 523-23 ; Cass., 8 mars 1852.

(3) Troplong, 1957 ; Marcadé, 1502-2 ; Guillouard, 1538 ; Laurent, XXIII, 244 ; Caen, 3 mai 1845 ; Cass., 19 janv. 1836, 22 fév. 1860 ; Dijon, 7 mai 1862.

(4) Marcadé, 1503-2 ; Troplong, 1963.

(5) Caen, 23 juin 1841. Voir Bordeaux, 26 janv. 1874.

(6) Duranton, XV, 47 ; Troplong, 1968 ; Rodière et Pont, 1322 ; Aubry et Rau, § 523-26 ; Guillouard, 1539.

(7) Troplong, 1963 ; Rodière et Pont, 1335 ; Marcadé, 1502-2 ; Toullier, XIII, 311, 312.

(8) Voir Orléans, 24 fév. 1860.

faire preuve, soit par titres, soit par témoins, soit même par commune renommée, de la valeur de ce mobilier (C. civ., 1504), et même de sa consistance réelle en présence d'un inventaire inexact (1) ; mais non s'il s'agit d'un don manuel (2).

5593. Liquidation. — Dans la deuxième partie du présent titre, nous indiquerons la consistance de la communauté, en présence d'une clause de réalisation, les propres des époux, leurs reprises en nature et en deniers, et le mode de procéder à la liquidation.

SECTION III. — **Des conventions qui modifient le partage légal par moitié.**

5594. Partage par moitié. — A la dissolution de la communauté, les biens qui la composent se partagent par moitié entre les époux ou leur héritiers et représentants (C. civ., 1467).

5595. Exceptions. — Il est loisible aux futurs conjoints, dans leur contrat de mariage, de modifier ce partage légal ainsi qu'il leur convient. Les principales conventions sur ce point, que la loi a prévues, vont être rapportées.

5596. I. Préciput. — Le préciput déroge au partage égal, en ce qu'il procure au survivant ou à l'un des époux un prélèvement sur la masse avant tout partage, *supra* n⁰ˢ 5549 à 5555.

5597. II. Reprise d'apports. — La faculté, sous le régime de la communauté légale, stipulée en faveur de la femme, qui lui permet, en renonçant à la communauté, de reprendre ses apports mobiliers francs et quittes de toutes dettes, *supra* n⁰ˢ 5556 à 5561, déroge aussi au partage égal.

5598. III. Parts inégales. — Les époux dérogent formellement au partage égal, en donnant, soit à l'un des époux ou à ses héritiers, soit à l'époux survivant ou aux héritiers du prémourant, une part de communauté supérieure ou moindre que la moitié, ou seulement une part des biens meubles ou des biens immeubles (3), soit en ne leur donnant

---

dissolution, reprendront les apports en mariage de la future épouse ci-dessus constatés, même sa mise en communauté; ensemble tous les biens, etc. (*Voir pour le surplus la formule* 1244, *art.* 6.)

Si la réalisation est de tous les biens meubles présents et à venir, on peut insérer la clause rapportée formule 1245, *art.* 7.

ART. 10. — *Donation entre époux.*

En considération du mariage, etc. (*Voir les formules* 1223 à 1241.)

Telles sont les conventions, etc. (*Pour le surplus, voir la formule* 1242.)

FORMULE 1250. — **Partage inégal de communauté. — Forfait. — Attribution de communauté** (N⁰ˢ 5594 à 5610).

Les clauses ci-après s'adaptent à n'importe quel régime.

ART..... — *Partage inégal de communauté* (N⁰ˢ 5598 à 5601).

Lors de la dissolution de la communauté par suite du décès de l'un des époux, le survivant, qu'il y ait ou non des enfants du mariage, sera propriétaire de la moitié des bénéfices de communauté et usufruitier de l'autre moitié, dont la nue propriété appartiendra aux héritiers du premier mourant.

Le conjoint survivant jouira des biens soumis à son usufruit, pendant sa vie, à partir du décès du premier mourant, aux charges et obligations de droit, notamment de faire inventaire, mais sans être tenu de fournir caution, de faire emploi des valeurs mobilières, ni de faire établir un état des immeubles.

Cet usufruit s'éteindrait si le survivant venait à contracter un second mariage, et à partir du jour de sa célébration.

---

(1) Cass., 28 nov. 1866, 20 juin 1883; Rép. Defrénois, 2864.   (3) Guillouard, 1624; Cass., 16 avril 1833; Douai, 17 juin
(2) Bordeaux, 26 janv. 1874.   1847, 7 fév. 1850.

qu'une somme fixe pour tout droit de communauté, soit en stipulant que la communauté entière, en certains cas, appartiendra à l'époux survivant ou à l'un d'eux seulement (C. civ., 1520), ou que les biens meubles appartiendront à l'un et les biens immeubles à l'autre (1), ou que le survivant aura une portion en pleine propriété et une portion en usufruit [Form. 1250], par exemple une moitié en propriété et l'autre moitié en usufruit, ou que le survivant aura l'usufruit de la totalité de la communauté et les héritiers la nue propriété, ce qu'il est nécessaire de mentionner, car, si la clause portait que le survivant aura l'usufruit de la totalité de la communauté ou la toute propriété des meubles et l'usufruit des immeubles sans préciser à qui appartiendra la nue propriété, on pourrait prétendre qu'elle attribue la nue propriété aux héritiers du prémourant (2). Nous sommes d'avis que la nue propriété, en un tel cas, demeure dans le droit commun pour être partagé par moitié entre le survivant et les héritiers du prédécédé (3).

5599. Dissolution de communauté. — L'attribution de parts stipulée en faveur du survivant, ou contre lui, ne produit son effet qu'en cas de dissolution de la communauté par le décès de l'un des époux ; si elle est dissoute par le divorce ou par la séparation de corps ou de biens, le partage, nonobstant la clause, a lieu provisoirement par moitié (4). Il est utile de stipuler que le partage inégal n'aura lieu qu'en cas de dissolution de la communauté par le décès de l'un des époux.

5600. Contribution aux dettes. — Lorsqu'il a été stipulé que l'un des époux ou les héritiers de l'un d'eux n'auront qu'une certaine part dans la communauté, comme le tiers ou le quart, l'époux ainsi réduit ou les héritiers ne supportent les dettes de la communauté que proportionnellement à la part qu'ils prennent dans l'actif (C. civ., 1521) ; ainsi, le survivant qui prend moitié en pleine propriété et moitié en usufruit, supporte une moitié des dettes et l'intérêt de l'autre moitié (5).

5601. Nullité. — La convention, c'est-à-dire l'attribution de parts inégales, est nulle si elle oblige l'époux ou les héritiers réduits à supporter une plus forte part, ou si elle

---

Si la dissolution de la communauté provenait d'événements autres que le décès de l'un des époux, les bénéfices seraient partagés par moitié entre les époux, conformément à l'article 1471 du Code civil.

S'il s'agit de parts inégales en propriété :

Les futurs époux, par dérogation au partage égal de la communauté établi par la loi, conviennent, pour le cas de dissolution de la communauté par le décès de l'un des époux, que le partage des biens de la communauté aura lieu de la manière suivante :

L'époux survivant aura droit à trois quarts en pleine propriété des bénéfices de communauté, et les héritiers de l'époux prédécédé au quart de surplus ; les dettes de la communauté seront supportées dans les mêmes proportions.

Ou bien encore : L'époux survivant aura droit à un quart seulement des bénéfices de communauté, et les héritiers de l'époux prédécédé aux trois quarts de surplus ; les dettes, etc.

Si la dissolution de la communauté provient d'événements autres que le décès. etc. *(Comme dessus.)*

Autre clause.

Si, lors du décès du premier mourant des époux, il existe des enfants ou autres descendants du mariage, le partage de la communauté aura lieu par égales portions ; mais en cas de non existence d'enfant ou autres descendants, le partage des bénéfices de la communauté, pour le cas de dissolution par le décès de l'un des époux, se fera de la manière suivante :

L'époux survivant aura droit, etc. *(Le surplus comme en la formule qui précède.)*

---

(1) Troplong, 2143 ; Aubry et Rau, § 530-1 ; Massé et Vergé, § 663-3 ; Cass., 16 avril 1833, 20 janv. 1875 ; Douai, 7 fév. 1850.
(2) Valenciennes, 9 mai 1888 ; Rép. Defrénois, 4562.
(3) Douai, 12 nov. 1886 ; Rép. Defrénois, 3601.
(4) Troplong, 2167, 2183 ; Rodière et Pont, 1588 ; Massé et Vergé, § 663-20 ; Aubry et Rau, § 530-5 ; Laurent, XXIII, 366 ; Guillouard, 1632 ; Cass., 1er juin 1853 ; Bordeaux, 11 nov. 1890 ; Rép. Defrénois, 6375.
(5) Voir Rodière et Pont, 1606 ; Guillouard, 1631 ; Troplong, 2810 ; Agen, 1er juin 1838 ; Douai, 7 fév. 1850 ; Amiens, 23 janv. 1851 ; Cass., 1er août 1855, 20 janv. 1875.

dispense les époux ou leurs héritiers de supporter une part dans les dettes égale à celle qu'ils prennent dans l'actif (C. civ., 1521), et le partage a lieu par moitié (1).

5602. IV. **Forfait de communauté.** — Lorsqu'il est stipulé que l'un des époux ou les héritiers de l'un d'eux ne pourront prétendre qu'une certaine somme pour tout droit de communauté [Form. 1250), la clause est un forfait qui oblige l'autre époux ou ses héritiers à payer la somme convenue, que la communauté soit bonne ou mauvaise, suffisante ou non pour acquitter la somme (C. civ., 1522).

5603. Modalités. — Cette clause peut être stipulée purement et simplement, ou sous une condition, par exemple s'il y a ou s'il n'y a pas d'enfants du mariage, ou de toute autre manière (2).

5604. Héritiers. — Si la clause n'établit le forfait qu'à l'égard des héritiers de l'un des époux, celui-ci, dans le cas où il survit, a droit au partage légal par moitié (C. civ., 1523).

5605. Acquit des dettes. — Le mari ou ses héritiers qui retiennent, en vertu de la stipulation du contrat de mariage, la totalité de la communauté, sont obligés d'en acquitter toutes les dettes. Les créanciers n'ont, en ce cas, aucune action contre la femme ni contre ses héritiers (C. civ., 1524), à moins que la femme ne se soit obligée ou que les dettes ne proviennent d'elle ; alors elle y est tenue, mais sauf son recours contre son mari (3).

5606. Femme survivante. — Si c'est la femme survivante qui a, moyennant une somme convenue, le droit de retenir toute la communauté contre les héritiers du mari, elle a le choix, ou de leur payer cette somme en demeurant obligée à toutes les dettes, quand même elles excéderaient l'actif de la communauté (4), ou de renoncer à la communauté, ou d'en abandonner aux héritiers du mari les biens et les charges (C. civ., 1524).

5607. Hypothèque légale. — Le forfait en faveur de la femme étant une convention du mariage, elle a hypothèque légale contre son mari du jour du mariage, pour le montant du forfait (5).

5608. V. **Attribution de communauté.** — Il est permis aux époux de stipuler

---

Ou : Art..... — *Forfait de communauté* (Nos 5602 à 5607).

Comme convention du mariage, l'actif de la communauté, au cas de dissolution par le décès de l'un des époux, appartiendra en totalité au futur époux ou ses héritiers — *ou :* à la future épouse ou ses héritiers, — à la charge de payer, à titre de forfait, à la future épouse ou ses héritiers et représentants — *ou :* au futur époux ou ses héritiers et représentants, — une somme de....., dans le délai de six mois à partir du jour de la dissolution de la communauté, sans intérêt.

Si la dissolution de la communauté provenait, etc. *(Comme dessus.)*

Si le forfait est en faveur des héritiers du prémourant : Comme convention du mariage, l'actif de la communauté, au cas de dissolution par le décès de l'un des époux, appartiendra en totalité au survivant des futurs époux, à la charge de payer, à titre de forfait aux héritiers et représentants du prédécédé, etc. *(Le surplus comme en la formule qui précède.)*

Ou bien : Comme convention du mariage, si, lors de la dissolution arrivée par le décès de l'un des époux, il n'existe point d'enfants issus du mariage ou descendants d'eux, la communauté appartiendra en totalité au survivant, etc.

Ou : Si la dissolution de la communauté provenait, etc. *(Voir ci-dessus.)*

Ou : Art..... — *Attribution de communauté* (Nos 5608 à 5610).

1. *Au survivant.*

Comme convention du mariage, l'actif de la communauté, en cas de dissolution par le décès

---

(1) Troplong, 2150 ; Rodière et Pont, 1585 ; Massé et Vergé, § 663-8 ; Aubry et Rau, § 530-5 ; Guillouard, 1630 ; Laurent, XXIII, 365. CONTRA : Duranton, XV, 206.
(2) Troplong, 2145 ; Rodière et Pont, 1580 ; Aubry et Rau, § 560-3 ; Guillouard, 1629, 1633.
(3) Troplong, 2159 ; Duranton, XV, 209 ; Marcadé, 1522-2 ; Ro-

dière et Pont, 1595 ; Laurent, XXIII, 370 ; Guillouard, 1634.
(4) Troplong, 2166 ; Rodière et Pont, 1598 ; Massé et Vergé, § 663-13 ; Marcadé, 1521-2 ; Laurent, XXIII, 372 ; Guillouard, 1636. Voir Paris, 4 fév. 1875. CONTRA : Aubry et Rau, § 530-9.
(5) Troplong, 2162 ; Rodière et Pont, 1593 ; Cass., 17 janv. 1854.

purement et simplement ou sous condition, que la totalité de la communauté appartiendra au survivant ou à l'un des époux seulement [FORM. 1250], sauf à l'autre époux ou à ses héritiers à faire la reprise, par voie de prélèvement (1), des apports et capitaux tombés de son chef dans la communauté (2) (C. civ., 1525), qu'ils aient été ou non réservés propres (3).

5608 bis. **Convention de mariage.** — Cette stipulation n'est point réputée un avantage sujet aux règles relatives aux donations, soit quant au fonds, soit quant à la forme, mais simplement une convention de mariage et entre associés (C. civ., 1525). Cependant si l'époux prédécédé a des enfants d'un précédent mariage, l'avantage qu'elle procure est réduit à la quotité disponible (4).

5609. Libéralité. — On peut même stipuler que le survivant prendra toute la communauté, y compris les apports et capitaux qui y sont entrés du chef du prémourant (5); mais ce qui provient de celui-ci constitue une libéralité imputable sur la quotité disponible (6), à moins que l'attribution soit, sans fraude, d'une communauté universelle (7).

5610. Divorce ou séparation. — En cas de dissolution de la communauté par le divorce ou la séparation de corps l'attribution de communauté demeure quant à présent sans effet et le partage a lieu provisoirement par moitié sans aucun prélèvement des reprises, les héritiers seuls y ayant droit (8); la difficulté serait évitée si l'on stipulait l'attribution pour le cas seulement de dissolution de la communauté par le décès de l'un des époux, *supra* n° 5599.

---

de l'un des époux, appartiendra en totalité au survivant des futurs époux, sans exception, à la charge par lui, comme de droit, de payer toutes les dettes de la communauté.

En conséquence, les héritiers du prémourant, après la reprise des biens meubles entrés dans la communauté du chef de celui-ci, n'auront aucun droit dans les autres biens de la communauté.

Ou bien : Comme convention du mariage, si, lors de la dissolution de la communauté, arrivée par le décès de l'un des époux, il n'existe point d'enfants issus du mariage, ni descendants d'eux, l'actif de la communauté appartiendra, etc. *(Le surplus comme dessus.)*

Si la dissolution de la communauté provenait, etc. *(Comme dessus.)*

II. L'un des époux.

Comme convention du mariage, l'actif de la communauté, en cas de dissolution par le décès de l'un des époux, appartiendra en totalité au futur époux (*ou :* à la future), sans exception, à la charge, etc. *(Le surplus comme au n° 1er.)*

FORMULE 1251. — **Communauté avec clause de remploi obligatoire des prix de vente de la femme** (Nos 5611 à 5613).

PAR DEVANT Me....,
    ONT COMPARU : 1°....., etc.

ART. 1er. — Régime.

Les futurs époux adoptent le régime de la communauté, sauf les modifications résultant des articles ci-après, spécialement de la clause d'emploi prescrite au mari par l'art.....

---

(1) Defrénois, *Liquid.*, 3400; Douai, 14 mai 1873; Bordeaux, 5 mai 1887. CONTRA : Bordeaux, 29 août 1877; Rép. Defrénois, 3691.

. (2) Troplong, 2182; Rodière et Pont, 1610; Guillouard, 1638; Douai, 9 mai 1849. Voir Soissons, 3 juill. 1867.

(3) Rodière et Pont, 1609; Troplong, 2174; Marcadé, 1525-2; Aubry et Rau, § 530-12; Laurent, XXIII, 374; Guillouard, 1640; Douai, 9 mars 1849; Cass., 24 mars 1859; Bruxelles, 23 déc. 1881; Rép. Defrénois, 645. Voir cep. Toullier, XII, 422; Roll. de Vill., *Communauté*, 594, 597.

(4) Toullier, V, 900; Duranton, XV, 244; Rodière et Pont., 1613; Laurent, XXIII, 380; Laurent, XXIII, 374; Guillouard, 1625; Douai, 7 février 1850; Cass., 13 juin 1855, 3 décembre 1861, 20 avril 1880; Pau, 3 juin 1871; Paris, 26 juin 1880.

(5) Rodière et Pont, 1609; Marcadé, 1525-4; Aubry et Rau, § 530-11; Massé et Vergé, § 663-21; Guillouard, 1626.

(6) Marcadé, 1525-4; Rodière et Pont, 1608; Aubry et Rau, § 530-17; Guillouard, 1626, 1639; Laurent, XXIII, 382; Cass., 15 janv. 1872, 9 août 1881; Rép. Defrénois, 512. CONTRA : Troplong, 2181; Béthune, 22 mai 1885; Rép. Defrénois, 2578.

(7) Douai, 20 déc. 1878.

(8) Duranton, XV, 215; Rodière et Pont, 1611; Aubry et Rau, § 530-13; Laurent, XXIII, 378; Guillouard, 1644; Cass., 1er juin 1853; Bordeaux, 11 nov. 1890; Rép. Defrénois, 6375.

SECTION IV. — **Des clauses de remploi des biens de la femme mariée en communauté.**

5611. Non obligatoire. — Nous avons déjà dit, *supra* n° 5571, que le remploi des biens de la femme aliénés pendant le mariage n'était obligatoire ni entre époux ni à l'égard des tiers.

5612. Exceptions. — Mais la règle à ce sujet n'est pas inflexible et, par le contrat de mariage, il peut être stipulé, en adoptant le régime de la communauté, que le remploi des biens immeubles de la femme aliénés pendant le mariage sera obligatoire, soit vis à vis du mari, soit à l'égard des tiers acquéreurs; comme aussi il est loisible aux futurs époux de joindre au régime de la communauté une clause de dotalité.

5613. Mari. — Si une clause du contrat de mariage porte que le futur époux sera tenu de faire emploi, en immeubles, rentes sur l'Etat, placements hypothécaires ou actions et obligations de sociétés, de villes, etc., des prix des immeubles de la femme qui seraient aliénés pendant le mariage, l'obligation du remploi est imposée au mari envers sa femme ; celle-ci seule a le droit de l'y contraindre, et s'il s'y refuse elle est fondée à demander la séparation de biens (1); de même qu'une telle stipulation ne crée aucun obstacle à l'exécution des engagements de la femme sur ses immeubles. Le tiers acquéreur n'est nullement tenu de suivre le remploi et, à défaut, aucun recours n'est à exercer contre lui (2); cependant il est utile que la clause du contrat de mariage soit explicite à ce sujet [FORM. 1251].

5614. Tiers. — Mais si la clause du contrat de mariage ajoute que les tiers acquéreurs seront tenus de suivre et de surveiller le remploi ou qu'ils ne seront valablement

---

ART...... — *Remploi obligatoire; mari seul responsable.*

En cas d'aliénation d'immeubles personnels à la femme, par vente, licitation, échange ou autrement, le futur époux sera tenu de faire emploi des prix de vente ou de licitation et des soultes d'échange, en acquisitions, au nom de la future épouse et avec son acceptation, d'immeubles, rentes sur l'Etat, obligations de chemins de fer ayant un minimum d'intérêt garanti par l'Etat, ou d'actions de la Banque de France, ou en placements privilégiés ou hypothécaires sur des immeubles d'une valeur au moins double.

Les biens acquis le seront au nom de la future épouse, les titres des valeurs immatriculés en son nom et les placements inscrits aussi en son nom.

En cas de revente des biens acquis en remploi ou de remboursement des valeurs ou créances, le futur époux devra également en faire emploi ou remploi dans les termes ci-dessus et successivement.

Ces emplois et remplois sont imposés exclusivement au mari, contre lequel la femme aura les actions de droit pour l'y contraindre.

Quant aux tiers acquéreurs ou débiteurs, ils n'auront ni à les suivre ni à les surveiller, et ils ne seront aucunement responsables du défaut d'emploi; ils ne pourront donc, en se libérant, exiger aucune justification d'emploi ou de remploi.

Ou bien : ART..... — *Remploi obligatoire. — Tiers responsables* (N° 5614).

Malgré l'adoption du régime de la communauté et par dérogation aux règles de ce régime, il est expressément convenu que le domaine de....., dont la future épouse a fait ci-dessus l'apport en mariage, ne pourra être aliéné par vente ou échange, en totalité ou en partie, qu'à la condition de faire remploi des prix de ventes ou soultes d'échange, au profit de la future épouse et sous son acceptation, soit en acquisitions d'immeubles, rentes sur l'Etat, obligations de chemins de fer ayant un minimum d'intérêt garanti par l'Etat, ou actions de la Banque de France, soit en placements privilégiés ou hypothécaires, au premier rang, sur des immeubles d'une valeur plus que double.

Les biens et valeurs acquis en remploi ne seront aliénables qu'aux mêmes conditions d'emploi et de remploi, et successivement.

---

(1) Rodière et Pont, 695; Aubry et Rau, § 507-81; Colmet, VI, 79 bis-4; Laurent, XXI, 385; Guillouard, 501. CONTRA : Troplong, 1073; Angers, 18 mars 1878.

(2) Aubry et Rau, § 507-82; Rodière et Pont, 696; Colmet, VI, 79 bis-5; Laurent, XXI, 387; Guillouard, 503.

libérés de leurs prix qu'en les payant aux mains des vendeurs des immeubles acquis en remploi, on décide, dans ce cas, que les tiers acquéreurs sont responsables du défaut de remploi (1). Mais, cette obligation imposée aux tiers n'apporte aucune restriction au droit de la femme de s'obliger et d'hypothéquer ses biens, de sorte que ses engagements et les hypothèques qu'elle confère sont exécutoires sur ses immeubles, sans qu'elle soit fondée à invoquer la clause d'emploi pour échapper à l'expropriation forcée (2) ; en outre, malgré la clause d'emploi, elle peut faire cession de ses biens à ses créanciers (3). Tous les effets produits par la stipulation doivent être indiqués dans la clause, afin d'échapper à la controverse [Form. 1251]. La loi espagnole prohibant toute clause ayant pour objet de rendre inaliénables les biens de la femme, même à charge de remploi, une telle clause insérée en France, dans le contrat de mariage d'un espagnol, serait dépourvue d'effet (4).

5615. Clause de dotalité. — Le seul moyen, sous le régime de la communauté, de frapper certains biens de la femme de l'indisponibilité et de l'inaliénabilité résultant du régime dotal, est de les soumettre aux règles de ce régime par une constitution expresse de dotalité; alors ils ne sont aliénables que si le contrat de mariage le permet (5).

Les contrats d'acquisitions en remploi, les titres nominatifs des actions et obligations et les actes de prêt, devront faire mention de cette condition d'emploi et de remploi.

Les tiers acquéreurs et débiteurs devront, sous leur garantie personnelle, veiller à ce que ces emplois et remplois soient régulièrement effectués; en conséquence, ils devront les suivre et surveiller, mais sans être responsables de leur suffisance ou utilité.

Cette convention de remploi, bien qu'opposable aux tiers, n'équivaudra pas à une clause de dotalité et, en conséquence, ne devra recevoir aucune extension; par suite, la future épouse conservera le droit d'aliéner ledit domaine à titre gratuit, de l'hypothéquer et de contracter tous engagements exécutoires sur le domaine comme sur tous ses autres biens.

FORMULE 1252. — Communauté. — Dotalité partielle (N° 5615).

Par devant....., etc.

Art..... — Régime.

Les futurs époux adoptent le régime de la communauté, sauf les modifications résultant des articles ci-après, spécialement de la dotalité partielle stipulée par l'article.....

Art..... — Clause de dotalité.

Par dérogation partielle au régime de la communauté, les futurs époux déclarent soumettre aux règles du régime dotal le domaine de....., compris dans les apports en mariage de la future épouse; en conséquence, elle se constitue en dot ce domaine, qui aura le caractère de bien dotal et, à ce titre, sera indisponible et inaliénable.

Le futur époux aura, comme de droit, l'administration de ce domaine, dont les fruits et revenus entreront dans la communauté ci-dessus stipulée.

Nonobstant la dotalité, le domaine de..... pourra être aliéné par vente, échange ou de toute autre manière, par la future épouse sous l'autorisation de son mari, sans aucune des conditions ni des formalités prescrites par la loi; mais les prix des ventes ou les soultes d'échange devront être employés au profit de la future épouse, et sous son acceptation, soit en acquisitions d'immeubles, qui pourront être faites en vue d'aliénations projetées, ou même en acquisitions d'immeubles du mari ou de la communauté, qui lui seraient cédés en remploi; soit en rentes sur l'Etat, actions de la Banque de France ou obligations de chemins de fer ayant un minimum·d'intérêt garanti par l'Etat;

---

(1) Rodière ei Pont, 700; Colmet, VI, 79 bis-6; Laurent, XXI, 128; Guillouard, 506; Cass., 19 juill. 1865; Paris, 4 janv. 1870; Lyon, 4 janv. 1877; Cass., 3 fév. 1879; Caen, 25 fév. 1880; Toulouse, 10 déc. 1888; Paris, 8 janv. 1890; Rép. Defrénois, 3146, 4917, 5401. Contra : Troplong, 1076.

(2) Troplong, 1076 à 1085; Marcadé, 1407-3; Rodière et Pont, 1696; Aubry et Rau, § 533-10; Laurent, XXI, 128; Guillouard, 90; Cass., 29 déc. 1841, 23 août 1847, 13 fév. 1850, 1er mars 1859; St-Amand, 12 août 1887; Rép. Defrénois, 3146, 3859.

(3) Lyon, 14 janv. 1868; Cass., 19 janv. 1869, 7 avril 1879; Rép. Defrénois, 3146.

(4) Seine, 20 août 1884; Rép. Defrénois, 2633.

(5) Troplong, 80, 81, 1083; Marcadé, 1497-3; Aubry et Rau, § 533-7; Rodière et Pont, 1644; Guillouard, 89; Laurent, XXIII, 457; Colmet, VI, 79 bis-6; Cass., 24 août 1836, 15 mars 1853, 21 janv. 1856, 3 fév. 1879. Voir aussi Paris, 17 juin 1884; Cass., 13 mai 1885; Rép. Defrénois, 2246, 3146.

La stipulation à ce sujet doit être expresse [Form. 1252]; cependant elle peut résulter d'équipollents; il en serait ainsi de la clause par laquelle la femme déclarerait que ses immeubles ne pourront être aliénés ni hypothéqués et que, pour assurer tout son effet à la clause, elle se constitue tous ses immeubles en dot (1); ou, encore, de la condition d'emploi ou de remploi de certains biens, avec stipulation que la femme ne pourrait contracter aucun engagement qui fût de nature à aliéner la dot à elle constituée (2).

SECTION V. — Des conventions exclusives de la communauté.

5616. Généralité. — Lorsque, sans se soumettre au régime dotal, les époux déclarent qu'ils se marient sans communauté, ou qu'ils seront séparés de biens, les effets de cette stipulation sont réglés comme il suit (C. civ., 1529).

§ 1. *Non communauté.*

5617. Règles. — C'est par les règles du régime de la communauté et non pas celles du régime dotal que ce paragraphe doit être expliqué et complété (3).

soit en placements sur particuliers, par privilège ou hypothèque, même sur des propriétés propres au futur ou dépendant de la communauté, à l'effet de payer par subrogation les privilèges qui pourraient les grever.

Les immeubles acquis par anticipation à titre de remploi et ceux de la communauté qui seraient cédés en remploi par le futur époux, passeront entre les mains de la future épouse, affranchis de plein droit de son hypothèque légale, et sans qu'il soit besoin de remplir à cet effet aucune formalité pour la purge de cette hypothèque.

Les biens immeubles ou valeurs provenant d'emplois ou remplois et ceux reçus en échange pourront être aliénés de la même manière que les biens primitifs et sous les mêmes conditions de remploi; il en sera ainsi des nouveaux biens et valeurs, et successivement.

Pour la validité de ces emplois et remplois, ils devront être acceptés par la future épouse, et il sera fait mention expresse de l'obligation de remploi dans les contrats d'acquisitions d'immeubles, sur les titres de rentes, actions et autres valeurs indiquées plus haut, et dans les actes de placements hypothécaires.

Les tiers débiteurs ne seront tenus que de veiller à ce que les emplois ou remplois soient effectués; mais ils ne seront en aucun cas garants de l'utilité, de la validité et de la suffisance de ces emplois et remplois.

Si les remplois n'avaient pas été effectués pendant le mariage, les aliénations seraient néanmoins valables, mais sous la condition que les tiers détenteurs des biens dotaux non remplacés en verseront le prix entre les mains de la future épouse ou de ses héritiers.

Les frais des actes qui seront faits pour arriver aux emplois et remplois et de ceux qui les constateront, seront prélevés sur les sommes à employer et remployer.

Le domaine de....., malgré la dotalité ci-dessus stipulée, pourra être compris dans le partage anticipé que la future ferait de ses biens entre les enfants qui naîtront du mariage en projet ou leurs descendants.

FORMULE 1253. — Non communauté (N°ˢ 5617 à 5626).

Par devant M°.....,
    Ont comparu :
M..... *(Comparutions comme en la formule* 1223.)
Lesquels ont arrêté ainsi qu'il suit, etc. *(Même formule.)*

Art. 1er. — *Régime* (Nos 5617 à 5620).

Les futurs époux déclarent se marier sans communauté, conformément aux dispositions des art. 1530 et suivants du Code civil.

---

(1) Cass., 15 mars 1853; Rép. Defrénois, 3146.
(2) Cass., 3 fév. 1879; *Ibid*.
(3) Pothier, 466; Duranton, XV, 278; Troplong, 2234; Massé et Vergé, § 664-2; Aubry et Rau, § 490-2; Colmet, VI, 205 bis; Guillouard, 1655; Laurent, XXIII, 413. Voir cep. Rodière et Pont, 2069.

5618. Mari; fruits. — La clause portant que les époux se marient sans communauté [Form. 1253] ne donne point à la femme le droit d'administrer ses biens ni d'en percevoir les fruits; ces fruits sont censés apportés au mari pour soutenir les charges du mariage (C. civ., 1530).

5619. Administration. — Le mari a l'administration des biens meubles et immeubles de la femme et, par suite, le droit de percevoir le mobilier, recevoir les capitaux, en donner quittance, sauf la restitution dont il sera parlé *infra* n° 5627 (C. civ., 1531); c'est lui qui exerce les actions mobilières et possessoires, mais non les actions immobilières pétitoires (1); il ne peut vendre les meubles, créances et autres valeurs de la femme sans son consentement (2).

5620. Dettes. — Les dettes personnelles à la femme restent à sa charge, et, si elles ont une date certaine antérieure au mariage, les créanciers, à défaut de payement par le mari, peuvent exercer leurs poursuites contre le mari et la femme sur la pleine propriété des biens de la femme (3).

5621. Usufruit; charges. — Le mari est tenu de toutes les charges de l'usufruit, *supra* n°ˢ 2437 à 2448 (C. civ., 1533); mais il n'est pas obligé à fournir caution ni à faire emploi des capitaux (4), à moins de convention contraire (5). Les fruits et revenus des biens propres à la femme, même les bénéfices de son industrie, sont la propriété du mari, quelle qu'en soit l'importance (6), et le mari y a droit du jour du mariage à celui de la dissolution, sans partage des fruits à proportion du temps du mariage pendant la dernière année (7).

5622. Acquisition. — Si le mari emploie les économies sur les fruits, revenus et

---

En conséquence, chacun d'eux conservera en propre ses biens mobiliers et immobiliers actuels et ceux dont il deviendra propriétaire pendant le mariage, à titre personnel.

Aussi, comme conséquence, les époux ne seront pas tenus des dettes l'un de l'autre antérieures au mariage, non plus que de celles qui pourraient grever les biens qui adviendraient à chacun d'eux pendant le mariage.

Art. 2. — *Administration; droits de propriété* (N°ˢ 5619 à 5623).

Le futur époux aura, conformément à la loi, l'administration et la jouissance, pendant le mariage, des biens présents et à venir de la future épouse, et, par suite, le droit de percevoir son mobilier actuel et futur; sauf la restitution à en faire ainsi qu'il sera dit par l'art. 5.

Et, indépendamment de ses biens et valeurs actuels et de ceux dont il deviendra propriétaire par la suite, à quelque titre que ce soit, il aura droit à tous les bénéfices, économies et acquêts qui pourront être faits pendant le mariage.

A l'égard de la future épouse, ses droits se borneront à la reprise soit en nature, soit en deniers, tant des biens et valeurs par elle apportés en mariage, que de ceux qui pourront lui échoir ou advenir par la suite, par succession, donation, legs ou à tout autre titre personnel.

Art. 3. — *Apports de la future.*

La future épouse apporte en mariage et se constitue personnellement en dot :

1° Les vêtements, linge, bijoux, dentelles et autres ornements à son usage personnel, etc.;

2° Une somme de....., en numéraire.

Le tout provenant de ses épargnes.

Duquel apport, franc et quitte de toutes dettes, le futur époux consent à demeurer chargé par le seul fait de la célébration du mariage.

---

(1) Duranton, XV, 278; Troplong, 2234; Marcadé, 1531-2; Aubry et Rau, § 531-13; Guillouard, 1657. Voir cep. Rodière et Pont, 2070.

(2) Massé et Vergé, § 664-4; Troplong, 2262; Duranton, XV, 286; Aubry et Rau, § 531-14; Laurent, XXIII, 422.

(3) Duranton, XV, 291; Massé et Vergé, § 664-14; Troplong, 2268; Aubry et Rau, § 531-21; Laurent, XXIII, 426; Guillouard, 1661. Voir cep. Marcadé, 1532-4; Montpellier, 18 janv. 1840.

(4) Troplong, 2248; Duranton, XV, 270; Massé et Vergé, § 664-12; Rodière et Pont, 2071; Aubry et Rau, § 531-17; Laurent, XXIII, 435; Guillouard, 1659.

(5) Duranton, XV, 270; Troplong, 2249.

(6) Duranton, XV, 259; Troplong, 2236, 2250; Laurent, XXIII, 433; Marcadé, 1530-1; Seine, 17 déc. 1869; Paris, 18 mai 1877. Contra : Toullier, XIV, 23; Demolombe, IV, 314; Guillouard, 1660; Aubry et Rau, § 531-18.

(7) Duranton, XV, 267; Troplong, 2234; Aubry et Rau, § 531-15; Laurent, XXIII, 434. Contra : Rodière et Pont, 2081.

bénéfices à acquérir des immeubles, il en est seul propriétaire (1); à l'égard des acquisitions d'immeubles faites au nom de la femme ou du mari et de la femme conjointement, on présume, jusqu'à preuve du contraire, que le prix de l'acquisition en son nom, pour le tout ou pour la partie acquise, a été payé de ses deniers, et elle en a la propriété. S'il est établi que le prix a été payé des deniers du mari, elle en est également propriétaire, mais à la charge d'indemniser le mari pour le prix et les frais (2).

5623. Meubles fongibles. — Si, dans le mobilier apporté en dot par la femme ou qui lui échoit pendant le mariage, il y a des choses dont on ne peut faire usage sans les consommer, il en doit être joint un état estimatif au contrat de mariage, ou il doit en être fait inventaire aux frais du mari, comme usufruitier, pour ceux échus pendant le mariage (3), lors de l'échéance, et le mari en doit rendre le prix d'après l'estimation (C. civ., 1532). Mais quant à ceux non fongibles, la femme ou ses héritiers ont le droit de les reprendre en nature, même lorsqu'ils ont été estimés, l'estimation n'en faisant pas vente au mari (4). A défaut d'inventaire ou d'état authentique, la femme ou ses héritiers peuvent justifier de la consistance et de la valeur du mobilier échu par tous les modes de preuves indiqués en l'art. 1415 (5).

5624. Réserve de revenus. — La clause de non-communauté ne fait point obstacle à ce qu'il soit convenu que la femme touchera annuellement, sur ses seules quittances, certaines portions de ses revenus pour son entretien et ses besoins personnels (C. civ., 1534). Si la femme fait des économies sur ces revenus et les emploie en acquisition d'immeubles, ils lui appartiennent (6).

Art. 4. — Donation à la future épouse par ses père et mère.

En considération du mariage, etc. (Voir les formules 1186 à 1222.)

Art. 5. — Objets mobiliers de la future (Nos 5622 et 5623).

Le futur époux devra faire constater, par inventaire ou état authentique, les biens et droits mobiliers qui adviendront à la future pendant le mariage, à quelque titre que ce soit, afin de lui en faciliter la restitution, ou à ses héritiers et représentants lorsqu'il y aura lieu.

Le linge à la marque de la future épouse, l'argenterie portant son chiffre ou celui de sa famille et les effets, bijoux et autres ornements servant à son usage personnel, seront de plein droit réputés lui appartenir, sans qu'elle soit obligée d'en constater la propriété par aucun titre; et cela comme représentation du trousseau dont elle a ci-dessus fait l'apport en mariage.

Quant à tous autres objets mobiliers et à toutes valeurs quelconques sur lesquels la future épouse ne pourra pas prouver sa propriété par titres réguliers, ils seront réputés de droit appartenir au futur époux.

Art. 6. — Perception de revenus par la future (No 5624).

La future épouse touchera annuellement, pendant le mariage, pour ses besoins personnels et sur ses simples quittances, la somme de quinze cents francs sur les revenus de ses biens personnels.

Les économies que la future pourra faire sur les revenus par elle réservés lui seront personnelles, et les objets, meubles et immeubles, qu'elle justifiera avoir acquis avec ces économies seront aussi sa propriété; les revenus des sommes placées et des biens acquis avec ces économies sont également réservés à la femme.

---

(1) Duranton, XV, 261; Troplong, 2242; Rodière et Pont, 2074; Aubry et Rau, § 531-14; Laurent. XXIII, 418.

(2) Marcadé, 1532-2; Massé et Vergé, § 634-10; Aubry et Rau, § 531-3; Laurent, XXIII, 415; Guillouard, 1664; Agen, 22 juin 1833, 7 janv. 1854; Montpellier, 14 fév. 1843; Aix, 17 juill. 1862; Cass., 20 déc. 1863. Contra : Troplong. 2245.

(3) Troplong, 2248; Marcadé, 1532-3; Duranton, XV, 285; Aubry et Rau, § 531-15; Laurent, XXIII, 440. Contra : Rodière et Pont, 2072.

(4) Trib. Toulouse, 26 nov. 1886; Rép. Defrénois, 3806.

(5) Troplong, 2260; Marcadé, 1532-3; Duranton, XV, 289; Rodière et Pont, 2072; Aubry et Rau, § 531-16; Laurent, XXIII, 440; Guillouard, 1659.

(6) Duranton, XV, 264; Troplong, 2244; Aubry et Rau, § 531-32; Laurent, XXIII, 431; Colmet, VI, 402 bis-1, 3; Guillouard, 1663, 1671. Voir cep. Massé et Vergé, § 664-10; Marcadé, 1534-1.

5625. Aliénabilité. — Les immeubles constitués en dot ne sont point inaliénables ; néanmoins ils ne peuvent être aliénés par le mari sans le concours de la femme, et la femme ne peut les aliéner sans le consentement du mari, et, à son refus, sans l'autorisation de justice (C. civ., 1535) ; dans ce dernier cas, en réservant la jouissance au mari (1).

5626. Gain de survie. — Toutes les économies restant au mari, on stipule quelquefois, sous ce régime, un gain de survie en faveur de la femme, en cas de prédécès du mari.

5627. Restitution de la dot. — Après la dissolution du mariage ou après la séparation de biens prononcée en justice, le mari cesse d'avoir l'administration des biens de la femme, et il est tenu d'en faire la restitution (C. civ., 1531). Voir sur le mode d'opérer cette restitution la deuxième partie du présent titre.

§ 2. *Séparation contractuelle de biens.*

5628. Biens. — Lorsque les époux ont stipulé par leur contrat de mariage qu'ils seraient séparés de biens [Form. 1254], chacun d'eux conserve la propriété et la jouissance de ses biens meubles et immeubles présents, ainsi que de ceux dont il devient propriétaire pendant le mariage à quelque titre que ce soit.

5629. Dettes. — Cette séparation entraîne celle des dettes personnelles à chacun des époux contractées avant ou pendant le mariage, à l'égard des tiers comme entre les époux, de sorte que les créanciers de chacun des époux ne peuvent saisir que les biens

---

Art. 7. — *Gain de survie* (Nos 5626).

Le futur époux, en cas de dissolution de mariage par son prédécès, assure à la future épouse, pour sa collaboration, un gain de survie de la somme de.....; laquelle somme sera prise par la future sur tels biens du futur époux qu'elle voudra choisir et se faire délivrer.

Art. 8. — *Indemnités pour engagements contractés par la femme* (No 5625).

La future épouse ou ses héritiers seront garantis et indemnisés par le futur époux ou ses héritiers de toutes les dettes que la future aura pu contracter pour lui pendant le mariage.

Art. 9. — *Restitution des biens de la future* (No 5627).

Le futur époux ou ses héritiers, lorsqu'il y aura lieu, restitueront à la future épouse ou à ses héritiers, les biens meubles et immeubles par elle apportés en mariage et ceux dont elle deviendra propriétaire pendant le mariage, à titre personnel, y compris les objets qui seront justifiés avoir été acquis par la future, avec les économies faites sur les revenus dont elle s'est réservé la perception par l'art. 6 ci-dessus.

Art. 10. — *Donation entre époux.*

En considération du mariage, etc. *(Voir formules 1223 à 1241.)*
Telles sont les conventions, etc. *(Voir formule 1242.)*

FORMULE 1254. — **Séparation contractuelle de biens** (Nos 5628 à 5643).

Par devant Me.....,
    Ont comparu :
M....., etc. *(Voir pour les comparutions, la formule 1242).*
Lesquels ont arrêté, etc. *(Voir même formule).*

Art. 1er. — *Séparation de biens* (nos 5628 à 5637).

Les futurs époux déclarent qu'ils seront séparés de biens conformément aux art. 1536 et suiv. du Code civil.

---

(1) Duranton, XV, 384 ; Rodière et Pont, 2082 ; Marcadé, 1532-2 ; Aubry et Rau, § 531-8 ; Laurent, XXIII, 419 ; Guillouard, 170.

meubles personnels à leur débiteur, et si la saisie porte sur des meubles appartenant à l'autre époux, il peut en demander la distraction en justifiant de son droit de propriété par tous les moyens de preuve, même par témoins (1).

5630. Administration de la femme. — La femme séparée conserve l'entière administration de ses biens meubles et immeubles, et la jouissance libre de ses revenus (C. civ., 1536) et du produit de son industrie; elle peut donc, sans l'assistance de son mari ni de justice, faire les réparations nécessaires, utiles, même voluptuaires; cultiver ses biens, recueillir les récoltes ou les vendre sur pied; faire les coupes de taillis et de futaies aménagés; louer ses biens pour un temps n'excédant point neuf années, même la maison où est fixé le domicile conjugal (2), et si le bail était fait pour plus de neuf ans, il serait réductible à ce temps (3); résilier les baux (4); prendre tous biens à bail (5); toucher les sommes qui lui sont dues en capitaux et revenus, sans que le mari puisse prétendre à la surveillance de l'encaissement des fonds et de l'emploi (6); poursuivre ses débiteurs, sauf à obtenir l'autorisation de son mari ou de justice si les poursuites l'obligent à ester en justice (7).

5631. Aliénation des meubles. — La femme séparée peut disposer de son mobilier et l'aliéner (C. civ., 1449) sans restriction; pourvu que ce soit dans les limites de son droit d'administrer ses biens (8); en conséquence, elle a le droit, sans l'autorisation de son mari, de : transporter ses créances, les céder en payement (9); transférer ses rentes sur l'Etat, actions et obligations dans les compagnies de finance ou d'industrie (10); opérer

---

Par suite, ils ne seront aucunement tenus des dettes l'un de l'autre créées avant ou après le mariage.

La future épouse aura l'entière administration de ses biens meubles et immeubles avec le droit de disposer de son mobilier et de l'aliéner comme bon lui semblera, et la jouissance libre de ses revenus. — *Si la future est marchande on ajoute :* Elle exploitera seule, sans avoir besoin du concours de son mari, toute autorisation lui étant donnée à cet effet par ces présentes, l'établissement de maîtresse d'hôtel meublé dont elle fera ci-après l'apport en mariage ou toute autre industrie qu'elle pourrait exercer par la suite.

En conséquence, elle pourra, sans avoir besoin de l'autorisation de son mari, toucher toutes sommes qui peuvent et pourront lui être dues pour quelque cause et à quelque titre que ce soit; faire tous transferts, transports, cessions et délégations avec ou sans garantie; faire toutes conversions de titres nominatifs en titres au porteur; passer ou résilier tous baux; donner toutes quittances et décharges; consentir avec ou sans constatation de payement tous désistements de privilèges, hypothèques, actions résolutoires ou autres et toutes mainlevées; faire tous placements; acquérir tous immeubles; traiter, transiger, compromettre sur ses droits mobiliers; et en ce qui concerne son commerce faire toutes opérations, tous traités, et généralement tous actes permis à la femme marchande publique.

Autre clause.

Il y aura séparation de biens entre les futurs époux, conformément aux art. 1536 et suivants du Code civil.

En conséquence, chacun d'eux conservera la propriété des biens meubles et immeubles qui lui appartiennent, et de ceux qui pourront lui advenir pendant le mariage par succession, donation, legs ou autrement; la future aura l'entière administration de ses biens, ce qui emportera pour elle

---

(1) Aubry et Rau, § 532-8, 9; Marcadé, 1536-2; Guillouard, 1677; Laurent, XXIII, 448; Agen, 14 mars 1833; Nîmes, 20 janv. 1859.

(2) Guillouard, 1179; Caen, 8 avril 1851; Bordeaux, 28 juill. 1881; Rép. Defrénois, 633.

(3) Laurent, XXII, 294; Guillouard, 1180; Paris, 24 déc. 1859.

(4) Guillouard, 1182.

(5) Guillouard, 1183; Bordeaux, 22 fév. 1878.

(6) Duranton, XIV, 126; Troplong, 1423; Aubry et Rau, § 516-55; Demolombe, IV, 154; Colmet, VI, 101 bis; Guillouard, 1191; Laurent, XXII, 295; Bourges, 5 fév. 1861; Seine, 5 juill. 1883; Rép. Defrénois, 1641.

(7) Troplong, 1410; Marcadé, 1449-3; Massé et Vergé, § 649-36; Aubry et Rau, § 516-81; Guillouard, 1210; Laurent, XXII, 322; Cass., 13 nov. 1844; Nancy, 24 juin 1854. CONTRA : Lyon, 18 juin 1847.

(8) Troplong, 2282; Duranton, XV, 313; Marcadé, 1449-4; Massé et Vergé, § 640-36; Aubry et Rau, § 516-56; Demolombe, IV, 148; Guillouard, 1192; Laurent, XXII, 301 et XXIII, 445; Lyon, 18 juin 1847; Seine, 9 juill. 1872. Voir cep. Rodière et Pont, 2088; Nancy, 24 juin 1854; Paris, 12 mai 1859; Cass., 30 déc. 1862.

(9) Bordeaux, 2 avril 1891; Rép. Defrénois, 6057.

(10) Laurent, XXII, 303; Seine, 22 juin 1864, 9 juill. 1872.

le retrait des actions ou obligations au porteur déposées à la banque ou dans les caisses des compagnies et convertir ses actions et obligations nominatives en titres au porteur (1); donner mainlevée des inscriptions, saisies, oppositions, etc., militant à son profit même sans recevoir (2), mais non consentir à une antériorité d'hypothèque (3).

5632. Placements. — Elle a aussi la capacité nécessaire pour, sans l'autorisation maritale, placer ses capitaux sur hypothèque ou sur billet, ou en achats de rentes sur l'Etat, actions, obligations, parts d'intérêts, ou autres valeurs en titres nominatifs ou au porteur, ou même en rente perpétuelle ou viagère (4), ou en assurance sur la vie; mais non le prêt sans intérêt remboursable au décès de l'emprunteur plus jeune qu'elle, car alors ce serait plutôt une libéralité déguisée (5).

5633. Acquisition d'immeubles. — La femme séparée a toute capacité pour placer ses fonds en acquisition d'immeubles, alors surtout que le prix d'acquisition est payé comptant (6). En raison de la controverse, il est préférable que la femme acquiert autorisée de son mari ou de justice.

5634. Emprunts. — La femme séparée peut faire des emprunts et s'engager pour les besoins et dans les limites de son administration, et non en dehors de ses besoins (7); mais les obligations contractées par la femme non autorisée ont pour gage son mobilier et leur exécution peut être poursuivie non seulement sur les biens meubles, mais aussi sur ses biens immeubles (8).

5635. Actes interdits. — La femme séparée ne peut sans l'autorisation maritale : s'engager ou cautionner (9) en dehors des besoins de son administration (10); sous-

---

le droit de toucher, sur ses simples quittances, sans le concours de son mari, tous capitaux; donner quittances, désistements et mainlevées, avec ou sans payement; transférer tous capitaux mobiliers, en recouvrer le prix, et en général de disposer de son mobilier et de l'aliéner.

Elle aura la jouissance libre de ses revenus, sauf ce qui va être dit, pour la contribution aux charges du mariage.

Art. 2. — Apports du futur.

Le futur époux déclare qu'il ne possède que les vêtements, linge et bijoux à son usage personnel, auxquels il n'est donné aucune estimation.

Art. 3. — Apports de la future.

La future épouse déclare qu'elle est propriétaire des objets ci-après :

1º Les vêtements, linge et bijoux à son usage personnel, auxquels il n'est donné aucune estimation;

2º L'établissement d'hôtel meublé qu'elle exploite à....., composé de la clientèle, le mobilier qui le garnit et le droit au bail des lieux où il est exploité;

3º Soixante obligations trois pour cent de la Compagnie des chemins de fer du Nord, au capital nominal de 500 fr. chacune, produisant quinze francs d'intérêt annuel, payables le.....; elles font l'objet d'un certificat en son nom, portant le nº 172515;

4º Et une somme de huit mille francs en numéraire.

Le tout appartenant à la future tant comme ayant été commune en biens avec M.....,

---

(1) Laurent, XXII, 304; Guillouard, 1197; Defrénois, *Comment. loi 27 fév. 1880*, 100; Seine, 9 juill. 1872; Paris, 12 juill. 1869, 4 mars 1875; Cass., 8 fév. 1870, 13 juin 1876.

(2) Duranton, XX, 190; Troplong, *Hyp.*, 538 bis; Pont, *Ibid.*, 1077; Laurent, XXII, 296; Guillouard, 1191; Boulanger, *Rad.*, 173. Contra : Persil, 2157-4.

(3) Guillouard, 1193; Alger, 22 janv. 1866.

(4) Troplong, 1420; Aubry et Rau, § 516-59; Laurent, XXII, 208; Paris, 17 mai 1834; Seine, 3 fév. 1869. Contra : Massé et Vergé, § 649-54; Demolombe, IV, 158; Guillouard, 1196.

(5) Laurent, XXII, 307; Seine, 3 fév. 1869; Paris, 29 janv. 1874.

(6) Demolombe, IV, 157; Aubry et Rau, § 516-59; Laurent, XXII, 297; Guillouard, 1199; Colmet, VI, 101 bis-2. Voir cep. Agen, 9 nov. 1881; Lyon, 7 fév. 1883; Cass., 2 déc. 1885; Rép. Defrénois, 1238, 2985.

(7) Duranton, II, 492; Massé et Vergé, § 649-46; Rodière et Pont, 2193; Marcadé, 1449-3; Demolombe, IV, 163; Aubry et Rau, § 516-77; Laurent, XXII, 309 à 312; Troplong, 1418; Cass., 3 janv. 1831, 21 août 1839, 30 déc. 1862; Caen, 6 mars 1844; Rouen, 30 juill. 1844; Paris, 28 juin 1851, 27 nov. 1857, 12 mai 1859.

(8) Duranton, II, 492; Valette sur Proudhon, I, p. 463; Rodière et Pont, 2194; Pont, *Priv.*, nº 16; Aubry et Rau, § 516-78; Laurent, XXII, 314; Guillouard, 1199. Contra : Marcadé, 1449-3.

(9) Laurent, XXII, 318; Guillouard, 1204; Poitiers, 3 fév. 1858; Cass., 7 déc. 1829.

(10) Colmet, VI, 101 bis-10; Laurent, XXII, 317; Guillouard, 1206; Paris, 27 nov. 1857.

crire des lettres de change (1); consentir un aval de garantie (2); acheter des valeurs quand elle ne peut s'en libérer avec ses ressources (3); donner ses immeubles en antichrèse (4); contracter une société commerciale avec un tiers (5); compromettre même en ce qui concerne ses biens mobiliers (6) ; consentir une cession de droits successifs même purement mobilière ; donner son mobilier, et, par analogie, consentir une remise de dette ; accepter une libéralité (7).

5636. Société entre époux. — Les époux séparés de biens ne peuvent former entre eux une société civile ou de commerce (8).

5637. Pouvoirs précisés. — Il est utile de préciser dans le contrat de mariage les pouvoirs d'administration et de disposition qùi sont conservés à la femme.

5638. Frais du mariage. — Chacun des époux contribue aux charges du mariage, suivant les conventions contenues en leur contrat ; il peut être stipulé que le mari les supportera en entier (9) ; et, s'il n'en existe point à cet égard, la femme contribue à ces charges jusqu'à concurrence du tiers de ses revenus (C. civ., 1537), et le mari pour le surplus. Si le mari n'a aucun revenu et s'il est incapable de travailler, la femme doit supporter entièrement les frais du ménage (10). La femme, à moins de stipulation contraire, doit remettre au mari la somme pour laquelle elle contribue dans les frais du ménage, même lorsqu'elle les supporte en totalité (11); sauf, si le mari est dissipateur, à se faire autoriser par justice à faire elle-même les dépenses (12).

5639. Propriété d'objets. — La propriété des objets mobiliers appartenant à l'un ou à l'autre des époux se constate par inventaire, titres, factures, par la marque ou par

---

son premier mari, que comme donataire universelle de ce dernier, aux termes d'un acte passé devant Mᵉ....., notaire à ....., le.....; laquelle donation a pu recevoir son entière exécution, M....., n'ayant laissé aucun héritier à réserve, ainsi que le constate un acte de notoriété reçu par Mᵉ....., notaire à ....., le.....

La future épouse a donné connaissance de son apport à son futur époux qui le reconnaît.

Aʀт. 4. — *Contribution aux charges du mariage* (no 5638).

Les futurs époux contribueront aux charges du mariage dans la proportion de leurs revenus et de leurs gains. Chacun d'eux sera réputé avoir fourni jour par jour sa part contributive, de telle sorte qu'ils ne seront assujettis à aucun compte entre eux, ni à retirer aucune quittance l'un de l'autre.

Autre clause.

Les futurs époux contribueront aux charges du mariage, chacun pour moitié, sans être assujettis à aucun compte entre eux, ni à retirer quittance l'un de l'autre, chacun étant réputé avoir fourni sa part jour par jour.

Aʀт. 5. — *Propriété des meubles garnissant les lieux occupés* (No 5639).

Chacun des futurs époux restera propriétaire des objets mobiliers lui appartenant actuellement et de ceux qui lui adviendront pendant le mariage à titre gratuit ou onéreux. Lors de la dissolution du mariage, les époux ou leurs héritiers et représentants reprendront tous les objets dont ils justifieront être propriétaires, soit par titre, soit par l'usage, soit par la marque ou les factures des

---

(1) Nîmes, 4 juill. 1823.

(2) Laurent, XXII, 318 ; Poitiers, 3 fév. 1838 ; Besançon, 5 avril 1879.

(3) Laurent, XXII, 320 ; Cass., 30 déc. 1862 ; Limoges, 12 déc. 1868 ; Douai, 15 mai 1882 ; Rép. Defrénois, 846.

(4) Troplong, 1420 ; Rodière et Pont, 2194 ; Guillouard, 1203 ; Aubry et Rau, § 516-71 ; Cass., 22 nov. 1841 ; Besançon, 5 avril 1879. Contra : Rouen, 9 août 1876.

(5) Laurent, XXII, 319 ; Guillouard, 1207 ; Paris, 19 janv. 1838.

(6) Demolombe, IV, 610 ; Aubry et Rau, § 516-80 ; Laurent, XXII, 323 ; Guillouard, 1209. Contra : Caen, 28 août 1845.

(7) Aubry et Rau, § 516, p. 409 ; Laurent, XXII, 316 ; Guillouard, 1205.

(8) Massé, *Droit comm.*, 1257 ; Troplong, 210 ; Guillouard, 1686 ; Paris, 9 mars 1859, 24 mars 1870 ; Cass., 7 fév. 1860 ; Dijon, 27 juill. 1870. Voir cep. Alauzet, I, 35 ; Laurent, XXII, 319.

(9) Aubry et Rau, § 532-4 ; Laurent, XXIII, 449 ; Guillouard, 1680.

(10) Troplong, 1432 ; Marcadé, 1537-2 ; Aubry et Rau, § 532-6 ; Guillouard, 1220 ; Cass., 2 juill. 1851 ; Paris, 17 mars 1860.

(11) Troplong, 1435 ; Marcadé, 1449-2 ; Massé et Vergé, § 649-41 ; Rodière et Pont, 2185 ; Guillouard, 1222 ; Caen, 8 avril 1851.

(12) Rodière et Pont, 2185 ; Guillouard, 1223, 1682 ; Marcadé, 1449-2 ; Massé et Vergé, § 649-39 ; Cass., 6 mai 1835 ; Caen, 8 avril 1851. Voir Troplong, 2287 ; Laurent, XXIII, 451.

tout autre mode de preuve (1). A défaut de justification aucune, les objets sont réputés appartenir à celui des époux qui est propriétaire ou locataire des lieux occupés (2). Le droit à la propriété des meubles peut, d'ailleurs, être réglé par une clause du contrat de mariage.

5640. Aliénation d'immeubles. — Dans aucun cas ni à la faveur d'aucune stipulation, la femme ne peut aliéner ses immeubles, les échanger ni les hypothéquer, sans le consentement spécial de son mari, ou, à son refus, sans être autorisée par justice (C. civ., 1449, 1538), qu'il s'agisse d'une aliénation totale ou d'une aliénation partielle, telle que : la servitude, une emphytéose, un bail pour plus de neuf ans (3), une vente de futaies non aménagées (4) ; la concession de l'extraction dans un immeuble de houilles, minerais, pierres, tourbes, phosphates de chaux, etc. (5).

5641. Autorisation générale. — Toute autorisation générale d'aliéner, échanger

---

marchands. Les objets dont aucun des époux ne justifiera être propriétaire seront réputés appartenir à celui d'entre eux qui sera propriétaire ou locataire des lieux occupés.

A. *Autre clause.*

Tous les effets et objets à l'usage personnel de l'un ou de l'autre des époux, tels qu'ils existeront au jour de la dissolution du mariage, seront de plein droit réputés appartenir à chacun d'eux, comme étant la représentation des objets de semblable nature qu'ils possèdent actuellement, et la reprise en sera exercée par eux ou leurs représentants, à quelque somme que puisse s'élever la valeur desdits objets.

Tous les meubles meublants, ustensiles de ménage et autres objets mobiliers qui garniront les lieux occupés en commun par les futurs époux, seront de plein droit réputés appartenir à la future épouse, qui possède seule actuellement des objets de cette nature.

Le futur époux ou ses héritiers ne pourront réclamer, parmi cette nature d'effets ou d'objets, que ceux qu'ils justifieront leur appartenir par pièces et titres réguliers.

B. *Autre clause.*

Tous les meubles meublants, ustensiles de ménage et autres objets mobiliers qui garniront, au jour du décès du premier mourant, les lieux occupés en commun par les futurs époux, seront réputés appartenir et appartiendront au survivant des époux, à la charge de tenir compte aux héritiers du prémourant, d'après la prisée de l'inventaire qui sera fait lors du décès de ce dernier, de la valeur des effets mobiliers qui seraient justifiés lui appartenir par factures de marchands ou autres titres.

Quant à l'argent comptant et aux valeurs au porteur, ils seront réputés appartenir à celui des époux qui les aura en sa possession, sauf à son conjoint ou aux héritiers de ce dernier à faire la preuve contraire. Les créances, les valeurs nominatives et les immeubles qui seront acquis appartiendront au titulaire. Les créances, valeurs ou immeubles qui seraient aux noms des deux époux leur appartiendront par moitié.

Le survivant aura la faculté de conserver pour son compte le bail des lieux qui seront occupés par les époux, au jour du décès du premier mourant, à la charge d'en payer les loyers et d'en exécuter les conditions, de manière que les héritiers du prémourant ne soient point inquiétés, et à la condition de leur faire connaître son option dans les trois mois du décès.

C. *Autre clause.*

Tous les meubles meublants, effets et ustensiles de ménage, l'argenterie et les autres effets mobiliers qui garniront les lieux occupés en commun par les futurs époux, seront de plein droit réputés appartenir au futur époux, sans qu'il soit obligé d'en constater la propriété par aucun titre ; mais, bien entendu, sauf preuve ou justification contraire.

Les effets personnels de la future épouse, les vêtements, linge, bijoux, châles, dentelles et autres objets à son usage corporel et l'argenterie à sa marque, seront de plein droit réputés lui appartenir exclusivement, à quelque somme que la valeur en puisse monter.

---

(1) Voir Cass., 22 mars 1880 ; Paris, 2 avril 1890 ; Seine, 5 déc. 1890 ; Rép. Defrénois, 634, 5423, 5888.
(2) Voir Laurent, XXII, 300 ; Guillouard, 1201, 1678 ; Caen, 4 déc. 1844, 15 janv. 1849 ; Besançon, 22 déc. 1854.

(3) Rodière et Pont, 2194 ; Laurent, XXIII, 324.
(4) Orléans, 16 mai 1878.
(5) Guillouard, 1185 ; Douai, 10 déc. 1872.

ou hypothéquer les immeubles, donnée à la femme, soit par contrat de mariage, soit depuis, est nulle (C. civ., 1538).

5642. Pouvoir au mari. — Si le contrat de mariage contient le pouvoir, par la femme séparée à son mari, d'administrer tout ou partie de ses biens ou d'en jouir, il participe de l'immutabilité du contrat et, en conséquence, est irrévocable (1).

5643. Remplois ou emplois. — Au sujet du remploi des immeubles aliénés ou de l'emploi des capitaux recouvrés, quand le mari en est responsable, voir *infra* en regard de la formule de *la Restitution de la dot en cas de séparation*.

5644. Société d'acquêts. — Il peut être stipulé par une clause du contrat de mariage, qu'il y aura entre les époux une société d'acquêts comprenant les acquêts faits par les époux pendant le mariage, autrement qu'à titre de remploi, comme aussi l'excédent du revenu de chacun d'eux, le produit de leur industrie ou autres gains et géné-

---

La future épouse reprendra également tous les objets mobiliers sur lesquels elle justifierait de son droit de propriété, ainsi que les biens et valeurs à son nom. Elle aura droit en outre aux valeurs au porteur, de la propriété desquelles elle justifierait par achats ou autrement.

Les deniers comptants qui se trouveront au domicile commun seront censés provenir par égales portions des revenus des futurs époux, destinés aux charges du mariage, et ils appartiendront à chacun d'eux par moitié.

Art. 6. — *Responsabilité du mari* (Nos 5640 à 5643).

La future épouse ou ses héritiers et représentants seront garantis et indemnisés par le futur époux ou sa succession, pour raison de tous engagements et dettes qu'elle aurait pu contracter pour lui pendant le mariage.

Le futur époux ne sera aucunement responsable des sommes qui pourront être touchées par la future hors sa présence pendant le mariage, soit pour le remboursement des capitaux, soit pour le prix de transferts, ventes ou cessions d'objets ou de valeurs et créances.

Mais s'il concourt aux quittances ou s'il consent à la vente des biens et droits mobiliers ou immobiliers, il ne sera déchargé que par l'emploi des capitaux ou des prix de vente; cet emploi devra, pour sa validité, être fait ou accepté par la future, et le futur ne sera responsable ni de sa validité ni de ses suites.

Art. 7. — *Donation entre époux.*

En considération du mariage, etc. (*Voir les formules* 1223 *à* 1241.)
Telles sont les conventions, etc. (*Pour le surplus, voir la formule* 1242.)

FORMULE 1255. — **Séparation de biens avec mise en commun ou société pour les économies et acquêts** (Nos 5644 et 5645).

Par devant Me.....,
     Ont comparu :
M..... (*Voir pour les comparutions la formule* 1242.)
Lesquels ont arrêté, etc. (*Voir même formule.*)

Art. 1er. — *Séparation de biens.*

Les futurs époux déclarent, etc. (*Voir la formule précédente, art.* 1er.)

Art. 2. — *Apports du futur.*
Art. 3. — *Apports de la future.*
Voir les articles 2 *et* 3 *de la formule qui précède.*

Art. 4. — *Contribution aux charges du ménage; société pour les économies et les acquêts.*

Les revenus des biens et valeurs de l'un et de l'autre des époux et le produit de leur industrie commune ou séparée, seront appliqués, jusqu'à due concurrence, à l'acquit des charges du ménage.

---

(1) Troplong, 3710; Rodière et Pont, 73.

ralement toutes les économies qu'ils pourront faire, pour le tout être partagé par moitié ou dans d'autres proportions, mais sauf, bien entendu, la reprise des capitaux qui y seraient entrés du chef de l'un ou de l'autre des époux (1), et sans que cela fasse obstacle à l'administration et à la jouissance séparée de chacun des époux. A défaut de convention spéciale dans le contrat, les biens de la société d'acquêts sont régis comme s'il s'agissait d'une communauté. Le contrat de mariage, d'ailleurs, en détermine ordinairement le mode d'administration [Form. 1255].

5645. Meubles. — Il est nécessaire de déterminer dans le contrat de mariage, lorsqu'une société d'acquêts a été stipulée, quels biens meubles demeureront propres aux époux; en ce qui concerne les objets corporels de chacun des époux, on stipule qu'ils leur demeureront propres en représentation de ceux de même nature possédés par chacun d'eux lors du mariage. Le droit à la propriété des autres meubles doit aussi être fixé par une clause du contrat de mariage.

SECTION VI. — Du régime dotal.

§ 1. Régime dotal avec société d'acquêts.

I. Règles générales.

5646. Adoption du régime. — Lorsque les futurs conjoints déclarent d'une manière générale qu'ils entendent se marier sous le régime dotal [Form. 1256], leurs droits sont réglés par les dispositions des art. 1540 à 1581 C. civ. (C. civ., 1391). Aucune formule sacramentelle n'étant exigée, les époux peuvent se servir d'équivalents pourvu qu'il

A l'égard de l'excédant de ces revenus et produit d'industrie, de tous autres gains et bénéfices qui pourront être faits pendant le mariage et de tous biens acquis par les époux au nom de l'un ou de l'autre ou en commun, autrement que pour le remploi de leurs biens aliénés ou recouvrés, il est expressément convenu qu'ils appartiendront par moitié à chacun des époux ou à leurs héritiers et représentants; les futurs époux constituant à cet effet, par ces présentes, une société entre eux qui comprendra tous ces excédents, bénéfices, économies et acquêts, et sera partageable par moitié à la dissolution du mariage, après l'acquit des dettes et charges et le prélèvement des biens propres aux époux, ainsi que des reprises en deniers, s'il y a lieu, sauf la faculté réservée à la femme et à ses représentants de renoncer à cette société.

Art. 5. — Propriété des biens propres.

Chacun des futurs époux conservera en propre les biens par lui apportés en mariage, et ceux dont il deviendra propriétaire pendant le mariage, par succession, donation, legs ou à tout autre titre personnel, ainsi que ceux qui en seront la représentation, pour en effectuer la reprise à la dissolution du mariage avec les augmentations qui y seront survenues, ou les prix de vente en cas d'aliénation; sauf toutefois en ce qui concerne les meubles meublants, ce qui sera dit par l'art. 6 ci-après.

Art. 6. — Droit aux meubles; attribution au survivant (n° 5645).

Tous les effets, objets et bijoux à l'usage personnel de l'un ou de l'autre des époux, tels qu'ils existeront au jour de la dissolution du mariage, seront réputés de plein droit appartenir à chacun d'eux, comme étant la représentation des objets de semblable nature qu'ils possèdent actuellement, et la reprise en sera exercée par eux ou leurs représentants, à quelque somme que leur valeur puisse s'élever.

Quant aux meubles meublants, effets et ustensiles de ménage, le linge, l'argenterie et les autres effets mobiliers qui garniront les lieux occupés en commun par les époux, ils appartiendront de plein droit au survivant des époux, comme convention du mariage.

En ce qui concerne les deniers comptants et tout ce qui aura été acquis pendant le mariage au nom de l'un ou de l'autre ou en commun, ils seront réputés dépendre de la société stipulée par

---

(1) Trib. Lyon, 22 janv. 1870. Voir aussi Dijon, 21 avril 1869. Voir cep. Bordeaux, 2 avril 1891; Rép. Defrénois, 6057.

en résulte clairement leur volonté de se soumettre au régime dotal (1) ; il en serait ainsi de la stipulation que les biens immeubles de la femme seront dotaux et comme tels inaliénables, ou qu'ils seront soumis à l'inaliénabilité de l'art. 1554 (2). Pourtant il vaut mieux préciser la volonté des époux en déclarant qu'ils adoptent le régime dotal.

5647. Insuffisance. — Mais la simple stipulation que la femme se constitue ou qu'il lui est constitué des biens en dot, ne suffit pas pour soumettre ces biens au régime dotal, s'il n'y a dans le contrat de mariage une déclaration expresse à cet égard. La soumission au régime dotal ne résulte pas non plus de la simple déclaration faite par les époux qu'ils se marient sans communauté, ou qu'ils seront séparés de biens (C. civ., 1392).

5648. Société d'acquêts. — En se soumettant au régime dotal, les époux ont la faculté de stipuler une société d'acquêts, dont les effets sont réglés conformément aux art. 1498 et 1499 (C. civ., 1581) ; la société d'acquêts est donc soumise aux mêmes règles que la communauté d'acquêts et produit des effets identiques.

5649. Héritiers du prémourant. — On ne peut, en stipulant une société d'acquêts, convenir que les biens en dépendant appartiendront aux enfants à naître du mariage ; une telle convention serait nulle comme constituant un pacte sur une succession future (3).

5650. Société d'acquêts immobilière. — Dans quelques pays, en raison de ce que la coutume déclarait acquêts les immeubles acquis, en Bourgage, en Normandie notamment, on a, après la promulgation du Code civil, stipulé quelquefois une société d'acquêts en biens immeubles seulement ; mais cet usage est depuis longtemps tombé en

---

l'article 4 ci-dessus, et à ce titre reviendront par moitié à chacun des époux ou à leurs héritiers et représentants.

ART. 7. — Donations entre époux.

En considération du mariage, etc. (*Voir les formules* 1223 *à* 1241.)
Telles sont les conventions, etc. (*Voir pour le surplus la formule* 1242.)

FORMULE 1256. — Régime dotal avec société d'acquêts. — **Constitution de biens présents et à venir.** — **Emplois et remplois** (Nᵒˢ 5646 à 5710).

Par devant Mᵉ.....,
    Ont comparu :
M..... (*Voir pour les comparutions la formule* 1242.)
Lesquels ont arrêté ainsi qu'il suit, etc. (*Voir même formule.*)

ART. 1ᵉʳ. — Régime (nᵒˢ 5646 et 5647).

Les futurs époux adoptent, pour base de leur union, le régime dotal, tel qu'il est établi par le Code civil, sauf les modifications résultant du présent contrat.

ART. 2. — Société d'acquêts (nᵒˢ 5648 à 5650).

Il y aura société d'acquêts entre les futurs époux, conformément aux articles 1498 et 1499 du Code civil, ainsi que le permet l'art. 1581 du même Code.

Les futurs époux, comme de droit, se réservent propres et excluent de cette société d'acquêts, tant leurs apports en mariage et dot ci-après constitués, que tous les biens qui pourront leur advenir et échoir pendant le mariage, par succession, donation, legs ou à tout autre titre personnel.

Et ils ne seront pas tenus des dettes l'un de l'autre antérieures à la célébration du mariage,

---

(1) Troplong, 148 ; Rodière et Pont, 1642 ; Marcadé, 1593-3 ; Aubry et Rau, § 533-1 ; Laurent, XXIII, 456 ; Jouitou, 2 ; Guillouard, 1692 ; Paris, 28 juin 1859 ; Cass., 21 juin 1856, 8 juin 1858 ; Paris, 4 janv. 1870.
(2) Rodière et Pont, 1643 ; Troplong, 355, 376 ; Marcadé, 1593-3 ; Aubry et Rau, § 533-4 ; Laurent, XXIII, 456 ; Guillouard, 1693 ; Bordeaux, 8 juin 1851 ; Limoges, 7 juill. 1855 ; Cass., 24 août 1836, 21 janv. 1856. Voir cep. Toullier, XIV, 40 ; Duranton, XV, 330.
(3) Aubry et Rau, § 504-16 ; Laurent, XXI, 133 ; Guillouard, 126 ; Bordeaux, 18 août 1864, 23 août 1865. Contra : Troplong, 1858 ; Rodière et Pont, 1226.

désuétude, et il nous suffit de renvoyer à un autre de nos ouvrages où les effets de la société d'acquêts immobilière sont expliqués (1).

II. Biens dotaux.

5651. Dot. — La dot sous le régime dotal est une chose quelconque, mobilière ou immobilière, corporelle ou incorporelle, inaliénable de sa nature, que la femme apporte au mari pour supporter les charges du ménage (C. civ., 1540), et à charge de restitution à la fin de l'union conjugale.

5652. Dotalité. — Sont dotaux, s'il n'y a stipulation contraire : 1º tous les biens qui sont donnés à la femme en contrat de mariage; 2º ceux qu'elle se constitue en dot (C. civ., 1541).

5653. Non constitution. — Si la femme ne se constitue rien en dot, et s'il ne lui est fait aucune donation par son contrat de mariage, tous ses biens présents et à venir sont paraphernaux, *infra* nº 5720, et elle est dans la position de la femme séparée de biens contractuellement.

III. Constitution de dot.

5654. B ens donnés. — Tout ce qui est donné à la femme en contrat de mariage est dotal, s'il n'y a stipulation contraire (C. civ., 1541). La soumission au régime dotal suffit pour que le bien donné soit dotal (2).

---

non plus que de celles dont pourraient être grevés les biens et droits qui leur adviendraient par la suite. Ces dettes, s'il en existe ou survient, seront supportées exclusivement par celui des époux qui les aura contractées ou du chef duquel elles proviendront.

Art. 3. — Apports du futur époux.

Le futur époux apporte en mariage :
1º Les vêtements, linge, etc. (*Voir formule* 1163.)

Art. 4. — Apports de la future (nᵒˢ 5651 à 5653).

La future épouse apporte en mariage et se constitue personnellement en dot :
1º Les vêtements, linge et bijoux à son usage personnel, divers meubles meublants, un piano Pleyel, un casier avec albums de musiques, le tout d'une valeur de trois mille francs, ci.   3,000 »
2º Et une somme de cinq mille francs en numéraire, ci . . . . 5,000 »

Ensemble, huit mille francs, ci . . . . 8,000 »

Le tout provenant de ses épargnes.

Duquel apport le futur époux consent à demeurer chargé par le fait seul de la célébration du mariage.

Art. 4. — Constitution de dot à la future par ses père et mère (nᵒˢ 5654 à 5658).

En considération du mariage, M. et Mᵐᵉ..... donnent et constituent en dot, etc. (*Voir formules* 1188 à 1190.)

A Mˡˡᵉ leur fille, future épouse qui accepte :

1º Un trousseau se composant de : vêtements, linge, bijoux, dentelles et autres objets à l'usage corporel de la future épouse, meubles meublants, porcelaine, argenterie, linge de ménage, etc. (*Voir formule* 1195.)

L'estimation donnée à ces objets, ainsi qu'à ceux apportés personnellement par la future, n'en vaudra vente ni au mari ni à la société d'acquêts, ci . . . . 15,000 »

2º Quatre mille francs de rente, trois pour cent, en un certificat au nom de M....., donateur, sous le nº 245648 de la troisième série. Cette rente représente, au cours de ce jour, étant de 95 fr. 10, une somme de cent vingt-six mille huit cents francs, ci. . 126,800 »

A reporter. . . . . . . 141,800 »

---

(1) Voir Defrénois, *Liquid.*, nᵒˢ 4678 à 4684.   § 553 bis-8; Laurent, XXIII, 461; Bordeaux, 27 juin 1852; Cass.,
(2) Duranton, XV, 334; Rodière et Pont, 1646; Aubry et Rau,   27 fév. 1856; Nîmes, 1ᵉʳ avril 1857.

5655. Donateurs. — Les biens donnés sont dotaux, sans qu'il y ait à distinguer si c'est par des ascendants, des parents collatéraux, ou même des étrangers ; quant aux biens présents que le futur époux donne à la future épouse par contrat de mariage, ils ne sont pas dotaux (1), à moins que la future épouse ne se constitue en dot ses biens présents.

5656. Institution contractuelle. — Quand une institution contractuelle est faite à la femme par contrat de mariage, les biens qu'elle recueille en vertu de cette institution sont dotaux (2) ; mais si c'est par le père, de la quotité disponible et de biens présents imputables sur cette quotité, la dotalité frappe seulement les biens recueillis jusqu'à concurrence de la quotité disponible (3).

5657. Promesse d'égalité. — La promesse d'égalité que les père et mère font à leur fille future épouse, procure à tous les biens qu'elle recueille en vertu de cette institution le caractère de la dotalité, qu'ils comprennent la quotité disponible ou sa réserve, même les biens qu'elle reçoit par anticipation durant le mariage sur l'institution à elle faite (4).

5658. Dehors du contrat. — La donation faite à la future en dehors du contrat, même quand il est mentionné que c'est en faveur de son mariage projeté, ne sont pas dotaux au regard des tiers, à moins que la donation ne soit rappelée dans le contrat de mariage ou que la future épouse se constitue en dot tous ses biens présents (5).

5659. Constitution de dot par la future. — Tout ce que la femme se constitue

---

Report. . . . . 141,800 »

3° Cent obligations, trois pour cent, de la Compagnie des chemins de fer du Nord, portant les n°s....., et faisant l'objet d'un certificat au nom de M....., n° 182712. Ces obligations, remboursables à cinq cents francs chacune et produisant 15 fr. d'intérêt annuel, payables par semestres, les....., représentent au cours de ce jour, étant de 450 fr., une somme de quarante-cinq mille francs, ci. . . . .   45,000 »

Ensemble, cent quatre-vingt-six mille huit cents francs, ci. . .   186,800 »

4° Une maison située à....., etc. *(Voir les formules* 1203, 1204.)

La future épouse aura la propriété et la jouissance du tout, à partir du jour de la célébration du mariage.

En conséquence, le trousseau et les titres des valeurs et biens donnés seront remis au futur époux le jour du mariage, dont la célébration vaudra décharge.

M°....., notaire soussigné, est requis de délivrer tous extraits et certificats de propriété pour faire immatriculer les valeurs données au nom de la future épouse, après la célébration du mariage, avec mention du régime dotal et de leur aliénabilité dans les termes du présent contrat.

Les donateurs, chacun pour ce qui pourra le concerner, se réservent le droit de retour....., etc. *(Voir formule* 1210.)

Comme aussi sans que l'effet du droit de retour fasse obstacle à ce que les futurs époux aliènent les valeurs qui viennent d'être constituées en dot à la future épouse, à la condition d'en faire l'emploi ci-après prescrit. — *Quand le futur est officier ministériel et que la dot pourra être employée à payer la charge, on ajoute :* Spécialement à payer, avec subrogation, les fractions restées dues du prix de l'office de notaire dont le futur époux est titulaire, et le prix de tout autre office que le futur époux viendrait à acquérir par la suite.

Art. 5. — *Constitution dotale* (N°s 5659 à 5673).

La future épouse se constitue en dot tous ses biens meubles et immeubles présents et à venir ; en conséquence, ils seront dotaux, et, comme tels, soumis à emploi et remploi dans les termes et de la manière indiqués par l'art. 6 ci-après.

---

(1) Troplong, 3037 ; Aubry et Rau, § 533 bis-11 ; Guillouard, 1714 ; Bordeaux, 3 août 1832 ; Aix, 19 janv. 1844 ; Narbonne, 30 déc. 1890 ; Rép. Defrénois, 5912. Contra : Duranton, XV, 334 ; Rodière et Pont, 1647 ; Bordeaux, 30 avril 1850.

(2) Guillouard, 1713 ; Pau, 19 déc. 1860 ; Aix, 15 juill. 1864 ; Cass., 30 juin 1868, 13 juill. 1886 ; Rép. Defrénois, 1231-1, 3418, 3904-15.

(3) Cass., 30 juin 1868 ; Rép. Defrénois, 1231-1. Voir aussi Cass., 30 juill. 1877.

(4) Rodière et Pont, 1649 ; Guillouard, 1713 ; Pau, 20 janv. 1861 ; Aix, 15 juin 1864 ; Cass., 13 juill. 1886 ; Rép. Defrénois, 3418.

(5) Rodière et Pont, 1971, 1972 ; Aubry et Rau, § 533 bis-8 ; Guillouard, 1712.

en dot par contrat de mariage est dotal, s'il n'y a pas stipulation contraire (C. civ., 1541), sans qu'il soit nécessaire qu'elle en fasse l'apport dans le contrat; il en est ainsi de la constitution des biens à venir.

5660. Stipulation. — Il est nécessaire d e préciser dans le contrat de mariage la stipulation de dotalité. Cependant la loi ne prescrit aucune forme sacramentelle, et il suffirait d'une clause portant que : la future se *constitue pour dot tels biens,* ou que *tels biens seront dotaux,* ou que *tels biens sont destinés à supporter les charges du mariage* (1), ou bien : que la future établit son futur époux, *son procureur fondé irrévocable à l'effet de gérer et administrer ses biens* (2), ou encore la déclaration *que le mari prend la femme avec ses biens et droits* (3). La condition de remploi, même sous le régime dotal, ne conférerait pas aux biens le caractère de dotalité (4).

5661. Implicite. — La constitution de dot est implicite quand elle est la conséquence d'une stipulation contraire ; par exemple, si la future se réserve comme paraphernaux tels biens, cela sous-entend que le surplus de ses biens présents est dotal (5); — ou si les futurs déclarent qu'ils se marient sous le régime dotal et renoncent au régime de la communauté pour tous leurs biens présents et à venir, dans ce cas tous les biens présents et futurs de la femme sont dotaux (6).

5662. Ambiguïté. — Quand la clause de constitution de dot est ambiguë, elle s'interprète contre la dotalité qui est contraire à la transmission des biens, en faveur de la paraphernalité qui permet cette transmission (7).

5663. Biens constitués. — La constitution de dot peut frapper tous les biens présents et à venir de la femme, ou tous ses biens présents seulement, ou une partie de ses biens présents et à venir, ou même un objet individuel. La constitution, en termes généraux, de tous les biens de la femme ne comprend pas les biens à venir (C. civ., 1542).

5664. Biens présents et à venir. — La constitution des biens présents et à venir comprend tous les biens meubles et immeubles appartenant à la future épouse lors du mariage, et tous ceux dont elle devient propriétaire pendant le mariage par succession, donation, legs ou à tout autre titre personnel. Elle ne s'étend pas aux biens qui adviennent à la future après la dissolution du mariage (8); ni à ceux formant la part de la femme dans la société d'acquêts (9), de sorte qu'en cas de séparation, les biens échus à la femme pour sa part dans les acquêts peuvent être librement aliénés sans formalité judiciaire et sans remploi (10).

Autre stipulation de dotalité.

La future épouse se constitue en dot tous ses biens et droits mobiliers et immobiliers, présents et à venir; en conséquence, ils seront dotaux et, comme tels, soumis à l'emploi ou au remploi stipulés par l'art. 6.

Toutefois, les objets ci-après sont affranchis de cette obligation, savoir :

1° Les effets, linge et bijoux que la future épouse s'est personnellement constitués en dot;

---

(1) Rodière et Pont, 1650; Marcadé, 1540-1; Aubry et Rau, § 533 bis-3; Laurent, XXIII, 463; Guillouard, 1704; Cass., 16 août 1843, 16 nov. 1847, 21 janv. 1856; Grenoble, 4 mars 1848, 13 juill. 1850; Limoges, 7 juill. 1855.
(2) Rodière et Pont, 1651; Guillouard, 1704; Grenoble, 4 mars 1848, 13 juill. 1850. CONTRA : Aubry et Rau, § 533 bis-5.
(3) Troplong, 3030; Aubry et Rau, § 533 bis-7; Rodière et Pont, 1652; Guillouard, 1707; Toulouse, 12 juin 1860.
(4) Aubry et Rau, § 533 bis-6; Guillouard, 1709; Riom, 19 août 1851; Cass., 9 août 1858.
(5) Rodière et Pont, 1652; Marcadé, 1541-1; Duranton, XV, 337; Troplong, 3029; Aubry et Rau, § 533 bis-4; Guillouard, 1705; Laurent, XXIII, 463; Cass., 16 nov. 1847.

(6) Cass., 14 fév. 1866.
(7) Troplong, 3039; Rodière et Pont, 1664; Aubry et Rau, § 533 bis-7; Guillouard, 1715, 1719; Laurent, XXIII, 456; Lyon, 15 avril 1845.
(8) Rodière et Pont, 1659; Marcadé, 1554-8; Duranton, XV, 346; Troplong, 3314; Massé et Vergé, § 667-1; Aubry et Rau, § 534-9; Guillouard, 1727; Caen, 26 juin 1835; Cass., 7 déc. 1842; Rouen, 29 juin 1843. CONTRA : Caen, 9 juill. 1840.
(9) Troplong, 1910; Guillouard, 85 et 1724; Aubry et Rau, § 534-8; Rouen, 25 juin 1844, 17 fév. 1877; Cass., 29 juin 1847; Louviers, 18 juin 1891; Rép. Defrénois, 6135.
(10) Rouen, 23 juin 1844; Cass., 29 juin 1847.

5665. Biens présents. — Si la constitution de dot est bornée aux biens présents, elle comprend tous les biens possédés par la future ou auxquels elle a un droit ouvert au moment du mariage et qui, à son avènement, rétroagit à une époque antérieure au mariage; il en ainsi : des biens échus à la femme dans une succession ouverte antérieurement au mariage; de ceux provenus d'un pacte de rachat antérieurement stipulé; d'une action en revendication, dont la cause est également antérieure (1); d'une charge de rendre antérieure au mariage, à laquelle elle est appelée pendant le mariage (2); — mais non les biens provenus à la femme pendant le mariage d'une institution contractuelle à elle faite par le contrat d'un mariage antérieur (3); ou d'un retrait successoral exercé pendant le mariage à l'occasion d'une cession de droits successifs antérieure (4).

5666. Biens à venir. — La constitution de dot peut être bornée aux biens à venir (5), c'est à dire aux biens dont la femme devient propriétaire pendant le mariage, même après séparation de corps, par succession, donation, legs, ou tout autre titre personnel.

5667. Biens déterminés. — La constitution de dot peut être restreinte à un bien déterminé, comme une maison, une ferme, un domaine, ou à certains biens comme les immeubles situés dans tel département, ou même les biens à provenir de telle succession en tout ou pour une quotité fixée (6).

5668. Biens paraphernaux. — Sont paraphernaux (7) les biens non compris dans la constitution de dot résultant de donations faites à la future, *supra* n° 5655, ou de la constitution qu'elle a elle-même stipulée, *supra* n° 5653.

5669. Immutabilité. — La dot ne peut être constituée ni même augmentée pendant le mariage (C. civ., 1543); on ne doit donc pas considérer comme dotal : l'immeuble que la femme acquiert à titre de licitation, lorsqu'elle ne s'est constitué en dot que sa part indivise dans l'objet, cette part seule est dotale (8), à moins de remploi d'immeuble dotal ou de deniers assujettis à une clause d'emploi (9); — ni la portion indivise acquise sans remploi par la femme dotale d'un de ses cohéritiers, même lorsqu'elle s'est constitué en dot tous ses biens présents et à venir, si l'acquisition ne fait pas cesser l'indivision et la portion indivise acquise peut être vendue sans remploi (10); lorsque l'acquisition fait cesser l'indivision, l'immeuble est dotal pour le tout, sauf récompense (11); — ni l'immeuble donné à la femme sous la condition qu'il sera dotal et comme tel inaliénable, si le contrat de mariage ne stipule pas cette dotalité (12); — mais dans le cas où la femme s'est

---

2° Le trousseau et la somme d'argent composant le numéro premier des objets constitués en dot à la future épouse par ses père et mère;

3° Les meubles meublants, argenterie, linge, bijoux, tableaux et objets de ménage, auxquels la future épouse aura droit pendant le mariage, par succession, donation, legs ou autrement, soit seule, soit indivisément avec tous autres, sauf cependant pour la partie qui pourrait en être veudue;

4° Et les valeurs étrangères qui seraient attribuées à la future épouse dans les successions

---

(1) Rodière et Pont, 1655; Marcadé, 1542-1; Laurent, XXIII, 466; Cass., 18 déc. 1878.

(2) Duranton, XV, 349; Rodière et Pont, 1656; Aubry et Rau, § 534-3; Guillouard, 1720.

(3) Rodière et Pont, 1656; Aubry et Rau, § 534-4; Guillouard, 1721.

(4) Rodière et Pont, 1658; Aubry et Rau, § 534-5; Guillouard, 1721; Cass., 31 mai 1859. CONTRA : Jouitou, 14.

(5) Duranton, XV, 350; Guillouard, 1722; Laurent, XXIII, 464.

(6) Rép. Defrénois, 3146.

(7) Rodière et Pont, 1664; Duranton, V, 346; Toullier, XII, 7; Marcadé, 1541-1; Troplong, 3028, 3045; Cass., 9 août 1858.

(8) Rodière et Pont, 1664; Troplong, 3050, 3482; Marcadé, 1543-1; Massé et Vergé, 667-2; Aubry et Rau, § 534-41; Limoges, 22 juillet 1835, 9 mars 1843; Cass., 10 juillet 1850.

(9) Duranton, XV, 361; Rodière et Pont, 1663; Troplong, 3051. Voir cep. Aubry et Rau, § 534-42.

(10) Voir Rouen, 10 juill. 1850, 11 mars 1859; Cass., 21 mars 1860.

(11) Troplong, 3482; Rodière et Pont, 1663; Bordeaux, 23 janv. 1830; Limoges, 14 nov. 1876; Cass., 21 mars 1860, 9 fév. 1881, 17 fév. 1886, 26 janv. 1887; Rép. Defrénois, 849, 3244, 3466. Voir cep. Aubry et Rau, § 534-44; Caen, 5 nov. 1845; Amiens, 19 juin 1847.

(12) Toullier, XIV, 62, 63; Rodière et Pont, 1678; Troplong, 3058 à 3064; Marcadé, 1543-2; Massé et Vergé, § 667-4; Aubry et Rau, § 534-13; Guillouard, 241, 1731; Laurent, XXIII, 467; Caen, 18 déc. 1849, 6 août 1866. CONTRA : Duranton, XV, 360.

constitué en dot ses biens à venir, une donation peut lui être faite avec la condition que l'objet donné ne sera pas dotal, alors qu'il n'entre pas dans sa réserve légale (1).

5670. Modifications. — La dot ne peut non plus être modifiée pendant le mariage; ainsi, la femme dont les biens sont en partie dotaux et en partie paraphernaux ne peut, en vendant un immeuble dotal, le remplacer sur un de ses immeubles paraphernaux (2).

5671. Accroissement. — L'accroissement de valeur de l'immeuble dotal a aussi le caractère de dotalité, si la plus-value provient d'un fait étranger aux époux, comme l'établissement d'une route, d'un chemin de fer, ou de constructions faites par les époux qui s'incorporent à l'immeuble, sauf récompense (3), le dédoublement des actions d'une société procurant à la femme un droit de préférence aux actions nouvelles (4).

5672. Garantie. — Ceux qui constituent une dot à la future épouse, comme la future épouse elle-même lorsqu'elle se constitue la dot (5), sont tenus à la garantie des objets constitués *supra* n° 5433 (C. civ., 1547).

5673. Droits du mari : administration; disposition. — Le mari, pendant le mariage, a seul l'administration des biens dotaux, le droit d'en poursuivre les débiteurs et détenteurs, d'en percevoir les fruits et intérêts et de recevoir le remboursement des capitaux (C. civ., 1549). En ce qui concerne les biens meubles de la femme, il a, à moins de clause contraire, *infra* n° 5674, un droit de disposition presque égal à un propriétaire. Les dispositions sur ces divers points sont expliquées avec détail, dans la deuxième partie ci-après qui traite de la *restitution des biens dotaux.*

IV. Inaliénabilité des biens dotaux.

5674. Dot mobilière. — La disposition relative à l'inaliénabilité sous le régime dotal a pour objet le fonds dotal, c'est-à-dire les biens immobiliers. Quant aux biens meubles dotaux, ils sont aliénables, non par la femme, puisque par l'effet de la dotalité elle est incapable d'agir par elle-même et de s'obliger personnellement, même sur sa dot mobilière (6). C'est au mari seulement, en sa qualité de *procurator* de sa femme et comme exerçant ses droits qu'il appartient d'aliéner les objets compris dans cette dot (7).

5675. Femme séparée. — La femme dotale séparée de biens a l'administration

qu'elle se trouvera appelée à recueillir pendant le mariage, avec stipulation que si, par l'effet des partages qui en auraient lieu, la future épouse n'en recevait pas sa quote-part héréditaire en nature, une quotité égale, s'il est possible, des valeurs françaises comprises dans les mêmes abandonnements sera dispensée de remploi, ainsi que l'auraient été les valeurs étrangères elles-mêmes.

En conséquence, les futurs époux auront la libre disposition desdits objets; ils pourront les recouvrer et aliéner et en disposer comme bon leur semblera, sans aucune restriction ni réserve.

Art. 6. — *Faculté, sans restriction, d'aliéner les biens dotaux* (N°s 5674 à 5687).

Nonobstant la stipulation de dotalité contenue en l'art..... ci-dessus, la future épouse se réserve le droit, avec la seule autorisation de son mari et sans aucune formalité de justice, de vendre, échanger, donner, hypothéquer ou aliéner de toute autre manière ses biens dotaux mobiliers et

---

(1) Toullier, XII, 142; Duranton, XV, 490; Massé et Vergé, § 667-4 et 670-69 ; Troplong, 68, 3065; Marcadé, 1543-3; Demolombe, IV, 171; Aubry et Rau, § 534-19; Guillouard, 241, 1737, 1738; Paris, 27 janv. 1835, 5 mars 1846; Toulouse, 20 août 1840; Rouen, 7 fév. 1844; Riom, 25 mai 1844; Aix, 16 juill. 1846; Nîmes, 10 déc. 1856; Cass., 9 mai 1842, 16 mars 1846. Contra : Rodière et Pont, 1679; Nîmes, 18 janv. 1830.

(2) Bordeaux, 26 août 1857.

(3) Troplong, 3057; Marcadé, 1453-2; Massé et Vergé, § 667-3; Aubry et Rau, § 534-15; Guillouard, 1734; Paris, 11 avril 1851; Cass., 14 fév. 1843, 29 août 1860; Rouen, 2 mai 1861; Caen, 19 et 20 juill. 1866, 11 nov. 1873; Grenoble, 21 fév. 1874; Bordeaux, 17 juin 1874. Contra : Rodière et Pont, 1683; Paris, 23 mai 1863.

(4) Seine, 5 fév. 1875.

(5) Bordeaux, 20 fév. 1874; Cass., 22 mars 1875.

(6) Rodière et Pont, 1772; Cass., 26 mai 1836, 2 janv. 1837, 25 déc. 1839, 14 nov. 1846, 29 août 1848, 18 fév. et 1er déc. 1851, 11 mai et 6 déc. 1859, 29 juill. 1862. Voir cep. Troplong, 3225; Marcadé, 1554-2; Laurent, XXIII, 543; Aubry et Rau, § 535 bis-7; Jouitou, 371; Guillouard, 2049.

(7) Toullier, XIV, 176; Duranton, XV, 542; Troplong, 3210, 3225; Guillouard, 2061 et suiv.; Massé et Vergé, § 670-79; Agen, 30 nov. 1843; Paris, 18 nov. 1849; Caen, 13 juill. 1848, 22 mars 1862; Grenoble, 13 juill. 1848; Bordeaux, 26 mai 1849, 18 fév. 1850; Cass., 12 août 1846, 29 août 1848, 1er déc. 1851, 20 mars 1855, 6 déc. 1859, 13 janv. 1874. Voir cep. Rodière et Pont, 1776; Aubry et Rau, § 537 bis-12; Laurent, XXIII, 475; Limoges, 26 juill. 1842; Cass., 14 nov. 1846, 13 nov. 1860; Nîmes, 31 déc. 1856.

de ses biens dotaux dans les mêmes termes que son mari la possédait, mais non le droit d'aliéner sa dot mobilière qui demeure inaliénable à son égard ; elle ne peut donc céder ses créances non exigibles ni faire l'abandon de ses reprises contre son mari (1).

5676. Emploi des deniers dotaux. — Le mari n'est pas tenu de faire emploi des deniers dotaux quand le contrat de mariage ne l'y oblige pas (2).

5677. Emploi obligatoire. — Mais il y a lieu à un emploi des deniers dotaux, que les tiers débiteurs ou détenteurs doivent surveiller, quand une clause du contrat de mariage porte que le mari, en les touchant, ou le mari et la femme, en les touchant conjointement, seront tenus d'en faire un emploi déterminé. Les tiers sont tenus, sous leur responsabilité, de veiller à ce que l'emploi ait lieu de la manière et avec l'un des biens et valeurs que le contrat de mariage prescrit.

5678. Immeubles. — Les immeubles constitués en dot ne peuvent être aliénés ou hypothéqués pendant le mariage ni par le mari, ni par la femme, ni par les deux conjointement (C. civ., 1554). Cette inaliénabilité, comme en ce qui concerne la dot mobilière, *supra* n° 5674, ne cesse pas par la séparation de biens prononcée entre les époux et subsiste jusqu'à la dissolution du mariage (3).

V. Exceptions à l'inaliénabilité.

5679. Causes. — La règle de l'inaliénabilité fléchit quand les causes en vue desquelles l'inaliénabilité a été fondée, sont intéressées à ce que la dot, dans de certaines limites, devienne aliénable.

5680. Etablissement des enfants d'un premier lit. — L'inaliénabilité a pour effet de conserver les biens dans la famille, par conséquent pour les enfants ; ce n'est pas l'enfreindre quand l'aliénation a lieu pour leur avantage. Aussi la femme peut, avec l'autorisation de son mari, ou, sur son refus, avec permission de justice, donner ses biens dotaux pour l'établissement des enfants qu'elle aurait d'un mariage antérieur ; mais si elle n'est autorisée que de justice, elle doit en laisser la jouissance à son mari (C. civ., 1555). Cette disposition semble devoir être appliquée aux enfants adoptifs de la femme et aussi à ses enfants naturels (4).

---

immobiliers, et d'en disposer de la manière la plus absolue, sans être tenue envers les tiers à aucune justification d'emploi ni de remploi.

Ou bien : Art. 6. — *Faculté d'aliéner. Condition d'emploi et de remploi* (N°s 5674 à 5706.)

Nonobstant le régime dotal ci-dessus adopté, la future épouse pourra toujours, avec l'autorisation de son mari et sans être tenue de remplir aucune formalité judiciaire :

1° Procéder à tous comptes, liquidations et partages, accepter toutes donations et toutes successions, traiter, transiger et compromettre. Au cas de conversion de l'usufruit d'un conjoint en une rente viagère, pour les successions qui écherront à la future, elle aura le droit pour garantir le service de la rente d'hypothéquer ses immeubles dotaux, de conférer tout gage ou d'affecter toute valeur à son payement ;

2° Faire le partage anticipé de ses biens entre les enfants à naître du mariage en projet ou leurs descendants ;

3° Aliéner, échanger ou transférer à l'amiable, soit de gré à gré, soit aux enchères publiques, tous ses biens actuels et futurs, meubles et immeubles, rentes, créances, actions, obligations et autres valeurs quelconques.

---

(1) Rodière et Pont, 2196 ; Aubry et Rau, § 539-14 ; Guillouard, 2111 ; Rouen, 18 nov. 1846 ; Cass., 23 déc. 1839, 30 juin 1842, 7 fév. 1843, 14 nov. 1846, 13 nov. 1860, 29 juill. 1862, 13 déc. 1865, 3 fév. 1870, 27 avril 1880, 4 juill. 1881, 3 déc. 1883 ; Seine, 10 juill. 1890 ; Rép. Defrénois, 850, 2598, 5634. Voir cep. Marcadé, 1554-3 ; Laurent, XXIII, 556 ; Guillouard, 2105.

(2) Rodière et Pont, 1715 ; Marcadé, 1558-3 ; Troplong, 3127 ;

Laurent, XXIII, 478 ; Cass., 23 déc. 1839 ; Paris, 24 mai 1853.

(3) Rodière et Pont, 2196 ; Troplong, 3298 ; Duranton, XV, 520 ; Marcadé, 1554-b ; Aubry et Rau, § 539-3 ; Laurent, XXIII, 555 ; Guillouard, 2103 ; Cass., 7 juill. 1830. Contra : Toullier, XIV, 253.

(4) Guillouard, 1994.

5681. Des enfants communs. — A plus forte raison, la femme peut, avec l'autorisation de son mari, donner ses biens dotaux pour l'établissement de leurs enfants communs (C. civ., 1556), ce qui s'étend aux enfants adoptés par les deux époux conjointement (1).

5682. Aliénation permise par la loi. — En outre, l'aliénation du bien dotal, qu'il s'agisse de la dot immobilière ou de la dot mobilière quand une clause du contrat de mariage prescrit qu'elle ne sera aliénable ou recouvrable qu'à la condition de remploi, est permise par la loi, avec l'autorisation de justice, quand l'intérêt de la conservation de la dot ou les besoins de la famille exigent que cette aliénation ait lieu.

5683. Cas divers. — Suivant l'art. 1558 C. civ. l'immeuble dotal peut être aliéné avec permission de justice et aux enchères, suivant les formes déterminées par le Code de procédure, *infra* au titre DE LA VENTE : 1º Pour tirer de prison le mari ou la femme; — 2º Pour fournir des aliments à la famille dans les cas prévus par les art. 203, 205 et 206 C. civ.; — 3º Pour payer les dettes de la femme ou de ceux qui ont constitué la dot, lorsque ces dettes ont une date certaine antérieure au contrat de mariage ; — 4º Pour faire de grosses réparations indispensables pour la conservation de l'immeuble dotal; — 5º Enfin, lorsque cet immeuble se trouve indivis avec des tiers et qu'il est reconnu impartageable. — Dans tous ces cas l'excédent du prix de la vente au-dessus des besoins reconnus reste dotal et il en est fait emploi comme tel au profit de la femme.

5684. Echange. — L'immeuble dotal peut être échangé, avec le consentement de la femme, contre un autre immeuble de la même valeur pour les quatre cinquièmes au moins, en justifiant de l'utilité de l'échange, en obtenant l'autorisation de justice, et d'après une estimation par experts, nommés d'office par le tribunal. — Dans ce cas, l'immeuble reçu en échange est dotal; l'excédent du prix, s'il y en a, l'est aussi et il en fait emploi comme tel au profit de la femme (C. civ., 1559).

5685. Aliénation permise par le contrat. — L'immeuble dotal peut être aliéné lorsque l'aliénation en a été permise par le contrat de mariage (C. civ., 1557), que la future épouse soit majeure ou mineure (2).

5686. Clause l'autorisant. — Aucune restriction n'est apportée à cette faculté ; il peut donc être permis aux époux par une clause du contrat de mariage : soit d'aliéner

---

Les capitaux provenant de ces ventes, échanges et transferts, ainsi que tous autres capitaux qui pourront appartenir à la future épouse ou lui advenir par successions, donations, legs ou autrement, — *si des valeurs ont été exceptées de la dotalité (voir art. 5 ci-dessus 2º clause), on ajoute* : à l'exception de ceux des objets dont la disposition est réservée libre par l'article..... ci-dessus — devront lors de leur remboursement être employés comme il va être dit :

L'emploi de ces divers capitaux sera effectué, soit en acquisition d'immeubles situés en France, — *on peut ajouter* : ou en Algérie, rentes sur l'Etat français, actions de la Banque de France, placements sur particuliers par privilèges ou hypothèques sur immeubles situés en France, soit même en actions ou en obligations entièrement libérées des compagnies de chemins de fer français du Nord, d'Orléans, de Paris à Lyon et à la Méditerranée, de l'Est, de l'Ouest ou du Midi, en obligations également libérées de la ville de Paris, — *si le futur est ou doit être officier ministériel, on peut ajouter* : soit à payer en tout ou partie le prix de l'étude de notaire ou autre office ministériel dont le futur époux pourra devenir cessionnaire pendant le mariage, mais avec subrogation dans le privilège du cédant comme il sera dit ci-après.

Les valeurs autres que celles ci-dessus spécifiées qui, pendant le mariage, adviendront à la future épouse par successions, donations ou legs, pourront être conservées en nature, mais à la condition qu'elles seront inscrites au nom de la future épouse avec mention de la dotalité et de l'obligation d'emploi; en cas d'impossibilité, elles seront déposées comme il sera stipulé ci-après pour les valeurs au porteur et pour les valeurs nominatives transmissibles par endos.

---

(1) Rodière et Pont, 1792; Guillouard, 1994.
(2) Rodière et Pont, 41; Duranton, XV, 476; Marcadé, 1598-1; Troplong, 273, 3401; Massé et Vergé, § 670-34; Agen, 25 avril 1831; Riom, 13 nov. 1840; Cass., 12 janv. 1847.

librement et sans aucune condition ; soit d'aliéner seulement ; soit d'aliéner et hypothéquer ; soit d'hypothéquer seulement, soit d'aliéner sous condition de remploi, etc.

5687. Renvoi. — Les explications détaillées sur le mode et les effets des aliénations dans les cas prévus *supra* nos 5680 à 5685 sont donnés dans notre deuxième partie
du présent titre, sous la section où il est traité de la *Restitution de la dot ;* nous ne rete-
nons ici que celles des explications qui sont nécessaires pour les développements de notre
formule relatifs aux clauses qui permettent l'aliénation des biens dotaux.

5688. Faculté absolue d'aliéner. — Lorsque la faculté d'aliéner est stipulée
d'une manière absolue (1), il est utile de préciser que les époux pourront user de tous les
modes de transmission et de disposition, sans aucune limite.

5689. Condition d'emploi ou de remploi. — Quand c'est à des conditions
d'emploi ou de remploi prescrites par le contrat de mariage que la faculté d'aliéner a
été stipulée, elles doivent être rigoureusement observées, faute de quoi les tiers acquéreurs, débiteurs ou détenteurs, seraient exposés à payer une seconde fois. Il est donc
nécessaire de bien les préciser dans le contrat de mariage, ainsi que les obligations de
surveillance qui incombent aux tiers.

5690. Emplois et remplois. — La fortune mobilière, qui était presque insigni-
fiante lors de la promulgation du Code civil, a acquis depuis une grande importance et
compose souvent la majeure partie de l'avoir de la femme dotale. En raison de cela, il est
assez d'usage, à Paris notamment et dans les grandes villes, d'imposer la condition
d'emploi des deniers dotaux en cas de remboursement ou d'aliénation. La chambre des
notaires de Paris a adopté une formule sur ce point que nous reproduisons ci-contre, en
l'expliquant par les observations qui suivent :

5691. Stipulation. — Il est utile de préciser les pouvoirs que la clause confère
aux époux, à la femme spécialement sous l'autorisation de son mari, relativement aux
modes de disposition, ainsi que pour ce qui concerne le recouvrement des créances et
sommes dotales ; de cette manière on est de suite fixé sur leur étendue.

5692. Dévolutions. — Pour les biens et droits à advenir à la femme par succession, donation, legs ou à tout autre titre personnel, on mentionne le droit de procéder

---

Les frais en déboursés et honoraires qui seront à la charge de la future épouse dans ceux
qu'occasionneront les acquisitions ou échanges ci-dessus prévus, les dettes grevant les successions
qui pourront échoir à la future épouse, les droits de mutation dus à l'occasion des successions et legs
par elle recueillis, les frais de partage de ces successions et autres y relatifs et ceux des donations
faites au profit de la future épouse, serviront jusqu'à due concurrence de remploi sur les quittances
qu'en donneront les fonctionnaires publics ou créanciers à qui ces diverses sommes seront payées.

Les biens et valeurs ainsi acquis en remploi pourront être indéfiniment aliénés ou échangés sans
aucune formalité de justice, à la charge de remployer les deniers à en provenir comme il vient
d'être dit.

Les acquéreurs et débiteurs ne seront tenus que de la matérialité des remplois et ne seront
nullement responsables de leur utilité.

En cas de remploi en achat de rentes sur l'État, actions de la Banque de France, actions ou
obligations des compagnies ci-dessus dénommées de chemins de fer français, obligations de la ville
de Paris, la remise des deniers dotaux entre les mains de l'agent de change chargé de l'achat vaudra
décharge pour les débiteurs ou détenteurs de ces deniers. Il en sera de même de la remise desdits
deniers entre les mains du notaire chargé du placement s'il s'agit de remploi en immeubles ou en
créances privilégiées ou hypothécaires. Dans les deux cas, l'obligation du remploi ne pèsera plus
que sur l'agent de change ou le notaire, suivant la circonstance.

Au cas d'emploi en payement de prix d'office ministériel. — Si l'emploi a lieu en payement
du prix d'un office acquis par le futur, ainsi qu'il a été dit plus haut, cet emploi sera effectué par le

---

(1) Cass., 2 fév. 1870 ; Limoges, 4 fév. 1885 ; Rép. Defrénois, 2652.

à tous partages, accepter toutes donations et toutes successions et faire tous les actes qui s'y rattachent, même transiger, compromettre.

5693. Hypothèque au profit d'un conjoint. — On a vu *supra* n° 3264 que les héritiers ont le droit de convertir en une rente viagère l'usufruit conféré au conjoint survivant dans la succession de l'époux prédécédé. Comme une garantie hypothécaire ou un gage peuvent être exigés par le conjoint survivant, on doit réserver à la femme dotale le droit de les consentir.

5694. Partage anticipé. — Pour que la femme puisse faire le partage anticipé de ses biens dotaux entre ses enfants et autres descendants, le contrat de mariage doit lui en réserver la faculté.

5695. Modes d'aliénation. — Il est utile de préciser dans la clause les modes d'aliénation de chacun des biens dont la future épouse est propriétaire ou le deviendra pendant le mariage.

5696. Acquisitions en remploi. — On énumère les biens et valeurs qui devront faire l'objet des emplois ou remplois; quand le contrat de mariage stipule que le remploi aura lieu en immeubles, cela s'entend d'immeubles sis en France et non à l'étranger, mais les immeubles d'Algérie et des Colonies françaises pourraient être acquis en remploi. Il est préférable que le contrat de mariage le précise.

5697. Office ministériel. — Quand le futur époux est ou devra être notaire, avoué, huissier, agent de change, avocat à la Cour de cassation ou occupe une autre fonction dont le titre est vénal, on convient que les deniers dotaux pourront être employés à payer tout ou partie du prix de l'office; le contrat de mariage doit déterminer le mode et les conditions de ce remploi.

5698. Dettes; frais. — Les dettes des successions qui échoient à la femme pendant le mariage, les droits de succession auxquels elles donnent ouverture et les frais des actes de partage et autres, ne peuvent être pris sur les biens dotaux qu'en vertu d'une autorisation de justice; il est préférable, pour éviter d'y recourir, de stipuler que leur acquit tiendra lieu d'emploi ou de remploi des deniers dotaux. Quoique les frais des

---

versement aux mains du cédant de l'office ou de tous autres ayants droits, avec subrogation pour la somme ainsi employée dans le privilège du cédant. — A cet effet, la future épouse pourra intervenir dans l'acte portant cession de l'office au futur époux, en s'obligeant solidairement avec lui au payement de la somme pour laquelle l'emploi devra être effectué. — Il sera fait mention dans la quittance du prix de l'office, de l'origine des deniers versés au nom de la future épouse et de leur caractère de dotalité, de manière que la créance de la future épouse contre son futur époux soit également dotale et soumise aux conditions d'emploi ci-dessus stipulées. — Si le futur époux cède durant le mariage son office acquis avec emploi des deniers dotaux, il devra faire les diligences nécessaires pour la conservation du privilège de la future épouse et lui faire, jusqu'à due concurrence, des délégations sur son successeur. — Et si le futur époux vient en suite à racheter un autre office, la créance dotale sur son successeur pourra être employée par une délégation, une cession ou de toute autre manière, soit seule, soit avec d'autres deniers dotaux, au payement de tout ou partie du nouvel office et successivement, le tout sous les formes et conditions ci-dessus prescrites.

En cas de vente des valeurs dotales, la remise des titres entre les mains de l'agent de change chargé de la vente libérera valablement les dépositaires ou débiteurs de ces titres, dont le prix sera employé conformément aux dispositions qui précèdent par les soins de l'agent de change.

L'agent de change et le notaire ne seront eux-mêmes tenus que de la matérialité de l'emploi, ils ne seront pas responsables de l'utilité.

Le Trésor, l'administration de la Banque de France, les compagnies de chemins de fer, la ville de Paris, les sociétés ou les établissements publics quelconques, n'auront point à s'immiscer dans ces emplois auxquels ils seront complètement étrangers; ils ne seront soumis à aucune responsabilité, même en cas d'inexécution, et ils n'auront par suite aucune justification à demander.

Les divers emplois et remplois ci-dessus ne seront valables qu'autant qu'ils seront acceptés par la femme sous l'autorisation de son mari; les titres les constatant inscrits au nom de la femme

actes permis à la femme et des remplois puissent être prélevés sur les deniers à remplacer, il est utile que le contrat de mariage en fasse mention.

5699. Intermédiaire ; agent de change. — Les détenteurs et débiteurs de deniers dotaux étant responsables des remplois, devraient les effectuer eux-mêmes, ce qui serait quelque peu difficile ; il est donc nécessaire d'indiquer des intermédiaires pour faire les remplois et de stipuler que la remise en leurs mains des deniers à employer déchargera les débiteurs. C'est ainsi que les agents de change sont désignés pour les remplois en rentes sur l'Etat, actions, obligations ou autres valeurs désignées dans la clause, et l'on convient par la clause du contrat de mariage que cette remise déchargera le débiteur de la surveillance du remploi.

5700. Ibid. ; notaires. — Pour les remplois en immeubles, placements par privilège, hypothèque ou autres gages, les fonds sont remis au notaire chargé de recevoir les actes d'acquisition ou de placement. Le contrat de mariage doit stipuler que cette remise aura lieu et que, par son seul fait, le débiteur ou détenteur des deniers dotaux seront déchargés de la surveillance du remploi.

5701. Valeurs remployées en immeubles ou placements. — Quand des rentes sur l'Etat ou autres valeurs dotales étaient remployées en acquisition d'immeubles, on remettait autrefois les rentes ou autres valeurs au vendeur en payement du prix, et celui-ci, muni d'un certificat de propriété pour les rentes sur l'Etat, ou d'un extrait de l'acte pour les autres valeurs, les faisait immatriculer en son nom ou les vendait (1). Mais à la suite de remplois frauduleux imaginés par une agence dans le but de permettre au mari de disposer des deniers dotaux au préjudice de la femme (2), le Trésor et les compagnies n'ont plus consenti à accepter les dations en payement (3), de sorte que, actuellement, les remplois de rentes sur l'Etat ou autres valeurs en acquisition d'immeubles présentent de grandes difficultés. On les évitera dans de certaines limites en insérant dans le contrat de mariage que la remise des fonds provenant de l'aliénation des rentes sur l'Etat et autres valeurs aux mains du notaire chargé de dresser l'acte d'emploi déchargera le Trésor, les compagnies et les agents de change de toute responsabilité.

feront mention de la dotalité et de l'obligation d'emploi, sauf ce qui sera dit ci-après pour les titres au porteur et pour les titres nominatifs transmissibles par endos.

Si, lors d'un remboursement, les époux ne sont pas en mesure d'opérer l'emploi, les fonds seront déposés à la caisse des consignations ou entre les mains d'un notaire du choix des époux, et les tiers débiteurs ou détenteurs seront libérés de la charge d'emploi par ce dépôt, à la condition qu'il soit constaté : en ce qui concerne la caisse, par la délivrance d'un récépissé, et en ce qui concerne le notaire, par un acte authentique, le tout relatant l'obligation d'emploi.

Dans le cas où les actions, rentes ou valeurs acquises en remploi ou provenant à la future épouse de successions, donations ou legs, seraient soit au porteur non susceptibles d'être converties en titres nominatifs mentionnant la dotalité et l'obligation d'emploi, soit nominatives transmissibles par endos, il devra être procédé de la manière suivante :

Les actions, obligations, rentes ou valeurs seront déposées : en cas d'acquisition, par l'agent de change, et dans les autres cas par tous détenteurs dans les caisses, soit des compagnies, soit de la Banque de France, de la ville de Paris, ou de la caisse des dépôts et consignations qui délivrera des récépissés au nom de la future épouse.

Ce dépôt pourra encore être fait, si les époux le préfèrent, entre les mains d'un séquestre nommé sur requête des époux, ou de l'un d'eux, par M. le président du tribunal civil du lieu de leur domicile. Le séquestre donnera récépissé du dépôt par acte authentique.

Les récépissés porteront les numéros des titres déposés, mentionneront le régime dotal et l'obligation d'emploi, et indiqueront que lesdits titres ne pourront être retirés que par un agent de change désigné par les futurs époux pour en opérer l'aliénation à charge de remploi.

(1) Rép. Defrénois, 3069.
(2) Rép. Defrénois, 6245, 6251 et 6274.   (3) Rép. Defrénois, 3623.

5702. Matérialité de l'emploi. — Les intermédiaires chargés du remploi ne doivent être tenus que de la matérialité, c'est-à-dire du fait du remploi, mais non de son utilité.

5703. Acceptation. — Les acquisitions ou placements en remplois doivent, pour leur validité, être acceptés par la femme et, dans le but que cette formalité ne soit pas omise, il est utile de la prescrire dans le contrat de mariage.

5704. Consignation. — Le dépôt des fonds assujettis à emploi ou à remploi, à la caisse des consignations, n'équivaut point au remploi et ne décharge pas le débiteur de l'obligation de le suivre (1), mais on peut convenir dans le contrat de mariage qu'un tel dépôt libérera les débiteurs de la charge d'emploi.

5705. Valeurs au porteur. — Si la femme vient à recueillir des valeurs au porteur non convertissables au nominatif, il peut être utile, afin qu'on ne les détourne pas de leur destination, qu'elles soient déposées dans un établissement au nom de la femme dotale. La clause ci-contre contient des stipulations à ce sujet.

Lors du retrait, il sera donné, par acte authentique, au dépositaire, une décharge des titres, signée des époux et de l'agent de change chargé du remploi.

La remise effectuée entre les mains de l'agent de change chargé du remploi déchargera complètement le dépositaire : l'agent de change, seul tenu de suivre le remploi, sera lui-même déchargé comme il est dit ci-dessus.

Il est bien entendu que les primes et lots qui pourraient être attachés aux valeurs de la future épouse lors des remboursements seront, quelle que soit leur importance, considérés comme capitaux dotaux et soumis, par conséquent, aux conditions de remploi ci-dessus indiquées.

Les frais des quittances qui constateront les remboursements des valeurs et la remise des primes et lots, les frais de récépissés et de décharges concernant les dépôts resteront à la charge exclusive de la future épouse comme étant occasionnés par son régime dotal.

Les futurs époux, par les stipulations qui précèdent, n'entendent pas restreindre les facultés contenues dans les articles 1555, 1556, 1557 et 1558 du Code civil ; ils déclarent, au contraire, vouloir appliquer chacune de ces facultés à tous les biens dotaux meubles et immeubles.

Autre clause d'aliénation à charge de remploi (Nos 5707 et 5708).

Art. 6. — *Faculté d'aliéner; — condition d'emploi ou de remploi.*

Nonobstant la stipulation de dotalité contenue en l'art..... ci-dessus, la future épouse se réserve le droit, avec la seule autorisation de son mari et sans être tenue de remplir aucune formalité judiciaire, de :

1o Vendre et échanger ses immeubles, procéder à l'amiable à tous partages ainsi qu'à toutes licitations, même en faveur d'étrangers, sous la condition que les prix de vente ou de licitation, et les soultes d'échange ou de partage, seront employés, lors de leur réception, à acquérir en remplacement, au nom et au profit de la future épouse, soit d'autres immeubles, soit des actions immobilisées de la Banque de France, soit des rentes trois pour cent sur l'Etat français, ou actions et obligations des chemins de fer ayant un minimum d'intérêt garanti par l'Etat ;

2o En cas de conversion en rente viagère du droit d'usufruit du conjoint survivant, pour les successions qui écherraient à la future épouse, et pour en garantir le service, conférer toute hypothèque ou tout gage ou consentir à toute affectation de rentes sur l'Etat ou autres valeurs ;

3o Vendre et transférer les immeubles, actions de banque, rentes et autres valeurs acquis par la future à titre de remplacement, sous la même condition du remploi, et ainsi successivement ;

4o Vendre et transférer ses immeubles dotaux, actions de banque, rentes sur l'Etat et autres valeurs, soit pour acquitter les dettes et charges des successions ou legs qui lui écherront ou dont elle sera tenue comme donataire ainsi que les droits de mutation et frais d'acte à sa charge ; soit pour faire équiper les enfants à naître du mariage qui seraient admis à contracter un engagement militaire ou à les faire exonérer ou remplacer du service militaire, s'il se peut, ou bien emprunter sur hypothèque les sommes nécessaires à cet effet ;

---

(1) Aubry et Rau, § 537-96 ; Guillouard, 1981 ; Bordeaux, 4 fév. 1830 ; Cass., 12 mai 1857 ; Caen, 26 janv. 1872. Voir cep. Duranton, XV, 486 ; Laurent, XXIII, 520.

5706. Valeurs à lots. — Les primes et lots sont un accessoire des valeurs auxquelles ils sont attachés, en conséquence sont biens dotaux et, à ce titre, sujets à emploi, ce que la clause mentionne surabondamment.

5707. Immeubles seuls sujets à remploi. — Quand les époux, sans stipuler l'emploi des biens meubles dotaux, conviennent que les immeubles dotaux pourront être aliénés à la charge de remploi, le contrat de mariage doit déterminer le mode et les conditions d'aliénation et les autres dispositions prévues en ce qui concerne les immeubles dotaux, et dire quels biens devront être acquis en remploi. Si les immeubles du mari et ceux de la société d'acquêts figurent parmi ceux que la femme peut acquérir en remploi, il faut stipuler qu'ils passeront à la femme affranchis de plein droit de son hypothèque légale.

5708. Renonciation et subrogation à hypothèque légale. — Quand les biens meubles de la femme doivent demeurer aliénables, on le mentionne afin d'en tirer cette conséquence, si les parties en conviennent, qu'il lui sera loisible de renoncer

---

5° Toucher sans remplacement le prix des aliénations qu'elle consentirait pour cause d'utilité publique ou les indemnités qui lui seraient allouées par le jury d'expropriation, chaque fois que ces prix ou indemnités n'excéderont pas une somme de.....;

6° Concourir, même solidairement avec le futur époux, à tous engagements qu'il contracterait sur des immeubles appartenant au futur époux, ou sur ceux de la société d'acquêts, et consentir au profit des tiers prêteurs ou autres toutes subrogations dans l'effet de son hypothèque légale, ou toute antériorité sur cette hypothèque; mais ce concours de la femme n'aura qu'un effet hypothécaire, sans qu'il puisse, en aucun cas, en résulter pour elle aucun engagement pouvant s'exercer sur les biens dotaux, même après la dissolution du mariage;

7° Faire donation entre vifs, à titre de partage anticipé, de ses biens dotaux, en faveur des enfants qui naîtront du mariage projeté.

Les acquisitions en remploi devront être acceptées par la future épouse. Une fois cette acceptation donnée, les acquéreurs, échangistes, colicitants et copartageants seront à l'abri de tout recours, pourvu, en cas d'acquisition d'immeubles, qu'ils aient été purgés de toute espèce d'hypothèque.

Ces acquisitions pourront être faites en vue d'aliénations projetées.

Les immeubles de la société d'acquêts pourront être cédés par le futur époux à la future épouse, en remploi de ses immeubles et de ses autres valeurs dotales.

Les immeubles acquis par anticipation à titre de remploi, et les immeubles de la société d'acquêts qui seraient cédés en remploi par le futur époux, passeront entre les mains de la future épouse, affranchis de plein droit de son hypothèque légale, et sans qu'il soit besoin de remplir à cet effet aucune formalité pour les purger de cette hypothèque.

En cas de remplois en rentes sur l'État, actions et obligations de société, suivant ce qui est dit ci-dessus, la remise des deniers dotaux entre les mains de l'agent de change chargé de l'achat vaudra décharge pour les débiteurs ou détenteurs de ces deniers. Il en sera de même de la remise desdits deniers entre les mains du notaire chargé du placement, s'il s'agit de remploi en immeubles ou en créances privilégiées ou hypothécaires.

Si les remplois n'avaient pas été effectués pendant le mariage, les aliénations seraient néanmoins valables, mais sous la condition que les tiers détenteurs des biens dotaux non remplacés en versent le prix entre les mains de la future épouse ou de ses héritiers.

Si les héritiers de la future épouse étaient encore mineurs, l'emploi du prix des aliénations devrait être fait en leur nom, conformément à ce qui est prescrit ci-dessus.

Les frais des actes qui seront faits pour arriver au remploi et de ceux qui le constateront seront supportés en entier par la société d'acquêts, de manière que la fortune dotale de la future épouse ne subisse aucune diminution *(ou :* seront pris sur le montant des sommes à remplacer).

Les biens meubles de la future épouse seront aliénables par la future épouse autorisée de son mari ; en conséquence, elle pourra renoncer à son hypothèque légale en faveur de tous tiers acquéreurs de son mari ou de la société d'acquêts, et, par suite, concourir à tous contrats de vente et à tous payements de prix ; comme aussi, consentir en faveur de tous tiers prêteurs ou autres, à toutes subrogations ou antériorités sur cette hypothèque. — *Si l'on veut restreindre cette clause :* mais, en tout cas, seulement en ce que son hypothèque légale conservera sa dot mobilière,

Voir aussi la formule 1252 *et celle* 1257, *art.* 6.

à son hypothèque légale en faveur de tous tiers acquéreurs de son mari ou de la société d'acquêts, comme aussi de consentir en faveur de tiers prêteurs toutes subrogations et antériorités.

5709. Préciput. — En raison de la stipulation d'une société d'acquêts, le préciput se règle comme en matière de communauté d'acquêts.

5710. Reprise d'apports.— C'est également par les règles de la communauté d'acquêts que les époux, la femme notamment, exercent le prélèvement de leurs reprises.

§ 2. *Régime dotal sans société d'acquêts.*

I. Dotalité de tous les biens.

5711. Règles. — Le régime dotal avec stipulation de dotalité pour tous les biens présents et à venir de la femme [FORM. 1257] a une certaine analogie avec le régime de non-communauté, la différence consiste en ce que les biens de la femme sont indisponibles et inaliénables et que la restitution à la dissolution de l'association conjugale est soumise à des règles particulières.

ART. 7. — *Préciput* (N° 5709).

Le survivant des futurs époux, au cas seulement de dissolution de la société d'acquêts par le décès de l'un des époux, prendra et prélèvera, à titre de préciput, avant tout partage des biens de la société d'acquêts, tels des biens meubles et objets mobiliers qu'il lui plaira choisir, jusqu'à concurrence d'une somme de....., d'après la prisée de l'inventaire, ou cette somme en deniers comptants s'il le préfère.

Ledit survivant, s'il prélève du mobilier pour son préciput, aura, de plus la faculté de retenir pour son compte personnel et en déduction de ses droits, telle autre partie du mobilier meublant qu'il lui plaira de choisir en sus de son préciput, et même la totalité de ce mobilier si bon lui semble, sans que les représentants du prédécédé puissent exiger la vente de ces objets, et sauf par le survivant à tenir compte à qui de droit de la valeur des objets prélevés ou retenus par lui d'après l'estimation qui en aura été faite en l'inventaire dont il est ci-dessus parlé.

ART. 8. — *Reprises de la future* (N° 5710).

Lors de la dissolution de la société d'acquêts, la future épouse ou ses héritiers et représentants reprendront le montant de ses apports et dot ou les valeurs acquises en remploi, ensemble tous les biens meubles et immeubles qui lui seront advenus et échus pendant le mariage, par succession, donation, legs ou à tout autre titre personnel; et si c'est la future épouse elle-même qui exerce ses reprises, elle aura droit, en outre, même en cas de renonciation à la société d'acquêts, au préciput ci-dessus stipulé, et elle pourra profiter de la faculté accordée au survivant de conserver tout ou partie du mobilier.

Ces reprises et prélèvements seront exercés francs et quittes de toutes dettes de la société d'acquêts.

ART. 9. — *Donations entre époux.*

En considération du mariage, etc. (*Voir les formules 1223 à 1241.*)

Telles sont les conventions, etc. (*Voir pour le surplus la formule 1242.*)

FORMULE 1257. — **Régime dotal sans société d'acquêts. — Dotalité de tous les biens. — Faculté d'aliéner** (N°ˢ 5711 à 5719).

PAR DEVANT Mᵉ.....,
    ONT COMPARU :
M..... (*Voir pour les comparutions la formule 1242.*)
Lesquels ont arrêté ainsi qu'il suit, etc. (*Voir même formule.*)

ART. 1ᵉʳ. — *Régime* (N° 5711).

Les futurs époux adoptent pour base de leur union le régime dotal établi par les art. 1540 et suivants du Code civil, mais sans société d'acquêts, et sauf les modifications résultant des articles ci-après.

5712. Propriété des biens. — Les biens meubles et immeubles apportés par la future demeurent sa propriété ; toutefois en ce qui concerne les objets mobiliers apportés avec estimation, s'il n'est point déclaré que l'estimation n'en vaut pas vente au mari, celui-ci en devient propriétaire et n'est débiteur que du prix donné au mobilier (Code civ., 1551).

5713. Constitution de dot. — Les dispositions relatives à la constitution de dot ont été expliquées *supra* nᵒˢ 5654 à 5672.

5714. Administration. — Le mari a seul l'administration des biens dotaux pendant le mariage, avec un droit de disposition en ce qui concerne les biens meubles presque égal à celui d'un plein propriétaire, *supra* nᵒ 5673.

5715. Revenus. — Le mari, comme étant seul tenu de toutes les charges du mariage, perçoit à son profit tous les fruits et revenus des biens dotaux, et les économies, placements, acquisitions de biens meubles et immeubles pendant le mariage sont sa propriété. Cependant il peut être stipulé que la future touchera annuellement une certaine somme sur ses revenus, à son profit personnel (C. civ., 1549), et les économies qu'elle

---

Par suite de l'adoption de ce régime, la future épouse se réserve expressément en propre, tant ses biens actuels que ceux qui pourront lui advenir et échoir pendant le mariage, par succession, donation, legs ou à tout autre titre personnel ; sauf par elle à supporter exclusivement les dettes et charges dont pourraient être grevés les biens et droits qui lui adviendraient par la suite.

Art. 2. — Apports de la future épouse (Nᵒ 5712).

La future épouse apporte en mariage et se constitue personnellement en dot :

1ᵉⁿᵗ. Un trousseau consistant en vêtements, linge, bijoux, dentelles, diamants et autres ornements à son usage personnel, desquels il est inutile de faire le détail et l'estimation en raison de la stipulation contenue en l'article neuf ci-après ;

2ᵉⁿᵗ. Les meubles meublants, objets mobiliers, linge de ménage dont la description suit :

1ᵒ.....; 2ᵒ.....; 3ᵒ..... *(Décrire et estimer.)*

L'estimation donnée à ces objets n'en vaudra pas vente au mari — *ou* : l'estimation donnée à ces objets a pour effet d'en rendre le futur propriétaire, en conséquence la restitution qui devra en être faite à la future épouse ou à ses héritiers, lorsqu'il y aura lieu, sera du montant de leur estimation ci-dessus.

3ᵉⁿᵗ. Cinquante obligations, trois pour cent, de la compagnie....., etc. *(Voir formule* 1169.)

4ᵉⁿᵗ Les immeubles dont la désignation suit :

1ᵒ Une maison.....; 2ᵒ une ferme....., etc. *(Voir formule* 1180.)

Le tout provenu à la future, tant de ses économies que des successions de ses père et mère, partagées suivant acte reçu par Mᵉ....., notaire à....., le.....

Duquel apport, franc et quitte de toutes dettes, le futur époux consent à demeurer chargé par le seul fait de la célébration du mariage.

Art. 3. — Constitution dotale (Nᵒ 5713).

La future épouse se constitue en dot tous ses biens et droits mobiliers et immobiliers présents et à venir, en conséquence ils seront tous dotaux.

Art. 4. — Administration des biens dotaux (Nᵒ 5714).

Le futur époux aura, conformément à la loi, l'administration des biens dotaux ; il en percevra seul les fruits et revenus, moins toutefois ceux que la future va se réserver par l'article cinq ci-après. En conséquence il recevra le remboursement des capitaux dotaux, sans être astreint envers les tiers détenteurs, débiteurs ou autres à aucune justification d'emploi ni de remploi, et il exercera d'ailleurs tous les droits que lui confère la loi au sujet de ces biens.

Art. 5. — Perception des revenus de la future (Nᵒ 5715).

La future épouse touchera annuellement sur ses simples quittances pour l'employer à ses besoins personnels et à de bonnes œuvres, la somme de deux mille cinq cents francs sur les fermages de la ferme de *la belle Rose* comprise dans ses apports en mariage. Si cette ferme vient

peut faire sur ces revenus sont sa propriété, comme il est dit *supra* n° 5624 en ce qui concerne la femme non commune, mais sans avoir le caractère de la dotalité. Si la réserve par la femme est d'une quote-part proportionnelle de ses revenus, elle supporte les dépenses d'entretien et les impôts afférents à cette quote-part de jouissance (1).

5716. Inaliénabilité. — Les biens de la femme étant inaliénables, ses immeubles ne peuvent être aliénés que dans les cas prévus par la loi ou par une stipulation du contrat de mariage, *supra* n°s 5674 à 5708.

5717. Propriété des meubles. — Le mari doit faire dresser un inventaire ou un état authentique des meubles apportés en mariage par la femme ou qui lui échoient à titre personnel pendant le mariage ; à défaut d'inventaire ou état, la femme en peut établir la consistance par tous les modes de preuve, même par la commune renommée.

à être vendue le droit de la future s'exercera sur les intérêts du prix jusqu'à ce que le remploi prescrit ait été ordonné et après le remploi effectué sur les fermages des biens acquis en remploi.

ART. 6. — *Faculté d'aliéner les immeubles dotaux* (n° 5716).

Nonobstant la stipulation de la dotalité contenue en l'article trois ci-dessus, tous les biens immobiliers présents et à venir de la future épouse pourront être aliénés par la future épouse sous l'autorisation de son mari, sans aucune des conditions ni des formalités prescrites par la loi, soit par vente, soit par échange contre d'autres immeubles de même nature ; mais les prix de vente et les soultes d'échange devront être employés au profit de la future épouse en acquisition d'autres immeubles de pareille nature et de même valeur ; de manière que les immeubles en fonds de terre ne puissent être remplacés que par d'autres immeubles aussi en fonds de terre et non par des maisons ni des usines, ni à plus forte raison par actions de la banque de France même immobilisées ou par des rentes sur l'Etat ou autres valeurs, ni par des placements sur particuliers, même avec privilège ou hypothèque. En conséquence, les parties déclarent déroger à l'art. 46 de la loi du 2 juillet 1862 ou à toutes autres lois qui interviendraient par la suite pour prescrire des remplois contraires à ceux ci-dessus prescrits.

La future épouse se réserve encore, avec la seule autorisation de son mari, et sans qu'il soit besoin d'autorisation judiciaire :

1° De procéder à tous partages et à toutes licitations ainsi qu'à tous traités, compromis et transactions concernant ses biens dotaux ; mais les soultes ou les prix de licitation à en provenir devront être employés conformément à ce qui est dit ci-dessus ;

2° Faire le partage anticipé de ses immeubles dotaux entre les enfants qui naîtront du mariage en projet ;

3° Toucher, sans être astreinte à en faire emploi, le prix des aliénations qu'elle consentirait amiablement pour cause d'utilité publique ou les indemnités qui lui seraient allouées par le jury d'expropriation, pourvu que ces prix ou indemnités n'excèdent pas, pour chaque fois, une somme de deux mille francs.

Les biens immeubles provenant des remplois et ceux reçus en échange pourront être aliénés de la même manière que les biens primitifs et sous les mêmes conditions de remploi ; il en sera ainsi des nouveaux biens et successivement.

Les acquisitions en remploi devront être acceptées par la future épouse. Après cette acceptation, les acquéreurs, échangistes, colicitants et copartageants seront à l'abri de tout recours.

Ces acquisitions pourront être faites en vue d'aliénations projetées.

Si les remplois n'avaient pas été effectués pendant le mariage, les aliénations seraient néanmoins valables, mais sous la condition que les tiers détenteurs des biens dotaux non remplacés en versent le prix entre les mains de la future épouse ou de ses héritiers.

Les frais des actes qui seront faits pour arriver aux remplois et pour les constater seront prélevés sur les sommes à remployer.

ART. 7. — *Consistance des biens meubles* (N° 5717).

Le futur époux sera tenu de faire constater, par un inventaire ou état authentique, les biens et droits mobiliers et immobiliers qui adviendront à la future épouse pendant le mariage, par suc-

---

(1) Cass., 1er juin 1874.

5718. Gain de survie. — Le mari ayant droit à tous les fruits et revenus, même au produit du travail de sa femme, un gain de survie est souvent stipulé pour le cas où il la prédécéderait, *supra* n° 5626.

5719. Restitution. — A la dissolution de l'association conjugale même par le divorce ou la séparation de corps ou de biens, le mari doit restituer la dot de sa femme (C. civ., 1564 et suiv.). Les règles à ce sujet sont établies dans la deuxième partie du présent titre.

Il. Paraphernaux.

5720. Règles. — Dans le cas de la formule 1258 ci-contre, les futurs époux ont adopté le régime dotal sans société d'acquêts, mais avec réserve par la future que tous ses biens présents et à venir seront paraphernaux. Cette association conjugale place la

cession, donation, legs ou à tout autre titre personnel, afin de lui en faciliter la restitution ou à ses héritiers, lorsqu'il y aura lieu.

Art. 8. — *Gain de survie* (N° 5718).

Les futurs époux, pour le cas de dissolution du mariage par le décès de l'un des époux, assurent au survivant d'eux, ce qu'ils acceptent respectivement, le prélèvement, au profit du survivant, de meubles meublants et objets mobiliers à prendre à son choix parmi ceux qui garniront leur habitation à l'époque du décès du prémourant, et ce jusqu'à concurrence d'une valeur de douze mille francs, d'après la prisée de l'inventaire qui sera alors fait; sans qu'il y ait lieu de compléter cette somme en argent, si le montant du prélèvement n'atteignait pas le chiffre de douze mille francs.

Art. 9. — *Restitution de la dot* (N° 5719).

Le futur époux ou ses héritiers, lorsqu'il y aura lieu, restitueront à la future épouse ou à ses héritiers et représentants les biens meubles et immeubles dont elle a fait ci-dessus l'apport en mariage et ceux qui lui seront advenus pendant le mariage par succession, donation, legs ou à tout autre titre personnel, ou les biens et valeurs qui auraient été acquis en remploi.

En ce qui concerne le trousseau de la future épouse, il est formellement convenu que la future épouse, ou ses héritiers et représentants, reprendront, lors de la dissolution du mariage, tous les objets, hardes, linge et effets à son usage personnel, ses diamants et bijoux, comme étant la représentation des objets de même nature qu'elle a apportés en mariage.

Quant aux autres valeurs de la future épouse dont il n'aurait pas été fait emploi en son nom, la reprise en sera opérée lors de la dissolution du mariage, soit en nature, s'ils existent encore à cette époque, soit en deniers contre le futur époux ou sa succession, si les valeurs ne se retrouvent pas en nature et qu'il n'y ait pas été fait emploi de leurs prix.

Le tout, bien entendu, sauf l'exercice des droits et avantages assurés par le présent contrat au futur époux, en cas de survie.

En cas de prédécès de la future épouse sans enfant, le futur époux aura, pour se libérer de toutes les sommes dont il sera comptable ou débiteur envers sa succession, terme et délai de deux années, à partir du jour du décès, sans être tenu de fournir caution ni de payer aucun intérêt pendant ce temps; mais à défaut de payement à l'expiration des deux années, il devra de plein droit des intérêts sur le pied de cinq pour cent par an.

Ce délai sera révoqué de plein droit si le futur époux vient à contracter un second mariage, et les sommes dues deviendront exigibles à partir du jour de la célébration civile.

Art. 10. — *Donations entre époux.*

En considération du mariage projeté, etc. *(Voir formules 1223 à 1241.)*
Telles sont les conventions, etc. *(Pour le surplus, voir la formule 1242.)*

FORMULE 1258. — **Régime dotal sans société d'acquêts.** — **Paraphernalité de tous les biens.** — **Condition d'emploi et de remploi** (Nᵒˢ 5720 à 5725).

Par devant Mᵉ.....,
    Ont comparu :
M..... *(Voir pour les comparutions la formule 1242.)*
Lesquels ont arrêté ainsi qu'il suit, etc. *(Voir la même formule.)*

femme, à peu de chose près, dans la même situation que la femme contractuellement séparée de biens.

5721. Administration. — La femme a l'administration, comme la femme séparée, *supra* n° 5630, de tous ses biens meubles et immeubles et le droit d'aliéner ses biens meubles ; toutefois quand on stipule que les biens de la femme ne pourront être aliénés et recouvrés qu'à la condition d'emploi et de remploi, il est nécessaire que pour ces recouvrements et aliénations elle soit autorisée de son mari.

5722. Apports. — Les apports de la future doivent toujours être décrits et estimés, pour ceux qui y sont sujets, en raison de la responsabilité qui pourrait peser sur le mari à défaut d'emploi. Dans le cas de la formule ci-contre, cette indication est nécessaire en raison de la condition d'emploi des valeurs mobilières.

5723. Charges du mariage. — Si tous les biens de la femme sont paraphernaux, et s'il n'y a pas de convention dans le contrat pour lui faire supporter une portion des

---

Art. 1er. — *Régime* (Nos 5720 et 5721).

Les futurs époux déclarent adopter pour base de leur union le régime dotal, conformément aux dispositions des articles 1540 et suivants du Code civil, mais sans société d'acquêts, et sauf les modifications résultant du présent contrat.

La futur épouse se réserve comme paraphernaux tant les biens qui lui appartiennent actuellement que tous ceux mobiliers et immobiliers dont elle deviendra propriétaire pendant le mariage, par succession, donation, legs ou à tout autre titre personnel.

En conséquence, les futurs époux ne seront pas tenus des dettes l'un de l'autre, antérieures ou postérieures au mariage.

Ils demeurcront respectivement propriétaires des biens et valeurs provenant soit de leur chef personnel, soit des économies faites sur leurs gains et revenus respectifs.

Et la future épouse aura la jouissance libre de ses revenus et l'administration de ses biens meubles et immeubles ; par suite elle pourra, sans avoir besoin de l'autorisation de son mari, etc. (*Voir* supra *la formule* 1254, *art.* 1er, 4e *alinéa.*)

Si, au contraire, l'aliénation ne doit avoir lieu qu'à la condition de remploi :

Toutefois les valeurs mobilières appartenant actuellement à la future épouse et celles dont elle deviendra propriétaire par la suite ne pourront être aliénés ou recouvrés par la future épouse qu'avec l'autorisation de son mari, en raison de la condition d'emploi ou de remploi stipulée par l'article six ci-après.

Art. 2. — *Apport du futur.*

Le futur époux apporte en mariage les vêtements, linge, bijoux et effets à son usage personnel dont la valeur n'est pas indiquée ici à raison de la convention qui sera faite par l'art. 5 ci-après.

Duquel apport, libre de toutes dettes et charges, le futur époux a donné connaissance à la future.

Art. 3. — *Apports de la future* (No 5722).

La future épouse apporte en mariage et se constitue personnellement en dot :

1ent. Les vêtements, linge, bijoux et effets à son usage personnel dont la valeur n'est pas indiquée ici non plus par suite de ce qui sera stipulé par l'art. 5 ci-après ;

2ent. Les valeurs suivantes par elle acquises avec les deniers qui lui sont provenus de la succession de sa mère, décédée épouse de M....., à....., le....., de laquelle elle était l'unique héritière.

1o.....; 2o.....; 3o....., etc. (*Voir formules* 1169, 1170.)

3ent. Une créance au capital de douze mille francs, etc. (*Voir la formule* 1168.)

Duquel apport, franc et quitte de toutes dettes et charges, la future épouse a donné connaissance au futur époux.

Art. 4. — *Contribution aux charges du mariage* (No 5723).

Les futurs époux contribueront aux charges du mariage chacun dans la proportion de ses revenus et ils seront censés s'en être réglés jour par jour, de manière qu'il n'y ait lieu à aucun compte entre eux à cet égard.

On peut aussi stipuler une mise en commun dans les termes suivants : Les revenus des biens et valeurs de l'un et de l'autre des époux seront appliqués en entier jusqu'à due concurrence à l'acquit des charges du mariage.

charges du mariage, la femme y contribue jusqu'à concurrence du tiers de ses revenus
(C. civ., 1575). Elle peut y être tenue pour une plus forte part et même pour la totalité
quand le mari est hors d'état d'y contribuer (1).

5724. Propriété des biens. — Lorsque tous les biens de la femme sont paraphernaux, elle conserve la propriété de tous ses objets mobiliers et biens meubles, et
elle, ou ses héritiers et représentants, les reprennent à la dissolution du mariage. En
l'absence de tout écrit ou de preuve écrite, ils sont admis à établir, par toute espèce de
preuves, la consistance des objets et valeurs entrés du chef de la femme dans le domicile conjugal, même par la preuve testimoniale (2). Il est d'usage d'ailleurs de régler
par une clause du contrat de mariage les droits respectifs du mari et de la femme
relativement à leurs biens meubles et de fixer leurs droits quant à ceux dont aucun d'eux
ne peut justifier être personnellement propriétaire.

5725. Clause d'emploi. — Malgré la stipulation de paraphernalité, les biens

---

Quant à l'excédent des revenus, quelle qu'en soit l'origine, et aux bénéfices et économies qui
pourront être faits pendant le mariage, ils se partageront par égales portions et appartiendront
par moitié à chacun des époux et à leurs héritiers ou représentants; à cet effet, les futurs époux
constituent, par ces présentes, une société qui comprendra tous ces excédents, bénéfices et économies,
sauf l'acquit des dettes et charges contractées pour le compte commun, et sauf encore la faculté
réservée à la femme et à ses héritiers et représentants de renoncer à cette société.

Art. 5. — *Clause de reprise* (N° 5724).

Chacun des futurs époux restera propriétaire des objets mobiliers lui appartenant actuellement
et de ceux qui lui adviendront pendant le mariage à titre gratuit ou onéreux. Lors de la dissolution
du mariage, les époux ou leurs héritiers et représentants reprendront tous les objets dont ils justifieront être propriétaires soit par titres, soit par l'usage, soit par la marque ou les factures des
marchands ; les objets dont aucun des époux ne justifiera être propriétaire seront réputés appartenir
à celui d'entre eux qui sera propriétaire ou locataire des lieux occupés.

Les deniers comptants et les valeurs au porteur qui se trouveront dans les lieux occupés seront
présumés appartenir par moitié à chacun des époux, sauf la justification contraire qui pourrait
être faite.

La propriété des immeubles, créances, rentes et autres valeurs nominatives sera établie en faveur
de l'un ou de l'autre des futurs époux, par le seul fait de leur acquisition et inscription à son nom.

Si une mise en commun a été stipulée, la clause peut être ainsi modifiée : Chacun des futurs
époux restera propriétaire des biens mobiliers et immobiliers qui lui appartiennent actuellement,
ainsi que de ceux qui lui adviendront pendant le mariage, par succession, donation, legs ou à tout
autre titre personnel, et il en fera la reprise lors de la dissolution du mariage; à l'égard des effets
et objets à l'usage personnel de l'un ou de l'autre des époux, leurs diamants et bijoux, ils les
reprendront tels qu'ils existeront à l'époque de la dissolution du mariage et à quelque somme que
puisse s'élever leur valeur, comme étant la représentation des objets de semblable nature qu'ils
possèdent actuellement.

Tous les meubles meublants, les effets et ustensiles du ménage, le linge, l'argenterie et les
autres effets mobiliers qui garniront les lieux occupés en commun par les époux appartiendront de
plein droit au survivant des époux comme convention de mariage.

Quant aux deniers comptants et à tout ce qui aura été acquis pendant le mariage, au nom de
l'un ou de l'autre ou en commun, ils seront réputés dépendre de la société stipulée sous l'article
quatre ci-dessus, et à ce titre reviendront par moitié à chacun des époux ou à leurs héritiers et
représentants, après toutefois la déduction des dettes et le prélèvement des reprises réciproques en
nature ou en deniers.

Art. 6. — *Condition d'emploi et de remploi* (N° 5725).

Nonobstant la paraphernalité stipulée par l'article premier ci-dessus pour les biens de la future

---

(1) Rodière et Pont, 1990; Troplong, 3699; Laurent, XXIII, 589; Guillouard, 2178; Grenoble, 28 janv. 1836; Paris, 13 juin 1836; Agen, 13 juill. 1849, 18 juin 1851; Cass., 2 juill. 1851.

(2) Rodière et Pont, 1992; Troplong, 3699; Laurent, XXIII, 589; Guillouard, 2174; Aubry et Rau, § 541-7.

meubles et immeubles de la femme peuvent, par une convention formelle du contrat, être soumis aux mêmes conditions d'emploi et de remploi que celles stipulées à l'égard des biens dotaux, *supra* n°ˢ 5674 à 5708.

5726. Dotaux et paraphernaux. — Les biens de la femme, par une clause du contrat de mariage, peuvent être les uns dotaux, les autres paraphernaux. Nous avons déjà vu, *supra* n°ˢ 5665 à 5668, qu'on peut stipuler la dotalité pour les biens présents et la paraphernalité pour les biens à venir; — ou la dotalité pour les biens à venir et la paraphernalité pour les biens présents — ou la dotalité pour des biens déterminés et la paraphernalité pour tous les autres biens meubles et immeubles; — si la paraphernalité porte sur une moitié des immeubles qui écherront à la femme pendant le mariage, il faut en régler le mode de division [Form. 1259].

5727. Charges du mariage. — Quand les biens de la femme sont en partie dotaux et en partie paraphernaux, le mari, moyennant la dot, doit satisfaire à toutes les charges du mariage, sans que la femme y contribue, alors surtout que les biens du mari

---

épouse il est expressément stipulé entre les parties comme convention formelle de leur mariage que les biens et droits mobiliers et immobiliers présents et à venir de la future épouse seront sujets à emploi et remploi de la manière suivante :
Insérer ici l'article 6 de la formule 1256.

Art. 7. — Donation entre époux.

En considération du mariage, etc. *(Voir les formules 1223 à 1241.)*
Telles sont les conventions, etc. *(Voir pour le surplus la formule 1242.)*

FORMULE 1259. — Régime dotal. — **Biens en partie dotaux et paraphernaux**
(N°ˢ 5726 et 5727).

Par devant M°.....,
    Ont comparu :
M....., etc. *(Voir pour les comparutions la formule 1242.)*
Lesquels ont arrêté, etc. *(Voir même formule.)*

Art. 1er. — Régime.

Les futurs époux adoptent, pour base de leur union, le régime dotal, conformément aux dispositions des art. 1540 et suivants du Code civil, mais sans société d'acquêts et sauf les modifications résultant du présent contrat.

Art. 2. — Dotalité; paraphernalité.

I. *Si les biens présents sont dotaux et les biens à venir paraphernaux :* La future épouse se constitue en dot tous les biens et droits mobiliers et immobiliers dont elle est actuellement propriétaire; en conséquence, ils seront seuls dotaux, et les biens et droits mobiliers et immobiliers dont la future épouse deviendra propriétaire par la suite seront paraphernaux.

II. *Si les biens à venir sont dotaux, et les biens présents paraphernaux :* La future épouse se constitue en dot tous les biens et droits mobiliers et immobiliers dont elle deviendra personnellement propriétaire pendant le mariage, par succession, donation, legs ou autrement; en conséquence, elle se réserve, comme biens paraphernaux, tous les biens et droits mobiliers et immobiliers dont elle est actuellement propriétaire.

III. *Si un objet particulier est dotal, et le surplus des biens paraphernaux :* La future épouse se constitue en dot le domaine de....., situé commune de....., désigné sous le n°..... de ses apports constatés sous l'art..... ci-après; en conséquence, ce domaine seul sera dotal, et les autres biens et droits actuels de la future épouse, ainsi que tous ceux dont elle deviendra personnellement propriétaire par la suite, seront paraphernaux.

IV. *Si la dotalité est des biens présents et d'une fraction des immeubles à venir, le surplus paraphernal :* La future épouse se constitue en dot tous ses biens meubles et immeubles actuels, et la moitié seulement des biens immeubles dont elle deviendra propriétaire pendant le mariage, par succession, donation, legs ou à tout autre titre personnel; quant à tous ses biens meubles à venir et à l'autre moitié de ses immeubles à venir, ils seront paraphernaux.

joints à ceux dotaux sont suffisants pour y faire face. Dans le cas contraire elle devrait y contribuer sur ses revenus paraphernaux jusqu'à concurrence du nécessaire, *supra* n° 5723.

SECTION VII. — **Modalités diverses des contrats de mariage.**

5728. Réserve d'administration. — Il peut être valablement stipulé, sous le régime de la communauté, que la femme conservera l'administration et même la jouissance de certains de ses biens propres, à son profit personnel ; en effet une telle dérogation qui est de règle quand les époux conviennent qu'ils se marient séparés de biens ou que les biens de la femme seront paraphernaux, peut valablement être étendue à l'un ou plusieurs des biens de la femme commune (1). Il est utile de prévoir le sort des revenus produits par les biens dont la femme s'est réservé l'administration [Form. 1260].

5729. Société de gains. — Le contrat de mariage peut être mélangé d'une société, ce qui se pratique encore dans certaines régions de la France, par une cohabitation entre

---

En conséquence, les immeubles dont la future deviendra propriétaire pendant le mariage seront divisés en deux lots égaux, dont l'un comprendra les immeubles frappés de dotalité, et l'autre les immeubles paraphernaux.

Cette division résultera de la simple déclaration faite par la future épouse autorisée de son mari, soit dans l'acte même qui lui attribuera ces immeubles, soit dans un acte authentique spécial.

Le surplus du contrat de mariage est à combiner avec les deux formules qui précèdent.

FORMULE 1260. — **Contrat de mariage avec réserve à la femme d'administrer une partie de ses biens** (N° 5728).

Par devant Me....,
  Ont comparu :
M...., etc. (*Comparutions comme en la formule 1242.*)
Lesquels ont arrêté, etc. (*Voir même formule.*)
La clause ci-après s'adapte à tout régime de communauté, de non communauté, de régime dotal avec société d'acquêts, et généralement à tous les cas où le mari a l'administration des biens de la femme :

Art..... — *Réserve d'administration par la femme.*

La future épouse se réserve d'administrer personnellement les biens ci-après, faisant partie de ses apports en mariage :
1° Une maison située à....., rue..... n°.....;
2° Une rente sur l'Etat français de cinq cents francs, 3 p. 100, inscrite en son nom sous le n° 14728 de la 3e série.

En conséquence elle aura, en ce qui concerne ces biens, le droit, sans recourir à l'autorisation de son mari, de faire tous les actes d'administration, par conséquent tous baux et locations pour une durée n'excédant pas neuf ans, résilier tous baux et locations; faire tous travaux de réparations, toucher tous loyers et autres revenus, en donner quittance.

Les revenus de ces biens lui demeureront propres, comme affectés à ses besoins personnels, et, si elle fait des économies sur ces revenus, elles auront nature de propre, mais sans recours contre son mari ni contre la communauté, dans le cas où elle les emploierait en tout ou en partie aux dépenses du ménage.

Me....., notaire soussigné, est requis de délivrer le certificat de propriété nécessaire pour l'immatricule de la rente avec réserve de l'administration à la femme.

FORMULE 1261. — **Contrat de mariage avec société de gains** (N° 5729).

Par devant Me....,
  Ont comparu :
1° M. Marais (Firmin-Honoré), cultivateur, demeurant à.....;

---

(1) Marcadé, 1428-5; Guillouard, 119.

les conjoints et les parents soit du mari, soit de la femme. Cette société est de gains, et se compose du produit du travail des associés, de leur industrie et du revenu de leurs biens. Les bénéfices et économies, après la déduction de toutes les charges, se partagent dans la proportion que la convention détermine [Form. 1261]. L'immutabilité du contrat de mariage n'est pas attachée à cette association qui, dès lors, peut être modifiée. — Une telle association, toutefois, peut être considérée à l'égard des père et mère comme une société entre époux que le loi prohibe et, à ce titre, susceptible d'être annulée (1). Pour éviter cette difficulté, il est préférable que la convention qui constitue cette société de-gains intervienne seulement entre le père et le futur sans l'adjonction des femmes.

5730. Limitation d'hypothèque légale. — Les reprises dues à la femme ou à ses représentants pour ses biens meubles non entrés dans la communauté sont garanties par l'hypothèque légale de la femme contre son mari. Mais dans le contrat de mariage, ou dans une contre-lettre à la suite, les parties, lorsque la future épouse est majeure, peuvent convenir [Form. 1262] qu'il ne sera pris d'inscription que sur un ou certains immeubles du mari, ou sur tous immeubles autres que quelques immeubles spécialement désignés qui n'en seront pas grevés (2) ; dans ce cas, les immeubles non indiqués pour

---

Fils majeur de M. Marais (Jérôme-Eloi), cultivateur et Mme Borin (Charlotte-Augustine), son épouse, demeurant ensemble à......,
Stipulant en son nom personnel, *D'une part;*
2º M. et Mme Marais, père et mère ci-dessus prénommés, qualifiés et domiciliés, la femme de son mari autorisée,
Stipulant tant pour donner leur agrément au mariage qu'à cause de la société de gains qui sera ci-après stipulée avec le futur époux, *D'autre part;*
3º Mlle Minard (Honorine-Léonie), sans profession, demeurant à......,
Fille majeure de M. Minard (Auguste-Léon), journalier, et Mme Accloc (Adélaïde), ses père et mère, demeurant à......,
Stipulant en son nom personnel avec l'agrément de ses père et mère, à ce présents,
D'autre part;
Lesquels ont par ces présentes arrêté, etc. (*Voir formule 1224.*)
La clause ci-après s'adapte à n'importe quel régime.

Art..... — *Société de gains avec le père du futur.*

Les futurs époux feront leur résidence avec M. et Mme Marais, père et mère du futur, et, durant cette cohabitation, il est convenu entre M. Marais père et M. Marais futur époux, qu'il existera entre M. Marais père, d'une part, et M. Marais futur époux, d'autre part, une société générale de gains qui se composera du produit du travail des associés et de leurs femmes, du revenu des biens des associés, ainsi que de ceux de leurs femmes et de leur industrie. Les produits de cette société de gains appartiendront, toutes charges déduites, savoir : deux cinquièmes au futur époux, et trois cinquièmes à M. Marais père; et ce, tant que M. Charles Marais, le plus jeune fils de ce dernier, demeurera avec lui; et le jour où Charles Marais viendrait, soit à quitter ses père et mère, soit à se marier, les produits de cette société de gains appartiendraient pour une moitié au futur époux, et pour l'autre moitié à M. Marais père. Les pertes, s'il en existe, seront supportées dans la même proportion.

Le mobilier actuel des époux Marais, père et mère, demeure formellement réservé à ces derniers, ainsi qu'une somme de 2,000 fr. qu'ils ont en mains.

Ne tomberont point non plus dans la société, les biens personnels des futurs époux au jour de la célébration du mariage, les linges et vêtements à l'usage personnel de chacun des associés ou de leurs femmes, ni toutes sommes, biens ou valeurs qui leur adviendraient par succession, donation ou legs, durant la société. — Sauf le cas de remploi légalement constaté et sauf aussi l'effet de toute licitation ultérieure, tout immeuble acquis durant l'existence de cette société appartiendra aux associés dans la proportion ci-dessus déterminée. — *Cette dernière clause est quelquefois*

---

(1) Cass., 8 déc. 1891; Rép. Defrénois, 6327.　　|　　(2) Pont, *Priv. et hyp.*, 545.

l'inscription, ou exceptés de l'inscription, restent libres et affranchis de l'hypothèque pour la dot de la femme et pour ses reprises et conventions matrimoniales (C. civ., 2140). Si la femme est mineure, elle ne peut y consentir, même avec l'assistance des personnes dont le consentement est requis pour le mariage (1). — Si l'on stipule dans le contrat de mariage que l'hypothèque légale sera restreinte à certains biens présents *pour la dot de la femme, ses créances et reprises de toute nature et autres droits matrimoniaux*, les biens exceptés de l'hypothèque et ceux à venir en sont affranchis, quelles que soient les circonstances ultérieures qui élèvent les reprises de la femme. Mais si la restriction de l'hypothèque légale n'est exprimée que pour *la dot et les conventions matrimoniales*, les autres reprises de la femme sont conservées par l'hypothèque légale sur tous les biens présents et à venir du mari (2). — Il ne peut pas être convenu qu'il ne sera pris aucune inscription (C. civ., 2140), même temporairement (3), ni que l'hypothèque légale restreinte à certains immeubles pourra pendant le mariage être transportée d'accord entre les époux sur d'autres immeubles (4); ni que la femme est autorisée à cantonner pendant le mariage son hypothèque légale sur un ou plusieurs immeubles du mari (5).

5731. Époux divorcés. — Les époux divorcés qui, ensuite, se remarient ensemble,

---

remplacée par la suivante : Tout immeuble acquis durant l'existence de cette société appartiendra à celui des associés qui justifiera en avoir fait l'acquisition.

Cette société pourra être modifiée et même dissoute sans que les associés cessent de résider ensemble; elle sera dissoute de plein droit au cas où l'habitation commune viendrait à cesser et à compter du jour de la séparation.

FORMULE 1262. — **Contrat de mariage avec limitation de l'hypothèque légale de la femme** (N° 5730).

La clause qui suit s'adapte à n'importe quel régime de mariage.

Art...... — *Limitation de l'hypothèque légale de la future épouse.*

L'hypothèque légale de la future épouse contre son mari, pour raison de ses apports, créances, reprises de toute nature et autres droits matrimoniaux, ne frappera que..... (*désigner les immeubles*), auxquels elle est limitée de convention expresse. En conséquence, la future épouse ne pourra prendre d'inscription de son hypothèque légale que sur les immeubles ci-dessus désignés; et tous les autres biens actuels du futur époux, ainsi que tous ceux qu'il pourra acquérir et tous ceux qui lui écherront par succession, donation, legs ou à tout autre titre, seront affranchis de l'hypothèque légale de la future épouse et de toutes inscriptions qu'elle pourrait prendre.

Toutefois, si l'hypothèque devenait insuffisante, soit par la dépréciation de valeur des immeubles susindiqués, soit par suite de l'accroissement de la fortune de la future épouse, il lui sera fourni par son mari un supplément d'hypothèque dont ils détermineront l'importance d'un commun accord, ou qui sera réglé par le juge. Cette hypothèque n'aura d'effet à l'égard des tiers que du jour de l'inscription au bureau des hypothèques.

FORMULE 1263. — **Contrat de mariage d'époux divorcés qui se remarient** (N° 5731).

Par devant Me.....,
  Ont comparu :
M. Marliez (Jules-Robert), propriétaire, demeurant à.....,
  Fils majeur de M. Victor Marliez et de Mme Thérèze Vaillant, son épouse, demeurant à.....,
  Stipulant en son nom personnel,   *D'une part;*

---

(1) Duranton, XX, 56; Marcadé, 1398-2; Troplong, 272; Massé et Vergé, § 635-6; Aubry et Rau, § 264 ter-41; Colmet, IX, 111 bis-4; Rodière et Pont, 41; Cass., 19 juill. 1820; Caen, 15 juill. 1836; Lyon, 30 mai 1844; Grenoble, 25 août 1847; Paris, 26 juill. 1850; Chambéry, 3 déc. 1860; Limoges, 2 avril 1887; Rép. Defrénois, 3690.

(2) Duranton, XX, 59; Massé et Vergé, § 795-13; Pont, *Priv. et hyp.*, 546; Cass., 18 août 1856.
(3) Grenoble, 7 mars 1868.
(4) Pont, 547; Aubry et Rau, § 264 ter-46; Massé et Vergé, § 796-13; Cass., 5 mai 1852; Lyon, 26 janv. 1854; Rép. Defrénois, 4375.
(5) Nîmes, 4 mai 1888; Rép. Defrénois, 4375.

ne peuvent, qu'ils fassent ou non un contrat de mariage, se soumettre à un autre régime matrimonial que celui qui régissait le premier mariage dissout par le divorce (C. civ., 295). Le régime adopté lors du premier mariage doit donc être maintenu [Form. 1263], de sorte que, même se remariant sans contrat, ils y sont toujours soumis. Le régime seul doit être conservé ; quant aux conditions accessoires, par exemple : le préciput, les gains de survie, des modifications peuvent y être apportées, pourvu, toutefois,

---

Et Mme Lormel (Fanny-Désirée), épouse divorcée de mondit sieur Marliez, sans profession, demeurant à....,

Fille majeure de M. Auguste-Denis Lormel, décédé, et de Mme Charlotte Choque, restée sa veuve, demeurant à....,

Stipulant aussi en son nom personnel. *D'autre part.*

Lesquels ont dit : Qu'ils avaient contracté mariage à la mairie de....., le.....;

Que, préalablement à leur mariage, ils en ont arrêté les clauses et conditions civiles, suivant contrat passé devant M^e....., notaire à....., le....., aux termes duquel ils ont adopté le régime de la communauté réduite aux acquêts ;

Que, sur la demande de Mme Marliez, le divorce d'avec son mari a été admis suivant jugement rendu par le tribunal civil de....., transcrit sur les registres de l'état civil de la commune de....., le.....;

Qu'il a été procédé à la liquidation de la communauté dissoute par le divorce, suivant acte passé devant M^e....., notaire à....., le.....;

Que voulant se réunir, ainsi que le permet l'art. 295 du Code civil, et dans la vue du nouveau mariage projeté entre eux, dont la célébration aura lieu incessamment à la mairie de....., ils en ont arrêté les clauses et conditions civiles de la manière suivante :

Art. 1er. Les futurs époux demeurent soumis au régime de la communauté réduite aux acquêts, qui réglait originairement leur union.

En conséquence, ils excluent de leur communauté et les dettes de chacun d'eux actuelles et futures, et leur mobilier respectif présent et à venir.

A ce moyen, après que chacun des époux aura prélevé ses apports dûment justifiés, le partage se bornera aux acquêts faits par les époux, ensemble ou séparément, durant le mariage, et provenant tant de leur industrie que des économies faites sur les fruits et revenus des biens des époux.

Art. 2. Le futur époux déclare que depuis la liquidation ci-dessus mentionnée, il a, suivant acte passé devant M^e....., notaire à....., le....., vendu à M. Denis Germain son fonds de marchand de bronzes, sis à....., avec les marchandises et le droit au bail, moyennant un prix de 72,000 fr., sur lequel 22,000 fr. ont été payés comptant; quant aux 50,000 fr. de surplus, encore dus, ils ont été stipulés payables le....., et productifs d'intérêts à 5 p. 100, payables par semestres, les.....

Qu'en conséquence, ses apports en mariage consistent en :

1° Les vêtements, linge et bijoux à son usage personnel, et les meubles et objets mobiliers garnissant son habitation, le tout d'une valeur de . . . . 6,000 fr.

2° La créance de 50,000 fr. sur M. Germain, ci-dessus mentionnée. . . . . . 50,000 »

3° 1,500 fr. de rente 3 p. 100 en deux certificats inscrits en son nom, 5e série, l'un, n°....., de 400 fr.; l'autre, n°....., de 11,000 fr., représentant, au cours de ce jour, une valeur de . . . . 47,000 »

4° 12 actions de la Compagnie du Nord, en un certificat n°....., au nom de M. Marliez, représentant au cours de ce jour une somme de. . . . . 21,000 »

5° 18 obligations 3 p. 100, au porteur, P.-L.-M., fusion ancienne, n°s 42535 à 42552, représentant au cours de ce jour . . . . 7,920 »

6° Et les proratas de ses revenus à ce jour, se montant à. . . . . 1,200 »

Ensemble pour les apports du futur . . . . 132,420 »

Le futur époux a donné connaissance de ses apports à la future épouse, qui en reconnaît l'exactitude.

Art. 3. La future épouse déclare que la créance sur époux Binet, à elle attribuée par la liquidation mentionnée ci-dessus, a été recouvrée et le montant employé, avec quelques épargnes, à acquérir vingt-cinq obligations 3 p. 100 de l'Ouest; que ses autres valeurs n'ont eu aucune modification.

qu'elles n'aient pas pour objet d'annihiler le régime primitivement adopté. — Pour établir les apports nouveaux des conjoints, il est nécessaire de mentionner la liquidation intervenue entre eux après le divorce, afin de faire ressortir les biens à eux attribués et ceux qui, actuellement, forment leurs apports en mariage. Il est utile aussi de rendre le contrat de mariage complet en y insérant les clauses relatives au préciput, au partage inégal de communauté, à la faculté pour le survivant de conserver le fonds de com-

---

Qu'en conséquence, ses apports en mariage consistent en :

1º Les vêtements, linge et bijoux à son usage personnel, et divers meubles et objets mobiliers, le tout d'une valeur de . . . .   2,500 fr

2º 1,525 fr. de rente 3 p. 100, en un certificat en son nom, nº..... de la..... série, représentant au cours de ce jour une valeur de   48,300   »

3º 25 actions de la Cie des chemins de fer du Nord, en un certificat nº....., en son nom, représentant au cours de ce jour une somme de   43,750   »

4º 46 obligations 3 p. 100 de la Cie des chemins de fer de l'Ouest, en un certificat nº....., en son nom, représentant au cours de ce jour.   20,240   »

5º 12 obligations 3 p. 100 au porteur, de la Cie P. L. M., fusion ancienne, représentant au cours de ce jour   5,280   »

6º Et le prorata à ce jour des revenus de la future   1,330   »

Ensemble pour les apports en pleine propriété de la future . .   121,400   »

Et la nue propriété des valeurs ci-après, grevées de l'usufruit de Mme LORMEL, sa mère :

Six cent trente-six francs de rente 4 1/2 p. 100,

Quarante obligations 3 p. 100 de l'Ouest,

Et quatorze cent soixante-treize francs en numéraire,

Qui lui ont été attribués par le partage de la succession de son père, opéré suivant acte passé devant Me....., notaire à....., le.....,

Duquel apport le futur époux consent à demeurer chargé envers la future, par le seul fait de la célébration du mariage.

ART. 4. Les estimations ci-dessus données aux valeurs apportées en mariage par les futurs époux n'en vaudront pas vente à la communauté.

ART. 5. Par dérogation au partage égal de la communauté, les futurs époux conviennent, à titre de convention de mariage, que le partage des biens de la communauté se fera de la manière suivante :

L'époux survivant aura droit à moitié en pleine propriété et à l'usufruit de l'autre moitié, dont la nue propriété appartiendra aux héritiers ou représentants du conjoint prédécédé.

Le survivant, pour jouir de cet usufruit, sera dispensé de caution et d'emploi, mais il devra faire faire inventaire.

ART. 6. Le survivant des futurs époux prélèvera, à titre de préciput et hors part, avant tout partage des biens de la communauté, tels des biens meubles et objets qu'il lui plaira de choisir, jusqu'à concurrence d'une somme de huit mille francs, d'après la prisée de l'inventaire qui sera dressé alors, ou cette somme en deniers comptants s'il le préfère.

La future épouse aura droit à ce préciput, qu'elle accepte la communauté ou qu'elle y renonce.

ART. 7. Si, lors de la dissolution du mariage, les futurs époux, ou l'un d'eux, exploitent un établissement industriel ou de commerce, etc. (Voir formule 1246.)

ART. 8. Le remploi des biens propres à chacun des époux qui seraient aliénés ou remboursés pendant le mariage se fera selon les règles du Code civil; les tiers ne pourront en aucun cas exiger ces remplois, et ils ne seront nullement responsables de ceux qui pourraient être effectués.

A défaut de remploi, chacun des époux ou leurs représentants exerceront les reprises de droit contre la communauté, et même, en ce qui concerne la future épouse, sur les biens du futur époux, s'il y a lieu.

ART. 9. Lors de la dissolution de la communauté, chacun des époux ou ses représentants reprendront leur apport en mariage, ensemble les biens meubles et immeubles qui leur seront advenus et échus pendant le mariage, par succession, donation, legs ou à tout autre titre personnel, ou les biens et valeurs qui auraient été acquis en remploi.

Les reprises de la future épouse seront exercées franches et quittes de toutes dettes et charges de la communauté, lors même qu'elle s'y trouverait obligée; auquel cas, elle ou ses héritiers et représentants en seraient garantis et indemnisés par le futur époux ou sa succession.

merce ou autre établissement, à la reprise d'apports, enfin aux donations entre les époux.

5732. Anglais. — En Angleterre, il est d'usage de faire, lors du mariage, une convention sous seing privé appelée *settlement*, par laquelle les biens meubles appartenant à la femme anglaise majeure ou mineure et mis en son nom, ou à elle constitués en dot, sont cédés et transférés à des *fidéicommissaires* ou *trustees* devant en être saisis pour la femme et, après elle, pour d'autres personnes; le mari, même français, est obligé d'exécuter cette convention et, par conséquent, de faire le transfert de ces biens aux noms des fidéicommissaires. Ceux-ci ayant toute capacité pour disposer des biens et les aliéner dans les termes prévus par l'acte de fidéicommis, doivent posséder ces biens en leurs noms, comme s'ils en étaient les vrais propriétaires, sans mention de leur qualité de fidéicommissaires, et, vis-à-vis des tiers, sociétés ou administrations

---

Art. 10. Les futurs époux se font donation entre vifs l'un à l'autre et au profit du survivant d'eux, ce accepté par chacun pour le survivant,

De....., etc. *(Voir les formules 1223 à 1241).*

Telles sont les conventions arrêtées entre les parties.

Dont acte. Fait et passé, etc. *(Voir formule 1242.)*

FORMULE 1264. — Contrat de mariage d'une Anglaise; Fidéi commis ou Trustees
(N° 5732).

Par devant Me.....,

    Ont comparu :

M. Ferrand (Benjamin-Léonard), rentier, demeurant à.....,

    Fils majeur de M. Magloire Lorin et de Mme Charlotte Belin, son épouse, tous deux décédés,

    Stipulant en son nom personnel,   *D'une part ;*

Et Mlle Whalley (Elize-Nelly), rentière, demeurant à.....,

    Fille majeure de M. William Whalley et Mme Léonor Roths, son épouse, tous deux décédés à Allesly près Coventry comté de Warvick (Angleterre),

    Stipulant aussi en son nom personnel,   *D'autre part ;*

Lesquels, préalablement aux conventions matrimoniales qui font l'objet des présentes, ont expliqué ce qui suit :

Mlle Whalley, sujette de Sa Majesté Britannique, possède quatre mille cent vingt-cinq livres sterling quinze schellings et huit pences dans les trois pour cent fonds consolidés de la grande Bretagne, plus diverses créances garanties hypothécairement sur des immeubles situés en Angleterre et des droits dans des sociétés existant aussi en Angleterre.

A l'occasion du mariage projeté entre eux, M. Ferrand et Mlle Whalley sont convenus de nommer, dans les formes indiquées par les lois anglaises, des fidéicommissaires (Trustees), aux mains desquels seraient placés les consolidés, créances et droits dont s'agit pour être administrés par les fidéicommissaires dans les termes ci-après indiqués.

En conséquence, M. Ferrand et Mlle Whalley ont passé, ainsi qu'ils le déclarent, un *settlement* ou contrat dans la forme anglaise, à la date du....., pour constater ces conventions avec M. Georges Blint de Soughton Stall et M. John-Scott Famly de Corse Castle, qui sont lesdits fidéicommissaires.

Par cet acte, les fidéicommissaires, leurs exécuteurs testamentaires, administrateurs et ayants droit se trouvent saisis des consolidés, créances et droits placés en fidéicommis, à l'effet notamment de :

Continuer les placements existant ou faire rentrer les sommes, et vendre les consolidés et droits dans les sociétés ou l'un ou l'autre.

Employer le produit des rentrées ou ventes à la discrétion des fidéicommissaires, à l'un ou l'autre des placements mentionnés audit contrat anglais.

Les recevoir aussi en capital et revenus.

Payer le revenu à Mlle Whalley pendant sa vie, durant le mariage pour son usage seul et séparé, indépendamment de son mari et pour être à l'abri de ses dettes et de son contrôle, et de manière qu'elle ne puisse anticiper sur ledit revenu ou disposer des payements avant leur échéance.

publiques, ils peuvent en disposer et les aliéner si bon leur semble, sans le concours de qui que ce soit, sauf recours contre eux personnellement par les ayants-droit dans le cas où ils se seraient écartés des dispositions de l'acte de fidéicommis. Les époux, après cette convention, peuvent, en la rappelant, faire, en France, un contrat de mariage suivant la loi française qui devra les régir moins les biens d'Angleterre mis en *trustees* [Form. 1264].

SECTION VIII. — **Des actes divers se rattachant aux contrats de mariage.**

§ 1. *Contre-lettre aux contrats de mariage.*

5733. Immutabilité. — L'immutabilité étant de l'essence des contrats de mariage, les conventions qu'ils renferment ne peuvent recevoir aucun changement après la célé-

---

Puis, après le décès de ladite demoiselle, disposer desdites valeurs en fidéicommis pour les enfants issus du mariage de la manière indiquée audit contrat; et à défaut d'enfants pour les personnes désignées par ladite demoiselle par testament, ou à défaut de testament pour ses plus proches parents.

Ce contrat anglais contient encore les stipulations suivantes, savoir :

Que les reçus des fidéicommissaires seraient des décharges valables pour les payements à eux faits et les transferts par eux consentis.

Qu'en cas de décès, démission ou incapacité, il serait nommé de nouveaux fidéicommissaires de la manière indiquée audit contrat.

Qu'il y aurait toujours deux fidéicommissaires au moins, et qu'aucun acte d'un seul fidéicommissaire survivant ou continuant ne serait valable, excepté en tant que cela pourrait être nécessaire pour saisir un nouveau ou de nouveaux fidéicommissaires des fonds en fidéicommis.

Et enfin qu'il serait loisible aux fidéicommissaires et à leur discrétion absolue de faire rentrer lesdites sommes placées sur hypothèque et de vendre les consolidés et droits dans des sociétés, ou tout autre placement desdits fonds du fidéicommis, et d'en payer le produit net après la retenue de tous frais, de la manière indiquée par un contrat de mariage français qui devait précéder le mariage; et que dans ce cas lesdites conventions anglaises et les fidéicommis alors existant cesseraient d'une manière absolue et lesdits fidéicommissaires seraient complètement déchargés.

Ces faits expliqués, M. Ferrand et Mlle Whalley ont établi ainsi qu'il suit, conformément aux dispositions du Code civil qui doit les régir pour l'avenir, les conventions civiles du mariage projeté entre eux et dont la célébration aura lieu incessamment à la mairie de.....; mais sans entendre déroger en quoi que ce soit en ce qui concerne les biens de la future épouse, aux dispositions du contrat passé dans la forme anglaise ainsi qu'il vient d'être dit, lesquelles dispositions ayant été arrêtées régulièrement d'après la loi anglaise qui régit actuellement Mlle Whalley ainsi que les comparants le déclarent, devront en conséquence recevoir leur exécution.

Art. 1er. — *Régime.*

Les futurs époux déclarent adopter, etc. *(Le surplus du contrat de mariage comme pour l'un des régimes ci-dessus.)*

§ 8. Actes se rattachant aux contrats de mariage.

FORMULE 1265. — **Contre-lettre à un contrat de mariage** (Nᵒˢ 5733 à 5745).

Et le....., mil huit cent.....

Par devant Me.....,

Ont comparu :

1º M. Rousset (Charles-Désiré), professeur de rhétorique au lycée....., demeurant à.....,

D'une part;

2º M. Rousset (Jacques-Eloi), propriétaire, et Mme Elisa Boisney, son épouse, de lui autorisée, demeurant ensemble à....., père et mère de M. Rousset (Charles-Désiré),

Aussi d'une part;

bration du mariage (C. civ., 1395) (1). On ne considérerait pas comme un changement au contrat de mariage la révocation par le mari de l'autorisation à sa femme de faire le commerce conférée par le contrat de mariage (2).

5734. Actes interdits. — Cette immutabilité fait obstacle à ce qu'une femme commune en biens, ou mariée sous tout autre régime, même séparée de biens (3), contracte avec son mari une société commerciale en nom collectif (4) ; et à ce que le mari, après la célébration du mariage, ou dans l'intervalle entre le contrat et le mariage, renonce valablement à exiger soit le capital, soit les intérêts de la dot constituée à la future par leur contrat de mariage (5), ou convienne, pour assurer un arrangement sans valeur entre époux séparés, d'y faire intervenir la mère de la femme pour promettre au mari qu'il ne sera pas recherché pour l'exécution des dispositions de son contrat de mariage (6), ou modifie le délai fixé pour le payement de la dot (7), ou s'oblige après le mariage à restituer la somme prêtée pour acheter des rentes avant le mariage au nom de la future pour la dot obligatoire de la femme qui épouse un officier (8).

5735. Non changement. — On ne saurait voir un changement aux conventions matrimoniales dans le payement de la dot avant l'échéance du terme (9), ni dans la dation d'un immeuble en payement de la dot constituée en argent (10), ni dans la convention portant que les père et mère, pour se libérer de la pension annuelle qu'ils ont constituée à leur enfant, lui cèdent l'exploitation d'un immeuble, moyennant une rente, sur laquelle il retiendra sa pension (11), ou s'obligent à lui payer une somme déterminée pour le remboursement de cette pension (12); ni dans la convention portant qu'une somme constituée sans intérêt produira des intérêts (13). Ne porte pas non plus atteinte à l'immutabilité du contrat de mariage, le jugement qui autorise la femme séparée de corps à toucher une partie de sa dot, à la charge d'un emploi approuvé par le mari ou par justice (14), ni la reconnaissance par les père et mère qu'une dot stipulée payable le jour du mariage qui en vaudrait quittance, n'a pas été effectivement comptée, et qu'ils la reconnaissent même avec hypothèque (15).

5736. Nullité invoquée. — La nullité résultant de modifications au contrat après le mariage ne peut être invoquée que par les parties intéressées, et si une femme ne l'invoque pas lors de la liquidation, soit contre la succession de son mari, soit

3º Mlle Farmel (Louise-Henriette), mineure, sans profession, demeurant à....., chez ses père et mère ci-après nommés, *D'autre part;*

4º M. Farmel (Charles-Victor), négociant, et Mme Hébert (Thérèze-Jenny), son épouse, de lui autorisée, demeurant ensemble à....., *Aussi d'autre part;*

5º Et M. Hébert (Marcel-Philippe), ancien agent de change, demeurant à....., *Encore d'autre part;*

Agissant aux mêmes qualités que dans le contrat de mariage entre M. Rousset (Charles-Désiré) et Mlle Farmel qui va être énoncé; auquel contrat de mariage, ils ont été seuls parties : M. Rousset fils et Mlle Farmel, comme contractants; M. et Mme Rousset, père et mère, à cause de la dot qu'ils ont constituée à leur fils; M. et Mme Farmel, père et mère, pour assister et

(1) Duranton, XIV, 38; Massé et Vergé, § 636-5; Rodière et Pont, 157; Troplong, 173, 174; Marcadé, 1397-2; Aubry et Rau, § 503 bis-8; Laurent, XXI, 65; Guillouard, 222; Bordeaux, 8 déc. 1831; Lyon, 3 janv. 1838; Caen, 9 mai 1844; Cass., 23 août 1826, 31 janv. 1853. Contra : Toullier, XII, 24 à 41.

(2) Demolombe, IV, 322; Guillouard, 224; Bordeaux, 12 nov. 1873.

(3) Paris, 9 mars 1859.

(4) Massé et Vergé, § 636-5; Aubry et Rau, § 503 bis-14; Guillouard, 229; Cass., 9 août 1851, 3 août 1859; Rouen, 15 nov. 1852; Paris, 9 mars 1859, 14 avril 1856, 24 mars 1870; Metz, 22 août 1861; Dijon, 27 juill. 1870. Voir cep. Duvergier, *Société*, 102; Troplong, *ibid.*, 206.

(5) Toullier, XII, 64; Troplong, 222; Guillouard, 237; Laurent, XXI, 80; Pau, 9 janv. 1838; Nîmes, 23 janv. 1843; Rennes, 1er mars 1849. Contra : Duranton, XIV, 64. Voir Cass., 22 août 1865, 28 mars 1866.

(6) Seine, 10 juill. 1889; Rép. Defrénois, 5568.

(7) Guillouard, 237; Rouen, 22 juill. 1863; Cass., 4 déc. 1867.

(8) Limoges, 13 juill. 1878.

(9) Guillouard, 242; Caen, 18 déc. 1849; Cass., 28 janv. 1879.

(10) Aubry et Rau, § 503 bis-27; Guillouard, 242; Bordeaux, 26 juill. 1838; Cass., 4 août 1852, 8 déc. 1874; Aix, 19 avril 1872; Paris, 4 mars 1879. Contra : Laurent, XXI, 85.

(11) Aix, 19 avril 1872.

(12) Paris, 11 mars 1879.

(13) Cass.-Rome, 6 juill. 1882; Rép. Defrénois, 1464.

(14) Cass., 11 mai 1884; Rép. Defrénois, 2281.

(15) Bordeaux, 29 mars 1851; Cass., 22 août 1882, 7 mai 1884; Rép. Defrénois, 1693, 2600.

contre celle de son père, ses cohéritiers ne peuvent s'en prévaloir dans leur propre intérêt (1).

5737. Changements après la dissolution. — L'art. 1395 ne s'applique qu'aux modifications apportées durant le mariage ; après sa dissolution, toutes conventions sont permises, et la fille dotée, devenue veuve, qui se remarie, peut convenir que la dot à elle constituée par son premier contrat de mariage et non payée en totalité sera réduite à un chiffre moindre (2).

5738. Intervalle entre le contrat et le mariage. — Mais, dans l'intervalle du contrat de mariage à la célébration, les conventions matrimoniales peuvent, sous le nom de *contre-lettre* [FORM. 1265], recevoir tels changements que les parties jugent convenables (C. civ., 1396). On considérerait comme contre-lettre les conventions suivantes intervenues entre le contrat et le mariage, dès lors nulles si elles n'étaient pas revêtues des formes ci-après : 1° une remise de dot consentie par les futurs époux, ou l'un d'eux (3) ; 2° la vente par l'un des futurs conjoints à l'autre, d'un bien réservé propre (4), ou même à un tiers d'un immeuble ayant le caractère de dotalité (5) ; 3° une donation faite entre les futurs conjoints (6).

5739. Validité. — Les contre-lettres sont valables si elles ont été soumises à l'observation des dispositions qui suivent.

5740. 1° Acte notarié. — Les changements ou contre-lettres doivent être constatés par acte public dans la même forme que le contrat de mariage (C. civ., 1396), auquel ils s'incorporent en le modifiant, et les prénoms, qualités et demeures des parties doivent y être reproduits à peine d'amende (7). Il n'est pas indispensable que les témoins instrumentaires soient les mêmes qu'au contrat de mariage (8).

5741. 2° Consentement simultané. — Cet acte ne peut être fait qu'en la présence et avec le consentement simultané, c'est-à-dire non isolément, ce qui, suivant une décision, doit être précisé (9), et surtout, non à des dates différentes à peine de nullité (10), inépendamment des futurs conjoints, de toutes les personnes qui ont été parties dans le contrat de mariage (C. civ., 1396), comme habilitant les futurs époux ou comme leur ayant fait des libéralités par le contrat ; mais la présence de ceux qui ont seulement habilité les futurs époux mineurs n'est plus nécessaire pour la validité de la contre-lettre

---

autoriser leur fille à cause de sa minorité et aussi pour la dot qu'ils lui ont constituée ; enfin M. HEBERT, comme ayant fait une institution contractuelle à la future épouse sa nièce.

Lesquels ont dit que depuis la signature du contrat contenant les clauses et conditions civiles du mariage projeté entre M..... et Mlle....., reçu par M^e....., l'un des notaires soussignés, le....., dont la minute enregistrée précède, ils ont apporté aux conditions de ce contrat divers changements ;

Et qu'ils sont unanimement d'avis de le modifier de la manière suivante :

Par l'article six de ce contrat de mariage, qui contient adoption du régime dotal avec société d'acquêts, après avoir été convenu que la future épouse pourrait aliéner et recouvrer ses biens dotaux présents et à venir, il a été stipulé qu'il devrait être fait remploi des prix d'aliénation ou des sommes recouvrées de la manière que ce contrat prescrit.

Depuis ce contrat les parties ont résolu de laisser aux époux la libre disposition de certaines des valeurs constituées en dot à la future par ses père et mère.

En conséquence, les parties, toutes ensemble et d'un commun accord, ont apporté au contrat de mariage, les modifications suivantes :

---

(1) Paris, 2 janv. 1875.
(2) Rép. Defrénois, 1336-10.
(3) Guillouard, 255.
(4) Guillouard, 256 ; Nancy, 24 juill. 1888 ; Cass., 28 oct. 1889 ; Rép. Defrénois, 5018, 5208.
(5) Nîmes, 26 mars 1889 ; Rép. Defrénois, 5222.
(6) Troplong, 240 ; Rodière et Pont, 156 ; Aubry et Rau, § 508 bis-42 ; Laurent, XXI, 90 ; Guillouard, 256 ; Cass., 23 juin 1813. CONTRA : Toullier, XII, 58.
(7) Trib. Hazebrouck, 23 mars 1845.
(8) Ribérac, 2 déc. 1891 ; Rép. Defrénois, 6392.
(9) Montpellier, 8 fév. 1869. Voir cep. Guillouard, 269.
(10) Marcadé, 1397-4 ; trib. Valenciennes, 5 janv. 1854.

si elle intervient après leur majorité (1), et il n'est pas besoin de la présence des ascendants qui n'ont été appelés au contrat que par révérence, et dont l'assistance au mariage pourrait être remplacée par des actes respectueux (2), ni à plus forte raison des parents collatéraux intervenus comme témoins honoraires (3). Les personnes qui doivent être présentes ont la faculté de se faire représenter par des mandataires (4). Le consentement ne résulterait pas du fait que les parties devant être présentes auraient été appelées par une sommation et ne se seraient pas présentées (5).

5742. Refus de concours; décès. — Si l'une des parties refuse son concours à la contre-lettre, l'on ne peut passer outre; mais il sera possible, lorsque ce défaut de concours n'émanera pas de parties essentielles, de faire un nouveau contrat de mariage qu'on rendra seul officiel en l'énonçant dans l'acte de mariage, *supra* nº 5365 (6), et, si la partie refusante avait fait une donation, sa libéralité deviendrait sans objet (7). Si l'une des parties est décédée, ses héritiers doivent consentir à sa place (8). Si l'ascendant qui a habilité un futur conjoint mineur est décédé, il est représenté à la contre-lettre par celui dont le consentement est devenu nécessaire pour le mariage (9).

5743. Postérieur au mariage. — Est prohibée toute modification, abrogation ou addition, postérieure au mariage, qu'elle porte sur le régime, sur les apports, sur les donations entre les futurs, sur celles faites aux époux par des parents ou des tiers, ou sur toute autre convention matrimoniale. Toutefois jugé qu'on ne doit pas considérer comme contre-lettre, mais plutôt comme une promesse, la constitution par le père de la future d'une rente annuelle par acte sous seing privé, le jour même du contrat et en dehors de ce contrat (10).

5744. Acte et expédition à la suite. — Les changements et contre-lettres faits conformément à ce qui est ci-dessus, produisent tout leur effet entre les parties (11). Mais, au regard des tiers, auxquels ils peuvent causer un préjudice (12), ils sont sans effet s'ils n'ont été rédigés à la suite de la minute du contrat de mariage; et le notaire ne peut, à

MODIFICATIONS.

Par dérogation à l'article six du contrat de mariage ci-dessus énoncé, les parties conviennent que les valeurs suivantes, faisant partie de la dot constituée par M. et Mᵐᵉ FARMEL à Mˡˡᵉ leur fille, future épouse :

Quarante actions de la Compagnie des chemins de fer du Nord, nº....., en un certificat au nom de M. FARMEL père, nº.....,

Et soixante obligations trois pour cent de la Compagnie des chemins de fer d'Orléans, nᵒˢ....., comprises en un certificat nº..... au nom de M. FARMEL père,

Pourront être aliénées et recouvrées par la future épouse avec l'assistance et l'autorisation de son futur époux, sans aucune des conditions d'emploi ou de remploi prescrites par l'article six de ce contrat; et les sommes à provenir de ces aliénations ou recouvrements seront libres entre les mains des époux. Il en sera de même des biens ou valeurs qui seraient acquis à titre d'emploi avec lesdites sommes, dans le cas où il plairait aux époux d'en faire momentanément l'emploi au nom de la future épouse.

Enoncer avec soin les changements; indiquer les articles supprimés ou modifiés, et insérer les articles nouveaux.

---

(1) Bellot, I, p. 48; Roll. de Vill., *Contre-lettre à contr. de mar.*, 18.
(2) Toullier, XII, 51; Bellot, I, p. 42; Battur, I, 47; Troplong, 239; Aubry et Rau, § 503 bis-32; Demante, VI, 12 bis-4; Laurent, XXI, 96; Guillouard, 263; Ribérac, 2 déc. 1891; Rép. Defrénois, 6392. CONTRA : Odier, II, 660; Duranton, XIV, 57; Rodière et Pont, 177; Marcadé, 1397-3; Laurent, XXI, 98.
(3) Aubry et Rau, § 503 bis-3; Rodière et Pont, 157; Guillouard, 262; Laurent, XXI, 96.
(4) Troplong, 234; Rodière et Pont, 159; Odier, II, 656; Duranton, VII, 54; Aubry et Rau, § 503 bis, p. 261; Guillouard, 268; Roll. de Vill., *Contre-lettre à un contr. de mar.*, 26; Marcadé, 1397-4.

(5) Duranton, XIV, 53; Rodière et Pont, 176; Troplong, 234; Marcadé, 1397-4; Aubry et Rau, § 503 bis-33; Guillouard, 266; Laurent, XXI, 97. CONTRA : Toullier XII, 50.
(6) Marcadé, 1397-4; Troplong, 236; Laurent, XXI, 99. Voir cep. Guillouard, 265.
(7) Troplong, 236; Duranton, XIV, 66; Rodière et Pont, 160; Marcadé, 1397-5; Ribérac, 2 déc. 1891; Rép. Defrénois, 6392.
(8) Marcadé, 1397-3; Rodière et Pont, 154; Troplong, 240, 245.
(9) Guillouard, 264.
(10) Marseille, 4 mars 1873.
(11) Ribérac, 2 déc. 1891; Rép. Defrénois, 6392.
(12) Guillouard, 271; Aubry et Rau, § 308 bis-36 à 38; Laurent, XXI, 104. Voir cep. Rodière et Pont, 162.

peine des dommages et intérêts envers les parties, et sous plus grande peine s'il y a lieu (1), par exemple, une peine disciplinaire, délivrer ni grosses ni expéditions du contrat de mariage sans transcrire à la suite le changement ou la contre-lettre (C. civ., 1397); à défaut de cette transcription la contre-lettre ne produit pas moins son effet à l'égard tant des parties que des tiers, mais le notaire doit indemniser les tiers qui en souffrent un préjudice (2).

5745. Mention de lecture. — La contre-lettre étant une suite du contrat de mariage auquel elle s'incorpore, il n'est pas utile d'y énoncer que lecture a été faite aux parties du dernier alinéa de chacun des articles 1391 et 1394, ni de leur délivrer le certificat prescrit par ce dernier article (3).

§ 2. *Résiliations de contrats de mariage.*

5746. Mariage rompu. — Les conventions matrimoniales et les donations contenues dans le contrat de mariage sont toujours censées faites sous la condition tacite que le mariage aura lieu. Si le projet de mariage vient à se rompre, et il y a certitude à cet égard lorsque l'un des futurs conjoints contracte un autre mariage, le contrat de mariage est résilié tacitement.

5747. Acte de résiliation. — La résiliation du contrat de mariage est expresse lorsqu'elle a lieu par acte notarié [FORM. 1266]; cet acte est surtout utile pour obtenir la restitution des droits d'enregistrement perçus sur le contrat, sous la reserve du droit fixe de 3 francs (4).

5748. Déchéance. — La résiliation expresse ou tacite du contrat de mariage rend sans effet, non seulement les conventions matrimoniales et les avantages entre époux, mais aussi les donations que les parents des futurs époux ou des tiers leur avaient faites par le contrat. Une simple rupture du mariage non constatée par écrit serait insuffi-

---

En conséquence, les conventions ci-dessus arrêtées forment le complément du contrat de mariage d'entre M..... et Mlle....., dont la minute précède; et ce contrat conservera son plein et entier effet pour toutes les dispositions auxquelles il n'a pas été dérogé par la présente contre-lettre.

Mention des présentes sera faite en marge du contrat de mariage ci-dessus énoncé, duquel il ne pourra être délivré expédition ni extrait, sans qu'il soit ajouté à la suite une expédition ou un extrait des présentes.

DONT ACTE. Fait et passé à.....,

Les jour, mois et an susdits.

Et les parties ont signé avec les notaires, après lecture faite.

ENREGISTREMENT. — Droit fixe, 3 fr., comme acte de complément.

FORMULE 1266. — **Résiliation d'un contrat de mariage** (N°s 5746 à 5751).

Et le....., mil huit cent.....

PAR DEVANT M^e.....,

    ONT COMPARU :

M. DUPARE (Jules-Léon), docteur en médecine, demeurant à.....,   *D'une part;*

Mlle BLANCHARD (Adèle-Virginie), sans profession, demeurant à....., chez ses père et mère ci-après nommés,   *D'autre part;*

M. BLANCHARD (Joseph-André), propriétaire, et Mme LEMAIRE (Estelle-Louise), son épouse, de lui autorisée, demeurant ensemble à.....,   *Aussi d'autre part;*

Lesquels ont dit et arrêté ce qui suit :

---

(1) Duranton, XIV, 68; Troplong, 249; Marcadé, 1398-3; Aubry et Rau, § 503 bis-40; Laurent, XXI, 105; Guillouard, 275.
(2) Duranton, XIV, 69; Odier, II, 608; Rodière et Pont, 163; Marcadé, 1398-5; Troplong, 248; Massé et Vergé, § 636-18; Aubry et Rau, § 503 bis-39; Demante, VI, 13 bis-4; Laurent, XXI, 105; Guillouard, 274; Roll. de Vill., *Contre-lettre,* 40. CONTRA : Toullier, XII, 68.
(3) Guillouard, 202; Caen, 2 déc. 1856; Cass., 18 mars 1857; Nîmes, 4 fév. 1858.
(4) Sol. régie, 3 sept. 1872.

sante pour entraîner la déchéance de la donation ; mais les donateurs auraient le droit d'impartir un délai aux futurs pour se marier, faute de quoi la déchéance serait encourue (1).

5749. Mariage ultérieur. — Le contrat de mariage résilié par acte exprès, et les donations aux futurs époux ou entre eux qui y sont contenues, ne recouvrent pas leur effet par le mariage ultérieur des futurs époux, alors même que l'acte de résiliation serait motivé sur la rupture du projet de mariage (2).

5750. Mariage annulé. — Le contrat de mariage, ayant pour objet de réglementer les effets pécuniaires du mariage, suit le sort de l'union matrimoniale ; de sorte que si le mariage vient à être annulé, le contrat de mariage est mis à néant.

5751. Epoux de bonne foi. — Cependant, en vertu de l'art. 201 C. civ., il conserve son effet à l'égard de l'époux qui était de bonne foi (3).

§ 3. *Dépôts d'extraits de contrats de mariage.*

5752. Délai. — Tout contrat de mariage entre époux, dont l'un est commerçant, doit être transmis par extraits dans le délai d'un mois, plus un jour par cinq myriamètres de distance (4), de la date du contrat de mariage et non pas seulement du jour du mariage (5) ; le jour du contrat de mariage n'est pas compris dans le délai (6), et si le dernier jour est férié, le dépôt doit être fait la veille (7). Ils sont insérés aux tableaux placés à cet effet : 1° dans l'auditoire du tribunal civil ; 2° dans l'auditoire du tribunal de commerce ou, s'il n'y en a pas, dans la principale salle de la maison commune, sans que le dépôt d'un double extrait au greffe du tribunal civil jugeant commercialement puisse y suppléer (8) ; 3° dans la chambre des avoués de première instance ; 4° et dans celle des notaires ; le tout du domicile de celui des futurs époux qui est commerçant (9), quoique le siège de son établissement soit dans un autre arrondissement (10). Ces insertions sont certifiées par les greffiers et par le secrétaire des chambres (C. proc., 872 ; comm., 67).

Aux termes d'un contrat passé devant M^e....., l'un des notaires soussignés, le....., dont la minute précède, les comparants ont arrêté les clauses et conditions civiles du mariage alors projeté entre M. Dupare et Mlle Blanchard.

Les comparants n'ont plus l'intention de donner suite à ce projet de mariage.

En conséquence, ils déclarent résilier purement et simplement le contrat de mariage ci-dessus énoncé ; voulant que ce contrat, ainsi que les avantages en faveur des futurs époux et ceux qu'ils se sont faits mutuellement, soient considérés comme non avenus et ne produisent dès lors aucun effet.

Mention des présentes sera faite en marge du contrat de mariage résilié et sur toutes pièces où besoin sera.

Dont acte. Fait et passé, etc.

Enregistrement. — Droit fixe, 3 fr., comme acte innommé.

FORMULE 1267. — **Extrait du contrat de mariage de commerçant pour publier**
(N°s 5752 à 5760).

D'un contrat passé devant M^e....., notaire à....., soussigné, qui en a gardé minute, et son collègue, le....., portant cette mention : « Enregistré à....., le....., etc. »

Contenant les clauses et conditions civiles du mariage d'entre :

M. Vinard (Claude-Joseph), marchand de nouveautés, demeurant à.....,

Et Mlle Maclart (Augustine-Léonie), marchande de modes, demeurant à.....

Il appert que les futurs époux ont adopté le régime de la communauté réduite aux acquêts. —

Angoulême, 27 juin 1884 ; Rép. Defrénois, 2177.
(2) Laurent, XV, 169 ; Agen, 20 juill. 1841 ; Cass., 30 janv. 1843.
(3) Aubry et Rau, § 501-7 ; Laurent, XXI, 9 ; Rodière et Pont, 180 ; Guillouard, 278 ; Laurent, XV, 170.
(4) Décis. min. fin., 19 oct. 1813.
(5) Trib. Grenoble, 26 mai 1852.

(6) Trib. Seine, 9 août 1848.
(7) Seine, 9 août 1853 ; Lille, 13 sept. 1856 ; Yvetot, 14 août 1875.
(8) Déc. min. just. et fin., 16 juill. 1823 ; Saint-Pol, 8 mai 1862
(9) Ste-Menehould, 11 janv. 1859.
(10) Nantes, 7 janv. 1846.

5753. Extrait. — L'extrait énonce [Form. 1267] : si les époux sont mariés en communauté, s'ils sont séparés de biens, ou s'ils ont contracté sous le régime dotal (C. comm., 67) ; et il indique les principales modifications apportées au régime adopté : ainsi, en cas de communauté, si elle est réduite aux acquêts, s'il y a une réserve de propre des biens meubles, s'il y a exclusion des dettes ; en cas de régime dotal, s'il y a société d'acquêts, si tous les biens de la femme sont constitués en dot ou si des biens sont paraphernaux. Le montant des apports respectifs des époux n'a pas besoin d'être exprimé (1).

5754. Notaire tenu. — Le notaire qui a reçu le contrat de mariage est tenu de faire la remise de cet extrait dans chacun des lieux susindiqués sous peine d'une amende réduite à 20 fr. par la loi du 16 juin 1824, art. 10 (2), et même de destitution et de responsabilité envers les créanciers, s'il est prouvé que l'omission soit la suite d'une collusion (C. comm., 68); mais l'omission de publier le contrat de mariage ne préjudicie nullement aux droits de la femme (3).

5755. Etranger. — L'obligation du dépôt existe seulement à l'égard des contrats de mariage reçus par les notaires français, et non de ceux passés à l'étranger, même en France quand il a été reçu dans la forme sous seing privé permise par la loi de l'étranger (4).

5756. Commerçants. — Sont commerçants ceux qui exercent des actes de commerce et en font leur profession habituelle (C. comm., 1) ; ainsi, les négociants, marchands, fabricants, entrepreneurs d'ouvrages, banquiers, courtiers, commissionnaires, agents d'affaires (5), etc. Décidé, notamment au point de vue de l'obligation du dépôt, que l'on doit considérer comme commerçants : les boulangers (6), bouchers (7), marchands blatiers (8), cafetiers (9), aubergistes (10), cabaretiers et débitants (11), pharmaciens (12), voituriers (13), loueurs de voitures (14), armateurs de navires (15), entrepreneurs de pompes funèbres (16), de transports militaires (17), les forgerons (18),

---

Si ce régime est modifié par une clause de dotalité : Toutefois, certains biens de la future épouse ont été soumis au régime dotal.

Ou : Que les futurs époux ont adopté le régime de la communauté légale tel qu'il est réglé par le Code civil.

Ou : Que les futurs époux ont adopté le régime dotal avec société d'acquêts et constitution en dot par la future de tous ses biens présents et à venir ; — *ou :* sans société d'acquêts, avec constitution en dot par la future de ses biens présents et stipulation de paraphernalité à l'égard de ses biens à venir.

Ou : Que les futurs époux ont adopté le régime de la non communauté.

Ou : Que les futurs époux ont déclaré qu'ils seraient séparés de biens.

EXTRAIT par Me....., notaire soussigné, de la minute dudit contrat de mariage, étant en sa possession.

FORMULE 1268. — **Certificat de dépôt du contrat de mariage de commerçant**
(Nos 5752 à 5760).

Je soussigné, secrétaire de la chambre des notaires de.....,
Certifie que cejourd'hui, vingt-trois novembre mil huit cent quatre-vingt-onze, il a été remis à

---

(1) Rodière et Pont, 168 ; Odier, II, 646 ; Troplong, 90.
(2) Cass., 27 août 1828 ; délib. rég., 21 oct. 1828 ; Colmar, 4 mai 1829 ; Douai, 24 juill. 1848. CONTRA : Bourbon-Vendée, 25 juin 1845.
(3) Cass., 20 avril 1869 ; Seine, 13 janv. 1874.
(4) Douai, 13 janv. 1887 ; Rép. Defrénois, 3580.
(5) Avis Cons. d'Etat, 3 sept. 1817 ; Paris, 6 déc. 1814.
(6) Dijon, 16 mars 1838. Voir cep. Cass., 28 fév. 1811.
(7) Aix, 15 janv. 1825.
(8) Loches, 23 avril 1853.
(9) Rouen, 4 déc. 1818 ; Nantes, 10 déc. 1845.
(10) Trèves, 19 avril 1805 ; Cass., 26 juin 1821 ; Bourges, 19 déc. 1823, 27 août 1824.

(11) Cass., 23 avril 1813 ; Douai, 24 juill. 1848 ; Gand, 5 mai 1883 ; Rép. Defrénois, 1976.
(12) Pardessus, I, 16 ; Alauzet, I, 37 ; Ruben de Couder, *Commerc.*, 20 ; Nîmes, 27 mai 1829 ; trib. Beaune, 29 mars 1845 ; Grenoble, 28 mars 1859. Voir Villefranche, 26 août 1881 ; Rép. Defrénois, 856. CONTRA : Montpellier, 13 fév. 1836.
(13) Bruxelles, 18 fév. 1829.
(14) Trib. Malines, 13 déc. 1859.
(15) Paris, 1er août 1810 ; Bordeaux, 1er août 1831.
(16) Cass., 9 janv. 1810 ; Paris, 15 avril 1834.
(17) Cass., 22 avril 1809.
(18) Bourges, 2 juill. 1851.

charbonniers (1), imprimeurs et libraires (2), directeurs de spectacles (3), foulonniers (4), les meuniers lorsqu'ils vendent la farine (5), les marchandes de modes (6); les sabotiers qui vendent au détail des sabots et chaussures achetés en gros (7); les pépiniéristes, quand, en dehors des arbres et leur pépinières, ils en achètent pour les vendre à leurs clients (8); et les charrons, menuisiers, serruriers, charpentiers, maçons, cordonniers, maréchaux ferrants, tailleurs d'habits, marbriers, tailleurs de pierres, etc., lorsqu'ils fournissent les objets qu'ils mettent en œuvre (9).

5757. Non commerçants. — Ne sont pas réputés commerçants les simples artisans qui ne travaillent qu'au fur et à mesure des commandes qu'ils reçoivent journellement sans joindre à cette qualité celle de marchands (10), tels que des cordonniers, charrons, charpentiers, maréchaux ferrants, qui ne fournissent pas la matière (11), des meuniers qui se bornent à moudre le grain d'autrui (12); des débitants de tabac, bien qu'ils vendent des articles de fumeurs et autres objets du même genre selon l'usage, si cette vente est un accessoire du débit (13); le champignoniste qui achète seulement son fumier pour les besoins de sa culture et qu'il revend ensuite après qu'il est hors d'usage (14).
— On a aussi décidé qu'il n'y a pas lieu au dépôt du contrat de mariage de : teneurs de pension bourgeoise (15), entrepreneurs de cercles d'abonnés (16), prêteurs sur gage (17), adjudicataires d'entrepôts municipaux (18), maîtres de postes (19), maîtres de pensions (20), vétérinaires (21), capitaines de navires (22), bateliers (23), teinturiers, ferblantiers (24), sages-femmes, même lorsqu'elles reçoivent des pensionnaires (25), et du propriétaire d'une tuilerie lorsqu'il fabrique la tuile avec des matériaux provenant des terres qui lui appartiennent (26); de même la qualité de commerçant donnée par erreur dans un contrat de mariage ne rend pas le dépôt obligatoire (27).

5758. Cas divers. — Mais il y a lieu au dépôt : 1° en cas de mariage de non-commerçant auquel un fonds de commerce est donné par son contrat de mariage, pour en jouir du jour de mariage (28); ou qui, étant employé de commerce, a fait l'apport d'un fonds de commerce, acheté pour en prendre possession dix jours après le mariage (29),

---

la chambre et de suite inséré au tableau à ce destiné, pour y rester exposé pendant une année, en exécution de l'art. 67 du Code de commerce, extrait d'un contrat de mariage passé devant Me....., notaire à....., le deux novembre mil huit cent quatre-vingt-onze,

Entre M. Vɪɴᴀʀᴅ (Claude-Joseph), marchand de nouveautés, demeurant à.....,

Et Mˡˡᵉ Mᴀᴄʟᴀʀᴛ (Augustine-Léonie), marchande de modes, demeurant à.....,

Etablissant entre les susnommés le régime de la communauté réduite aux acquêts — *ou :* le régime dotal avec société d'acquêts — *ou :* le régime de la séparation de biens.

A....., lesdits jour et an.

(Signature du secrétaire et sceau.)

Eɴʀᴇɢɪsᴛʀᴇᴍᴇɴᴛ. — Droit fixe, 3 fr.

---

(1) Douai, 24 juill. 1848.
(2) Bruxelles, 11 mai 1827; Paris, 25 avril 1844.
(3) Paris, 31 mai 1808, 10 juill. 1825.
(4) Rouen, 2 déc. 1823.
(5) Cass., 26 janv. 1818; Angers, 11 déc. 1823; Poitiers, 12 mars 1844; Charleroi, 10 déc. 1854; Colmar, 16 mai 1855.
(6) Dinan, 16 fév. 1855.
(7) Largentière, 11 juin 1878.
(8) Toulouse, 23 mai 1845; Aix, 7 avril 1859; Cass., 20 mai 1878; Paris, 29 nov. 1886; Rép. Defrénois, 3535.
(9) Lettre min. just., 5 mai 1812; Cass., 15 déc. 1830; Amiens, 4 avril 1826; Orléans, 25 juin 1850; Douai, 30 juill. 1850; Dinan, 16 fév. 1855; Pau, 27 déc. 1859; Audenarde, 13 mai 1868; Gand, 5 mai 1883; Rép. Defrénois, 1976.
(10) Lettre min. just., 7 avril 1811.
(11) Turin, 3 déc. 1810; Colmar, 22 nov. 1811; Rouen, 14 mai 1825; Mirande, 7 nov. 1890; Rép. Defrénois, 6012.
(12) Pardessus, 4; Colmar, 23 mai 1814; Vouziers, 7 juin 1876.
(13) Lyon, 8 mai 1878.
(14) Orléans, 27 avril 1860; Paris, 2 mars 1875; Caen, 9 juill. 1891; Rép. Defrénois, 6155.

(15) Limoges, 16 fév. 1833.
(16) Grenoble, 12 déc. 1829.
(17) Bruxelles, 4 juin 1807, 6 mai 1828.
(18) Bruxelles, 5 mai 1813.
(19) Bruxelles, 30 avril 1812.
(20) Cass., 23 nov. 1827; Paris, 19 mai 1814, 16 déc. 1836.
(21) Nancy, 19 juin 1875.
(22) Trib. Bordeaux, 19 juill. 1858.
(23) Décis. direct. enreg. Lille, 31 déc. 1844. Cᴏɴᴛʀᴀ : Dinan, 29 déc. 1854.
(24) Trib. Altkirch, 23 déc. 1840.
(25) Paris, 13 avril 1837.
(26) Beaune, 22 janv. 1862.
(27) Pointe-à-Pitre, 30 déc. 1852; Foix, 10 juin 1862; Valence, 10 déc. 1862; Largentière, 11 janv. 1877. Voir aussi Douai, 24 juill. 1848. Cᴏɴᴛʀᴀ : Fontainebleau, 28 déc. 1843.
(28) Locré, *sur l'art. 69, C. comm.*; Dalloz, *Contr. de mar.*, 284. Cᴏɴᴛʀᴀ : Loches, 16 juill. 1841.
(29) Rép. Defrénois, 2457-8; voir aussi 4807-7.

il ne suffirait pas que, sans avoir acheté un fonds, il ait l'intention de s'établir (1);
2° si l'individu étant commerçant a pris dans le contrat la qualification d'ouvrier (2);
3° lorsque le futur époux étant commerçant lors du contrat de mariage y a été qualifié tel, encore bien qu'avant l'expiration du délai d'un mois il ait cessé de l'être (3);
4° en cas de rupture du mariage si l'on n'établit pas qu'elle a eu lieu dans le mois du contrat (4).

5759. Obligations du notaire. — Le notaire est présumé connaître la profession des parties, et il est tenu d'ailleurs de se la faire certifier (5); il ne peut donc invoquer son erreur comme une excuse, surtout si la profession est notoire (6). Toutefois décidé qu'un notaire n'est pas passible d'amende lorsqu'il a pu croire que la profession n'était pas commerciale, un pharmacien par exemple (7).

5760. Commerçant ultérieur. — L'époux séparé de biens ou marié sous le régime dotal, qui embrasse la profession de commerçant postérieurement à son mariage, est tenu de faire le dépôt d'un extrait de son contrat de mariage à chacun des endroits indiqués *supra* n° 5752, dans le mois du jour où il a ouvert son commerce; à défaut de cette remise, il peut être, en cas de faillite, condamné comme banqueroutier simple (C. comm., 69) et, de plus, à réparer le dommage qu'il a ainsi causé aux tiers (8). Si c'est une femme dotale judiciairement séparée de biens, qui devient commerçante, l'omission constitue un quasi-délit dont elle est responsable sur ses biens dotaux (9), même lorsque, ayant épousé un commerçant, une première publication de son contrat de mariage a été faite (10).

§ 4. Procurations pour contrats de mariage.

5761. Futur conjoint. — Nous avons dit *supra* n° 5366 qu'un futur conjoint pouvait être représenté à son contrat de mariage. Ce droit cependant est pour ainsi dire sans application, et dans la pratique, les notaires consentent difficilement à recevoir les procurations; certains même refusent. Quand une telle procuration est donnée, *supra*

FORMULE 1269. — **Procuration pour représenter un futur conjoint à un contrat de mariage** (N° 5761).

Par devant Me.....,

    A comparu :

Mlle Baclé (Ernestine-Louise), sans profession, demeurant à.....,

    Majeure, née à....., le....., issue du mariage d'entre M. Léon Baclé et Mme Véronique Lebeau, tous deux décédés.

Laquelle a, par ces présentes, constitué pour son mandataire

M. Baclé (Pierre-Alphonse), son frère, propriétaire, demeurant à.....,

Auquel elle donne pouvoir de pour elle et en son nom :

Arrêter les clauses et conditions civiles du mariage projeté entre Mlle Baclé, comparante, et M. Rotheleu (Chrysostôme-Jean), ancien négociant, demeurant à....., par un contrat de mariage qui contiendra :

1ent. Adoption du régime de la communauté réduite aux acquêts;

2ent. Apport par le futur époux de : 1°....., 2°....., 3°....., le tout net de toutes dettes;

3ent. Donation en avancement d'hoirie par M. et Mme Rotheleu, et M. Rotheleu futur époux, leur fils, avec imputation sur la succession du premier mourant des donateurs et subsidiairement, s'il y a lieu, sur celle du survivant, de : 1°....., 2°....., 3°....., etc.;

---

(1) Rép. Defrénois, 2682-8, 3038-10.
(2) Bordeaux, 22 juin 1826; Douai, 24 juill. 1848; Avesnes, 3 nov. 1860.
(3) Pau, 27 déc. 1859.
(4) Anvers, 3 juin 1864.
(5) Délib. not. Paris, 14 janv. 1808; Colmar, 16 mai 1835.
(6) Douai, 24 juill. 1848.

(7) Villefranche, 26 août 1881; Rép. Defrénois, 856.
(8) Aubry et Rau, § 503-15; Guillouard, 209; Bordeaux, 4 fév. 1858; Chambéry, 18 nov. 1868; Cass., 24 déc. 1860, 20 juill. 1869, 27 fév. 1883.
(9) Bordeaux, 4 fév. 1858; Cass., 24 déc. 1860; Chambéry, 18 nov. 1868.
(10) Cass., 29 juill. 1869.

10

n° 5367, elle doit faire mention en substance de toutes les stipulations devant être insérées dans le contrat de mariage. Nous conseillons même pour plus de précision d'y insérer textuellement toutes les conventions devant former le contrat de mariage [Form. 1269].

5762. Ascendants. — La procuration donnée par un ascendant à l'effet d'habiliter un futur conjoint, *supra* n° 5367, doit aussi contenir l'énonciation de toutes les clauses qui formeront le contrat de mariage [Form. 1270].

5763. Donateurs. — Quand un donateur est représenté au contrat de mariage par

---

4ent. Apport par la future épouse, comparante, de : 1°....., 2°....., 3°....., etc.;

5ent. Préciput en faveur du survivant des époux, la future épouse même en cas de renonciation à la communauté, de meubles et objets mobiliers qu'il plaira au survivant de choisir, jusqu'à concurrence de deux mille francs, d'après la prisée de l'inventaire;

6ent. Stipulation d'une clause de remploi facultative dans les termes du droit commun;

7ent. Stipulation d'une clause de reprise d'apports, aussi dans les termes du droit commun;

8ent. Donations mutuelles entre époux, de l'usufruit en faveur du survivant, de la totalité des biens meubles et immeubles qui composeront la succession du premier mourant, avec réduction à moitié en cas d'existence d'enfants du mariage ou descendants d'eux; et stipulation que le survivant sera dispensé de fournir caution et de faire emploi, mais qu'il devra faire faire inventaire.

Ou bien : Par un contrat de mariage qui sera ainsi conçu : ARTICLE 1er. Les futurs époux adoptent *(copier littéralement le contrat de mariage projeté).*

A l'effet de ce que dessus, passer ledit contrat de mariage dans les termes qui viennent d'être rapportés, le signer et généralement faire le nécessaire.

DONT ACTE. Fait et passé, etc.

ENREGISTREMENT. — Droit fixe, 3 fr. (Loi 22 frim. an VII, art. 68, § 1, n° 36).

FORMULE 1270. — Procuration par un ascendant pour assister à un contrat de mariage d'un futur conjoint mineur (N° 5762).

PAR DEVANT Me.....,

    A COMPARU :

Mme BALIN (Joséphine), veuve de M. Auguste BLANDIN, rentière, demeurant à.....,

    Seule ascendante de Mlle BLANDIN (Joséphine-Aglaée), sa petite-fille, mineure, née à.....,
le....., issue du mariage d'entre M. Jérôme BLANDIN et Mme Zoé-Julie VATIER, tous deux décédés.

Laquelle a, par ces présentes, constitué pour son mandataire,

M. CHAREY (Gustave-Eugène), propriétaire, demeurant à.....,

Auquel elle donne pouvoir de, pour elle et en son nom :

Représenter la comparante au contrat qui contiendra les clauses et conditions civiles du mariage projeté entre Mlle BLANDIN (Joséphine-Aglaée), sa petite-fille, et M. RÉGNANT (Joseph-Eloi), marchand de nouveautés, demeurant à.....; en conséquence, au nom de la comparante, assister et autoriser la future épouse en raison de sa minorité, à ce contrat de mariage qui contiendra :

1ent. Adoption du régime, etc. *(Faire le détail des articles du contrat de mariage, qu'il n'est pas nécessaire de copier. Voir la formule précédente.)*

FORMULE 1271. — Procuration pour représenter un donateur à un contrat de mariage (N° 5763).

PAR DEVANT Me.....,

    A COMPARU :

M. BLANDIN (Jérôme-Désiré), propriétaire, demeurant à.....,

Lequel a, par ces présentes, constitué pour son mandataire,

M. BAREY (Arsène-Léon), marchand de fers, demeurant à.....,

Auquel il donne pouvoir, de pour lui et en son nom :

Représenter le comparant au contrat qui contiendra les clauses et conditions civiles du mariage projeté entre Mlle BLANDIN (Joséphine-Aglaée), sa nièce, sans profession, demeurant à....., chez son tuteur, et M. REGNANT (Joseph-Elie), marchand de nouveautés, demeurant à.....

En considération du mariage, faire donation, en conformité des articles 1082 et 1083 du Code civil, par préciput et hors part, à Mlle BLANDIN, future épouse, du quart des biens meubles et im-

un mandataire, *supra* n° 5367, il n'est pas nécessaire que les conventions du contrat de mariage soient rappelées dans la procuration. Il suffit qu'elle contienne les pouvoirs spéciaux et précis à l'effet de la donation qui doit être faite au nom du mandant [Form. 1271].

§ 3. *Certificats de propriété.*

5764. Cas divers. — Les rentes sur l'Etat appartenant à la femme doivent être immatriculées sur la production de certificats de propriété : en cas de communauté légale

meubles qui composeront la succession du comparant, sans exception; en conséquence instituer la future épouse son héritière pour cette quotité; stipuler qu'en cas de prédécès de la donataire, ses descendants à naître du mariage projeté recueilleront la libéralité s'ils survivent au comparant; interdire au comparant toute disposition par acte entre vifs ou testamentaire au préjudice de la donataire si ce n'est pour sommes modiques à titre de récompense ou autrement.

A l'effet de ce que dessus, intervenir au contrat de mariage, le signer, substituer et généralement faire le nécessaire.

Dont acte. Fait et passé, etc.

Enregistrement. — Droit fixe, 3 fr.

FORMULE 1272. — **Certificat de propriété.** — **Rente tombée en communauté**
(N° 5764).

DETTE PUBLIQUE
Trois pour cent.

N° 171456.   Série 3.   Rente : 150 francs

Au nom de Janly (Louise-Léonie), fille majeure.

Je soussigné....., notaire à.....

Vu : L'expédition déposée au rang de mes minutes suivant acte reçu par moi le....., délivrée par le maire de....., le....., de l'acte de mariage d'entre M. Loret (Charles-Auguste), employé de commerce, demeurant à....., et Mlle Janly (Louise-Léonie), dressé à la mairie de cette commune, le....., lequel constate que M. et Mme Loret se sont mariés sans avoir fait de contrat de mariage, de sorte qu'ils sont soumis au régime de la communauté légale.

Certifie, conformément à la loi du 28 floréal an VII, que la rente figurée en tête des présentes dépend de cette communauté légale, que M. Loret, comme chef de la communauté, en a la propriété avec tous arrérages échus et à échoir; et qu'en conséquence elle doit être immatriculée comme suit :

Loret (Charles-Auguste).

Fait à....., le.....

Enregistrement. — Droit fixe, 3 fr.

FORMULE 1273. — **Certificat de propriété.** — **Communauté.** — **Rente demeurée propre** (N° 5764).

DETTE PUBLIQUE
Trois pour cent.

N° 76815.   Série 4.   Rente : 260 francs

Au nom de Lecour (Aglaée-Jenny).

Je soussigné....., notaire à.....

Vu : 1° La minute d'un contrat reçu par moi, le....., contenant les clauses et conditions civiles du mariage d'entre M. Anglet (Léon-Théodore) et Mlle Lecour, titulaire du titre de rente dont l'immatricule figure ci-dessus, lequel porte adoption du régime de la communauté réduite aux acquêts et apport par Mlle Lecour de ce titre de rente qui, par suite de l'adoption de ce régime, lui est demeuré propre;

2° Une expédition délivrée par M. le maire de....., le....., de l'acte de mariage d'entre M. Anglet et Mlle Lecour, dressé à cette mairie, le.....

résultant soit du contrat de mariage, soit de l'absence de contrat de mariage, au nom du mari comme chef de la communauté [FORM. 1272]; en cas de communauté réduite aux acquêts au nom de l'épouse en qualité de femme mariée [FORM. 1273]; si la rente provient d'une donation faite à l'un des conjoints avec réserve de droit de retour pour le cas de son prédécès et du prédécès de sa postérité, au nom de ce conjoint avec mention du droit de retour [FORM. 1274]; enfin, si la rente appartient à une femme dotale, en son nom avec mention qu'elle ne pourra être aliénée que dans les termes du contrat de mariage [FORM. 1274].

CERTIFIE, conformément à la loi du 28 floréal an VII, que la rente de 260 fr. figurée en tête des présentes appartient à la ci-après nommée et doit être immatriculée comme suit :

LECOUR (Aglaée-Jenny), femme de Léon-Théodore ANGLET.

Fait à....., le.....

ENREGISTREMENT. — Droit fixe, 3 fr.

FORMULE 1274. — Certificat de propriété. — Retour conventionnel. — Rente dotale
(N° 5764).

DETTE PUBLIQUE
Trois pour cent.

N° 87302.   Série 3.   Rente : 1,200 francs

Au nom de DUPRÉ (Jacques-Victor).

JE SOUSSIGNÉ....., notaire à.....,

VU : 1° La minute d'un contrat reçu par moi, le....., contenant les clauses et conditions civiles du mariage d'entre M. DAUPHIN (Jean-Eloi), propriétaire, demeurant à....., et M¹¹ᵉ DUPRÉ (Jeanne-Héloïse); lequel porte adoption du régime dotal et donation par M. DUPRÉ (Jacques-Victor), à M¹¹ᵉ DUPRÉ, future épouse, sa fille, du titre de 1,200 fr. de rente 3 p. 100, figuré en tête des présentes, avec réserve du droit de retour en faveur du donateur, pour le cas de prédécès de la donataire et de sa postérité;

2° L'expédition délivrée par le maire de....., de l'acte de mariage de M. DAUPHIN et M¹¹ᵉ DUPRÉ, dressé à la mairie de....., le.....

CERTIFIE, conformément à la loi du 28 floréal an VII, que le titre de 1,200 fr., dont le libellé est ci-dessus figuré, appartient à la ci-après nommée, en pleine propriété et jouissance avec tous arrérages échus et à échoir, et doit être immatriculé comme suit :

DUPRÉ (Jeanne-Héloïse), femme de Jean-Eloi DAUPHIN.

La présente rente, grevée du droit de retour en faveur de M. Jacques-Victor DUPRÉ pour le cas de prédécès de Mᵐᵉ DAUPHIN et de sa postérité, dans les termes de la donation contenue au contrat de mariage de M. et Mᵐᵉ DAUPHIN, reçu par Mᵉ....., notaire à....., le....., ne pourra être aliénée qu'aux conditions du même contrat de mariage, contenant adoption du régime dotal.

Fait à....., le.....

ENREGISTREMENT. — Droit fixe, 3 fr.

FIN DU CONTRAT DE MARIAGE.

BESANÇON. — IMPRIMERIE OUTHENIN-CHALANDRE FILS ET Cⁱᵉ.

www.ingramcontent.com/pod-product-compliance
Ingram Content Group UK Ltd.
Pitfield, Milton Keynes, MK11 3LW, UK
UKHW020838120726
13693UKWH00002B/708